我们一起解决问题

企业合规管理实战丛书

企业薪税合规实务手册

徐阳 ◎ 编著

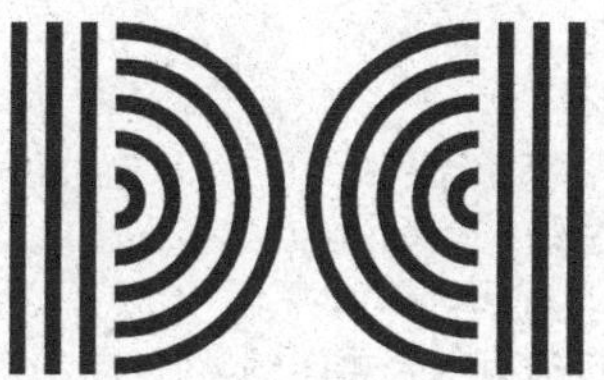

CORPORATE SALARY AND TAX COMPLIANCE PRACTICE MANUAL

人民邮电出版社
北 京

图书在版编目（CIP）数据

企业薪税合规实务手册 / 徐阳编著. -- 北京 : 人民邮电出版社, 2023.11(2024.4重印)
（企业合规管理实战丛书）
ISBN 978-7-115-62725-4

Ⅰ. ①企… Ⅱ. ①徐… Ⅲ. ①工资管理－税收管理－手册 Ⅳ. ①F810.423-62

中国国家版本馆CIP数据核字(2023)第182136号

内容提要

合规管理不仅关乎企业的生存发展，也与员工个人的切身利益息息相关，薪税合规作为合规中的重要部分，对企业和员工的影响重大。只有全面了解薪税合规知识及相关法律风险，才能确保企业健康发展，员工的利益得到保障。

本书依据国家、地方等与企业薪税合规相关的政策文件，结合相关法条、实际示例，对法定薪酬合规实务、法定福利合规实务、奖金及津贴合规实务、加班费合规实务、社保合规实务、个税合规实务、企业其他用工薪税合规实务涉及的要点进行梳理和讲解。本书旨在从薪税实务中的常见问题出发，以解决问题为导向，通过大量的图表和生动的案例，帮助读者快速掌握薪税实操要点，提升业务技能。

本书内容丰富，适合企业合规、人力资源、法务、财务等部门的工作人员，以及律师事务所、会计师事务所的专业人员阅读和参考。

◆编　　著　徐　阳
责任编辑　贾淑艳
责任印制　彭志环
◆人民邮电出版社出版发行　　北京市丰台区成寿寺路 11 号
邮编 100164　　电子邮件 315@ptpress.com.cn
网址 https://www.ptpress.com.cn
涿州市般润文化传播有限公司印刷
◆开本：787×1092　1/16
印张：22　　2023 年 11 月第 1 版
字数：383 千字　　2024 年 4 月河北第 2 次印刷

定　价：99.00 元

读者服务热线：（010）81055656　印装质量热线：（010）81055316
反盗版热线：（010）81055315
广告经营许可证：京东市监广登字20170147号

推荐序一

我认识徐阳是在 18 年前，他当时还是一家外资出版机构的销售人员。有别于其他的同行，他一直在孜孜不倦地学习专业知识。后来，他创立了自己的公司，从事劳动法和其他专业领域的培训，我们因此也有了更多的交流机会。他常常找机会和我探讨劳动用工方面的问题，观点和见地一点儿也不像一位非专业人士。

我也邀请他参加过几次劳动法学界的学术研讨，他偶有发言，在一众专家学者面前，丝毫不露怯。他曾表达过走专业路线的想法，但《劳动合同法》出台后，国内劳动法专家、律师扎堆，似乎很难找到脱颖而出的机会，这件事就暂时搁置下来了。

从 2018 年开始的社保入税，让他找到了薪税专业方向。从那时开始，他做分享，写文章，并通过了税务师考试，在专业之路上行动了起来。而今，在多年的积累之后，他要出书了，我替他感到高兴。

在本书中，他从企业面临的实际问题出发，综合考虑用工、社保、税务等各个方面给出合规的操作建议，以帮助企业管理者轻松、合规管理。

不管从学术的角度还是从实务的角度来说，这种综合性、以解决问题为导向的方式都是非常难得的，可以说是业内比较踏实的一次尝试。

有了他综合知识体系和务实风格的加持，相信本书能够给从事实务工作的读者提供有益的参考、借鉴，也能够给学术研究者一些启发。

董保华

中国法学会社会法研究会副会长

推荐序二

今年公司年中会议结束当晚，我接到老徐电话，让我为他的新书《企业薪税合规实务手册》写序，我的第一反应是："哇，终于出书了，但作序这么重要的事，应该请劳动法泰斗董保华教授，我够格吗？"但老徐的一句话"我们是多年的老朋友，有过合作，也一起奋斗过，你既了解我的成长经历，又熟悉行业现状，很适合写序"，让我斗胆接下了这个重任。

我知道老徐是在2008年《劳动合同法》施行后，那几年老徐创办的PEO（普岩）围绕《劳动法》《劳动合同法》等劳动法律法规进行内容传播，在全国举办了大型论坛，开展精品内训，可以说他是《劳动合同法》的普及者。我俩正式第一次线下见面是2015年年初，我刚创业做人力资源外包公司三个多月，我到深圳找老徐帮忙，想借他的论坛活动宣传公司，老徐欣然让我们参与他后续几场的论坛活动，就这样我们陆陆续续合作了四年多时间。合作期间（2017年）我决定聚焦Payroll赛道，打造中国版的ADP（自动数据处理公司）。起步两年多后，我认为公司需要一位精通薪酬个税且富有创意、人力资源营销经验的搭档，于是在2019年4月27日下午，我约老徐到深圳机场见面并正式发出邀请，我对那天下午的事印象特别深刻。

我们并肩作战了大半年时间，在2020年年度规划会议结束后的一天，老徐找我聊天，他表示创业10多年后，他终于深刻认知了自己，他内心更热爱做知识工作者——钻研专业、写作授课、担任企业顾问、成就他人。我虽然尽力挽留，但感受到老徐毅然投身知识工作的决心后，便依依不舍地欢送他。回深圳后，他把自己创业 10 多年的公司赠予团队核心成员，给过去画上了句号。这一点我特别佩服——想清楚内心所想，毅然前行。自此，一个人、一支笔、一个公众号、一堂课，老徐开启了在薪税、社保方面的钻研，授课、解惑，在这三年多的时间里，有不少人力资源从业者、法律工作者、创业者通过老徐的分享和指导，解决了棘手的难题，真正能够为企业薪税合规保驾护航。

终于，集合了老徐多年实战经验的《企业薪税合规实务手册》要面世了。这本书之所以称为“手册”，我想是因为它非常实用，七章六十九个专题，囊括了人力资源工作者在薪税、社保方面遇到的大多数问题，读者可以即查即用，而这正是老徐的风格——简单实用不卖弄。在我个人过去的 19 年职业生涯中，我也一直在和劳动关系、社保、薪税这几个方面打交道，切身经历了劳动保障、薪酬个税领域法律法规政策日渐完善的过程。企业合规成本越来越高，而中国各领域企业要想崛起并参与到国际竞争中，合规水平需要不断提高。因此，合规管理者面临的挑战逐年增大，而要想学习新政策、新趋势，不仅需要老徐这样的专家辅导，办公桌上更需要有一本拿来即用的薪税工作指导手册。相信这本书能为合规管理者提供指引。

老友刘树兵

薪宝科技 CEO

2023 年 8 月 10 日于广州海珠湖

前　言

2018年社保入税后，我开始陆续为企业讲授社保相关的课程，而随着个税改革，我从2019年开始讲授个税系列课程。课间、课后我总要回答各种各样的问题，我发现大家的问题有很多共性，当时我就有了一个念头：解答大家的疑点难点及易错的问题并整理成文，方便更多的人查阅参考，帮助更多的人。

在这个念头的牵引下，我开始写微信公众号文章，一篇篇文章写下来，到今天已经超过五年了。五年来，授课未断且笔耕不辍，推动我的力量是解答问题与服务企业过程中的一些观察和思考。

首先，企业是按部门设置的，不论人力资源部门、财务部门还是法务部门，往往只能看到问题的一个方面。外部的专家专业背景很强，但有时会过于强调本专业的重要性，而忽略了整体。大家各抒己见，将意见放在一起，一是有盲人摸象的感觉，二是很难整合。而对企业经营者来说，重要的其实是解决问题，是需要别人提供综合解决方案，而不是各方意见的汇总。这引发了我的思考：是否可以从不同角度把企业面临的问题讲通讲透。所以我持续关注企业经营中的人、钱、政策，站在企业经营者的视角，尝试从薪酬、社保、税务、用工等多维度综合解决企业的问题并提供可以落地的建议。

其次，说到合规，自从2005年进入咨询培训行业以来，我发现业内讲合规最多的是一些外资会计师事务所、律师事务所和咨询公司。不得不说，大家对合规的理解比较刻板——合规是教条、僵化地执行法规和政策，这造成企业总是束手束脚，甚至对合规产生反感、抗拒的情绪。

合规的意义绝不应局限于此。当企业经营方向不明时，合规可以帮助企业明确边界、找到道路，并且在道路两旁竖起护栏，保障企业在发展过程中不会跑偏、不会掉坑，企业的经营管理有更多的确定性，而确定性是现代商业中稀缺的资源。所以，我认为讲合规是非常有现实意义的。合规可以护身，合规可以致远。

我一直默默地努力沉淀，直到人民邮电出版社的贾淑艳老师向我约稿，她说“薪税合规”是一个非常不错的方向，市面上未见类似的图书出版，问我有没有兴趣出书。我毫不犹豫地答应了。没想到这一承诺带来的是后续半年起早贪黑、夜不能寐的日子。写书的确是一项苦差，所幸我一次次咬着牙坚持下来了，在2023年上半年即将过去的时候，将书稿交付贾老师。

本书能够出版，我要感谢著名的劳动法专家董保华教授，他让我对劳动用工有了初步的了解和深入的认识；还要感谢税务专家张少云老师，她是我税务方面的启蒙老师，她不厌其烦地为我解答了很多税务方面的问题；还要感谢国家税务总局个人所得税法实施条例起草专家任宇老师，他给了我很多专业的分享和指引。

我还要感谢我的老友刘树兵先生为本书写序，聂有诚老师、王骏老师、子非鱼老师推荐本书。还有很多税务、法务等领域的专家，给了我指导和帮助，在此谢谢他们！此处无法一一具名，望谅解。

最后，谢谢我的妻子明珠，照顾我的饮食起居，在困难时陪伴我，让我能够安心写作。

希望本书能给工作中尊重专业、尊重合规的各位一些帮助。这是我的第一本书，不足之处在所难免，欢迎大家批评指正，我的邮箱是 xy@salasxu.com。

谢谢大家！

徐　阳

2023 年 6 月 18 日

目 录

第一章 法定薪酬合规实务

企业要做好薪税合规，首要事项是明确法律规定的边界和底线在哪里。简单地说，就是弄清楚哪些钱必须发，而且须按法律规定的要求发；哪些是企业可以自主决策的。本章讲解法定薪酬合规实务，以此开启企业薪税合规的旅程。

一、员工在企业内取得的收入都是工资吗

企业给员工发工资，是最为常见的经营事项之一。很多人会把企业给员工发放款项与发放工资等同，但作为企业薪税相关从业人员，一定要明白，发放款项与发工资并不是完全一致的。

（一）工资构成

企业给员工发放的以下内容的款项，都属于工资。

《关于工资总额组成的规定》

……

第四条　工资总额由下列六个部分组成：

（一）计时工资；

（二）计件工资；

（三）奖金；

（四）津贴和补贴；

（五）加班加点工资；

（六）特殊情况下支付的工资。

为什么要区分工资与非工资呢？因为工资作为企业的直接成本，关系到一系列的法定薪酬、福利、社保、经济补偿等间接人力成本的支出，所以工资总额的控制是人力成本规划和管控中非常重要的一项工作。

（二）非工资项目构成

我们来看一下企业发放给员工的不属于工资的项目有哪些。

《关于工资总额组成的规定》

第十一条　下列各项不列入工资总额的范围：

（一）根据国务院发布的有关规定颁发的发明创造奖、自然科学奖、科学技术进步奖和支付的合理化建议和技术改进奖以及支付给运动员、教练员的奖金；

（二）有关劳动保险和职工福利方面的各项费用；

（三）有关离休、退休、退职人员待遇的各项支出；

（四）劳动保护的各项支出；

（五）稿费、讲课费及其他专门工作报酬；

（六）出差伙食补助费、误餐补助、调动工作的旅费和安家费；

（七）对自带工具、牲畜来企业工作职工所支付的工具、牲畜等的补偿费用；

（八）实行租赁经营单位的承租人的风险性补偿收入；

（九）对购买本企业股票和债券的职工所支付的股息（包括股金分红）和利息；

（十）劳动合同制职工解除劳动合同时由企业支付的医疗补助费、生活补助费等；

（十一）因录用临时工而在工资以外向提供劳动力单位支付的手续费或管理费；

（十二）支付给家庭工人的加工费和按加工订货办法支付给承包单位的发包费用；

（十三）支付给参加企业劳动的在校学生的补贴；

（十四）计划生育独生子女补贴。

也就是说，企业发放了以上项目的款项之后，并不会带来企业其他人力成本的上升。

比如，企业发放当年利润的分红，属于以上第（九）项，虽然金额高于工资，但并不计入企业工资总额，也不会增加企业的间接人力成本。

以下新闻可能会给大家带来不一样的理解。

2015 年 8 月 7 日消息，京东在第二季度财务报告中宣布，首席执行官刘强东未来10年每年只拿1元基本工资，并且没有任何现金形式的奖金。

京东在声明中称，董事会批准了刘强东一项长达10年的薪酬方案，根据该方案，刘强东每年只拿1元现金形式底薪和零元现金形式奖金。

我们可能以为刘强东免费为京东打工，现在才发现其中也有出于人力成本与税务筹划的考虑。

（三）工资与工资薪金

明白了企业发放给员工的工资与非工资项目，接下来探讨下一个问题：工资与工资薪金是一回事吗?

答案：不是一回事。工资是法律、统计、会计或者劳动用工中的概念，而工资薪金是税务上的概念，不同的领域有不同的定义，口径也有差异。

《个人所得税法实施条例》

第六条　个人所得税法规定的各项个人所得的范围：

（一）工资、薪金所得，是指个人因任职或者受雇取得的工资、薪金、奖金、年终加薪、劳动分红、津贴、补贴以及与任职或者受雇有关的其他所得；

……

企业日常给员工发工资，并按工资薪金申报缴纳个人所得税（简称“个税”），两者是一致的。但在某些情况下，某些非工资项目，也按工资薪金计算缴纳个税。

比如，员工离职的经济补偿金。

按照《关于工资总额组成的规定》第十一条第（十）项的规定，离职补偿金不计入工资总额。

《国家税务总局关于个人因解除劳动合同取得经济补偿金征收个人所得税问题的通知》（国税发〔1999〕178号，以下简称“178号文”）第一条规定，对于个人因解除劳动合同而取得一次性经济补偿收入，应按“工资、薪金所得”项目计征个人所得税。

178号文虽然已全文废止，但个人因解除劳动合同而取得一次性经济补偿收入的性质并未改变，属于与任职受雇有关的所得，即在当前计税方式下特殊的工资薪金所得。（离职补偿金的薪税处理参见后续章节。）

那是不是说明工资薪金是一个更宽泛的概念，包含其他领域的工资呢？

答案：并非如此。工资薪金确实是一个非常宽泛的概念，包括“与任职或者受雇有关的其他所得”，但并不能完全包含工资，我们以一个例子来说明——企业聘用离退休人员的薪酬支出，按照会计准则，该项支出计入工资总额。

《企业会计准则第9号——职工薪酬》

第三条　本准则所称职工，是指与企业订立劳动合同的所有人员，含全职、兼职和临时职工，也包括虽未与企业订立劳动合同但由企业正式任命的人员。未与企业订立劳动合同或未由其正式任命，但向企业所提供服务与职工所提供服务类似的人员，也属于职工的范畴。

按照《关于工资总额组成的规定》的规定，虽然明确了“有关离休、退休、退职人员待遇的各项支出”不计入工资总额，但以下文件明确了聘用、留用的离退休人员的劳动报酬属于工资总额范围。

《关于规范社会保险缴费基数有关问题的通知》

（劳社险中心函〔2006〕60号）

二、关于工资总额的计算口径

依据国家统计局有关文件规定，工资总额是指各单位在一定时期内直接支付给本单位全部职工的劳动报酬总额，由计时工资、计件工资、奖金、加班加点工资、特殊情况下支付的工资、津贴和补贴等组成。劳动报酬总额包括：在岗职工工资总额；不在岗职工生活费；聘用、留用的离退休人员的劳动报酬……。

接下来比较一下税法的相关规定。

《国家税务总局关于离退休人员再任职界定问题的批复》

（国税函〔2006〕526号）

《国家税务总局关于个人兼职和退休人员再任职取得收入如何计算征收个人所得税问题的批复》（国税函〔2005〕382号）所称的“退休人员再任职”，应同时符合下列条件：

一、受雇人员与用人单位签订一年以上（含一年）劳动合同（协议），存在长期或连续的雇用与被雇用关系；

二、受雇人员因事假、病假、休假等原因不能正常出勤时，仍享受固定或基本工资收入；

三、受雇人员与单位其他正式职工享受同等福利、社保、培训及其他待遇；

四、受雇人员的职务晋升、职称评定等工作由用人单位负责组织。

企业聘用、留用离退休人员的劳动报酬，如果不满足以上条件，应按照“劳务报酬”而不是“工资薪金”计算缴纳个人所得税。

由此可以看出，员工在企业取得的收入，不一定都是工资。企业的薪税管理是一项复杂的、跨领域的工作，每个领域对工资的定义均有所不同，实操中应仔细分辨并明确应用场景与相应规则，而这才是正确的合规之道。

二、基本工资低于最低工资合规吗

关于最低工资标准，日常管理中大家经常会听到一些似乎非常有道理的说法。常见的说法是：最低工资是红线，工资一旦低于最低工资，肯定违法。

接下来就关注一下关于最低工资合规的相关问题。

（一）关于基本工资的约定

1. 企业约定的基本工资可以低于最低工资吗？

针对这一问题，首先来分析一下工资包括什么。

《关于工资总额组成的规定》

第四条　工资总额由下列六个部分组成：

（一）计时工资；

（二）计件工资；

（三）奖金；

（四）津贴和补贴；

（五）加班加点工资；

（六）特殊情况下支付的工资。

工资包含的内容那么多，基本工资只是工资的一部分，基本工资之外还有津贴、补贴、奖金等，因此工资的某个部分低于最低工资是没问题的，只要不是工资总额低于最低工资就是合规的。

我们一起来学习一个案例。

参考案例：X 先生与上海 K 公司劳动合同纠纷案

案号：（2021）沪 0113 民初 15208 号

法院：上海市宝山区人民法院

判决要点：

本院认为，本市最低工资收入并非仅指基本工资，虽然工资清单上显示的基本工资长期低于本市最低工资，但从原告提供的工资清单看，原告工资除基本工资之外，还包括奖金、津贴和补贴等，原告每月的实际收入均不一样且都高于当年的本市最低工资，现原告要求被告支付 2012 年 7 月 23 日至 2021 年 1 月 31 日工资差额的请求缺乏依据，本院不予支持。

2. 如果基本工资低于最低工资，但基本工资 + 加班费 > 最低工资呢？

这就是不合规的，具体可参考《最低工资规定》第十二条。

第十二条　在劳动者提供正常劳动的情况下，用人单位应支付给劳动者的工资在剔除下列各项以后，不得低于当地最低工资标准：

（一）延长工作时间工资；

（二）中班、夜班、高温、低温、井下、有毒有害等特殊工作环境、条件下的津贴；

（三）法律、法规和国家规定的劳动者福利待遇等。

劳动者由于本人原因造成在法定工作时间内或依法签订的劳动合同约定的工作时间内未提供正常劳动的，不适用于本条规定。

所以一般谈及的最低工资，不包括加班费，同样不包括高温津贴、夜班津贴等法定福利。

（二）实际支付工资的要求

1. 实际支付的工资一定不能低于最低工资吗？

答案：不一定。《最低工资规定》第十二条规定：“劳动者由于本人原因造成在法定工作时间内或依法签订的劳动合同约定的工作时间内未提供正常劳动的，不适用于本条规定。”也就是说，劳动者如果因自己原因缺勤，没工作满一个月，得到的工资低于最低工资，是有可能的。

即便不是员工原因，也有可能出现企业支付低于最低工资的报酬的情况。比如，在停工、停产的情况下，企业支付的生活费就有可能低于最低工资。

不过，各地关于生活费的规定不完全一样。

（1）有的地方生活费就是最低工资，如上海、天津、海南。

（2）有的地方生活费是最低工资的80%，如广东、江苏、浙江、河南、河北、湖南、广西、甘肃、山西、内蒙古。

（3）有的地方生活费是最低工资标准的70%，如北京、安徽、山东、四川、辽宁、湖北、福建、重庆、青海、吉林、江西、新疆、黑龙江。

（4）还有的地方生活费是最低工资标准的60%，如贵州。

以下列举一些地方规定，供大家参考。

《上海市企业工资支付办法》

第十二条　企业停工、停产在一个工资支付周期内的，应当按约定支付劳动者工资。超过一个工资支付周期的，企业可根据劳动者提供的劳动，按双方新的约定支付工资，但不得低于本市规定的最低工资标准。

《深圳市员工工资支付条例》

第二十八条　非因员工原因造成用人单位停工、停产，自用人单位停工、停产之日起计算……超过一个工资支付周期（最长三十日），用人单位没有安排员工工作的，应当按照不低于本市最低工资标准的百分之八十支付劳动者生活费，生活费发放至企业复工、复产或者解除劳动关系为止。

《北京市工资支付规定》

第二十七条　非因劳动者本人原因造成用人单位停工、停业的，在一个工资支付周期内，用人单位应当按照提供正常劳动支付劳动者工资；超过一个工资支付周期的，可以根据劳动者提供的劳动，按照双方新约定的标准支付工资，但不得低于本市最低工资标准；用人单位没有安排劳动者工作的，应当按照不低于本市最低工资标准的70%支付劳动者基本生活费。国家或者本市另有规定的从其规定。

2. 假如员工付出正常劳动，企业也在正常经营，是否员工实际到手的工资不得低于最低工资？

答案：也不尽然。

员工到手的工资应该扣除了“五险一金”（这是通俗说法，个人实际是“三险一金”）。假如员工的应发工资就是最低工资，再扣除“五险一金”，那么员工实际到手的工资就肯定低于最低工资。

关于这一点，各地规定不同。假如当地规定最低工资包括“五险一金”，那么员工到手的工资就有可能低于最低工资。假如当地规定最低工资必须剔除“五险一金”，那么员工到手的工资就不得低于最低工资。

目前，国内大多数地方（包括四川、山东、浙江、河北、内蒙古、贵州、云南、新疆等）的最低工资都包括“五险一金”。而只有少部分地方的最低工资会剔除“五险一金”，如北京、上海、安徽。

《北京市人力资源和社会保障局关于调整北京市2021年最低工资标准的通知》

……

下列项目不作为最低工资标准的组成部分，用人单位应按规定另行支付：

……

（三）劳动者个人应缴纳的各项社会保险费和住房公积金；

……

《上海市人力资源和社会保障局关于调整本市最低工资标准的通知》

一、……下列项目不作为月最低工资的组成部分，由用人单位另行支付：

……

（四）个人依法缴纳的社会保险费和住房公积金。

……

《安徽省最低工资规定》

第十条　在确定用人单位支付劳动者的工资是否低于当地最低工资标准时，下列项目不计入用人单位支付给劳动者的工资：

……

（三）用人单位和劳动者个人依法缴纳的社会保险费和住房公积金；

……

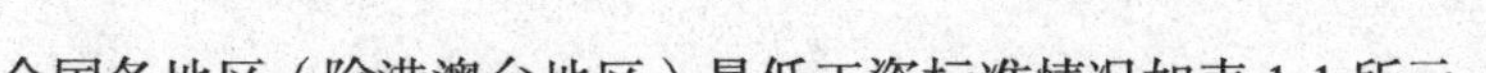

全国各地区（除港澳台地区）最低工资标准情况如表 1-1 所示。

表 1-1　全国各地区（除港澳台地区）最低工资标准情况

地区	月最低工资标准 / 元				小时最低工资标准 / 元			
	第一档	第二档	第三档	第四档	第一档	第二档	第三档	第四档
北京	2320				25.3			
天津	2180				22.6			
河北	2200	2000	1800		22	20	18	
山西	1980	1880	1780		21.3	20.2	19.1	
内蒙古	1980	1910	1850		20.8	20.1	19.5	
辽宁	1910	1710	1580	1420	19.2	17.2	15.9	14.3
吉林	1880	1760	1640	1540	19	18	17	16
黑龙江	1860	1610	1450		18	14	13	
上海	2690				24			
江苏	2280	2070	1840		22	20	18	
浙江	2280	2070	1840		22	20	18	
安徽	2060	1930	1870	1780	21	20	19	18
福建	2030	1960	1810	1660	21	20.5	19	17.5
江西	1850	1730	1610		18.5	17.3	16.1	
山东	2100	1900	1700		21	19	17	
河南	2000	1800	1600		19.6	17.6	15.6	
湖北	2010	1800	1650	1520	19.5	18	16.5	15
湖南	1930	1740	1550		19	17	15	
广东	2300	1900	1720	1620	22.2	18.1	17	16.1
其中：深圳	2360				22.2			
广西	1810	1580	1430		17.5	15.3	14	
海南	1830	1730	1680		16.3	15.4	14.9	
重庆	2100	2000			21	20		
四川	2100	1970	1870		22	21	20	
贵州	1890	1760	1660		19.6	18.3	17.2	
云南	1900	1750	1600		18	17	16	
西藏	1850				18			
陕西	2160	2050	1950		21	20	19	
甘肃	1820	1770	1720	1670	19	18.4	17.9	17.4

（续表）

地区	月最低工资标准 / 元				小时最低工资标准 / 元			
	第一档	第二档	第三档	第四档	第一档	第二档	第三档	第四档
青海	1880				18			
宁夏	1950	1840	1750		18	17	16	
新疆	1900	1700	1620	1540	19	17	16.2	15.4

注：本表数据时间截至 2023 年 7 月 1 日。

三、劳动合同中约定劳动报酬有什么合规要求

有很多企业的劳动合同很简单，没有劳动报酬条款，或者关于劳动报酬的部分留空，是否可行呢？本部分讨论劳动合同中的劳动报酬条款的合规要求是什么、条款缺失或约定不明有什么风险。

劳动合同中没有劳动报酬条款是肯定不行的。

《劳动合同法》

第十七条　劳动合同应当具备以下条款：

……

（六）劳动报酬；

……

所以应先明确，劳动报酬是劳动合同的必备条款；然后再探讨如果劳动报酬条款缺失会有什么风险，会不会导致劳动合同无效或者不成立。

（一）劳动报酬条款的合规要求

读者可能会问：是否劳动报酬作为劳动合同的必备条款 = 一定要写具体的金额？

答案：当然不是。法律只是规定了必备条款，并没有说一定要写明工资的具体金额。现实中，企业在劳动合同中不写明具体的金额，但通过以下方式进行劳动报酬的约定，都是可行的。

1. 约定基本的薪酬水平。

2. 明确薪酬计算标准。

3. 计件岗位明确计件单价和酬劳计算方法。

4. 约定“按照《××公司薪酬管理制度》执行”（此处薪酬管理制度须经过民主程序制定和公示）。

5. 约定“参照《××公司工资条》”。

最后提醒一下，如果企业在劳动合同中约定了具体的劳动报酬金额，需要注意在劳动者提供正常劳动的情况下，劳动者每月报酬不得低于当地最低工资标准。关于最低工资标准，可以参见前文。

（二）劳动报酬条款缺失风险

劳动报酬条款缺失的风险可大可小，如果导致劳动合同无效或不成立，那么风险就很大。

如果劳动合同被认定无效，那么企业就失去了该劳动者劳动报酬的决定权，将参照本单位相同或相近岗位劳动者的报酬确定该劳动者的劳动报酬。

《劳动合同法》

第二十八条　劳动合同被确认无效，劳动者已付出劳动的，用人单位应当向劳动者支付劳动报酬。劳动报酬的数额，参照本单位相同或者相近岗位劳动者的劳动报酬确定。

如果劳动合同被认定不成立，那么风险更大，劳动者可以根据《劳动合同法》第八十二条要求用人单位支付工资。

第八十二条　用人单位自用工之日起超过一个月不满一年未与劳动者订立书面劳动合同的，应当向劳动者每月支付二倍的工资。

因为合规风险很高，所以在现实中劳动报酬条款缺失导致劳动合同无效或者不成立的情形比较少见。但必备条款的缺失，并不在《劳动合同法》认定的劳动合同无效的情形之内。

第二十六条 下列劳动合同无效或者部分无效：

（一）以欺诈、胁迫的手段或者乘人之危，使对方在违背真实意思的情况下订立或者变更劳动合同的；

（二）用人单位免除自己的法定责任、排除劳动者权利的；

（三）违反法律、行政法规强制性规定的。

第二十七条 劳动合同部分无效，不影响其他部分效力的，其他部分仍然有效。

缺少劳动报酬条款并不属于劳动合同无效的情形，但对于劳动合同的履行会产生一定的影响。

由于劳动合同不成立的后果更严重，因此主流的口径一般不认为必备条款的缺失会导致劳动合同不成立。以下为各地的口径，供大家参考。

《上海市劳动和社会保障局关于实施〈上海市劳动合同条例〉若干问题的通知》规定："劳动合同必备条款不全，但不影响主要权利义务履行的，劳动合同成立。"

《黑龙江省关于审理劳动人事争议案件若干问题的处理意见》第八条规定："用人单位与劳动者签订了约定双方当事人之间基本权利义务的简易合同，劳动者要求用人单位依照《劳动合同法》第八十二条规定支付未订立书面劳动合同期间二倍工资的，仲裁委员会不予支持。但用人单位提供的劳动合同文本未载明劳动合同必备条款给劳动者造成损害，劳动者要求用人单位赔偿的，应予支持。"

《广州市中级人民法院关于审理劳动人事争议案件若干问题的研讨会纪要》第22点规定："用人单位与劳动者签订的劳动合同仅约定了期限、劳动报酬，不完全具备《中华人民共和国劳动合同法》第十七条规定的必备条款，可以视为双方签订了劳动合同，用人单位不需要支付劳动者未签订书面劳动合同的二倍工资。且上述有效的劳动合同条款对双方都具有约束力。"

《浙江省高级人民法院民事审判第一庭、浙江省劳动人事争议仲裁院关于印发〈关于审理劳动争议案件若干问题的解答（四）〉的通知》第一条规定："劳动合同能够确定合同双方当事人主体身份且能够认定该合同系双方的真实意思表示，一般可认定合同成立。对合同欠缺的劳动合同期限、工作内容、劳动报酬、劳动保护、劳动条件等部分内容，可依照《劳动合同法》第十八条及相关规定确定。劳动者主张二倍工资的，不予支持。”

既然劳动报酬条款的缺失不会导致劳动合同无效或者不成立，那么后果或者风险是什么呢？下面看一个案例。

参考案例：黄某某与南京 ××× 装饰有限公司劳动合同纠纷案

案号：（2016）苏01民终222号

法院：江苏省南京市中级人民法院

判决要点：

本院认为，工资标准问题，《劳动合同法》第十八条规定，劳动合同对劳动报酬和劳动条件等标准约定不明确，引发争议的，用人单位与劳动者可以重新协商；协商不成的，适用集体合同规定；没有集体合同或者集体合同未规定劳动报酬的，实行同工同酬；没有集体合同或者集体合同未规定劳动条件等标准的，适用国家有关规定。本案中，××× 公司主张双方口头约定黄某某年薪20万元，而黄某某则主张双方口头约定其年薪50万元，但双方均未提供充分有效的证据证明各自的主张，亦未能协商一致，原审法院确定黄某某的工资实行同工同酬，并结合与黄某某相近岗位的陈某的年薪确认黄某某的年薪，具有相应的法律依据。

如果因劳动报酬条款缺失或者约定不明而发生劳动争议，且没有集体合同参考，那么法院很可能会采用同工同酬的方式，以相同或相近岗位的薪酬决定该劳动者的薪酬。

四、工资应该什么时候发

人力资源工作人员经常会问各种工资应该什么时候发的问题：法律规定最迟几号发？发晚了有什么风险？两个月发一次行不行……

本部分探讨企业薪酬支付周期与时间的合规要求。

（一）关于年薪制

1. 假设企业与员工约定的薪酬是年薪制，那么企业按半年度或者按季度支付薪酬给该员工，是否合规？

答案：不合规。

《劳动法》第五十条规定："工资应当以货币形式按月支付给劳动者本人。不得克扣或者无故拖欠劳动者的工资。"

《工资支付暂行规定》第七条规定："工资必须在用人单位与劳动者约定的日期支付。如遇节假日或休息日，则应提前在最近的工作日支付。工资至少每月支付一次，实行周、日、小时工资制的，可按周、日、小时支付工资。"

法律规定，用人单位至少每月支付一次工资。按季度支付、按双月支付，均属违法。

2. 如果约定年薪制，按月支付金额的多少有强制规定吗？

这个是双方约定的范畴，如果没有约定，保证月薪不低于当地最低工资标准即可。

参考案例：张某、廊坊HR股份有限公司劳动争议再审案

案号：（2019）冀民申6740号

法院：河北省高级人民法院

判决要点：

申请人认可其入职后一直实行年薪制，且从被申请人提供的银行流水来看，2017年7月至2018年2月，被申请人每月都为申请人发放数额不等的工资收入，且在已经发放的薪水中注明包括加班费等加班工资。故申请人与被申请人双方约定按照年薪发放工资并无不当。

申请人主张被申请人拖欠其工资，但双方实行的是年薪制，且申请人并无其他证据证明。故申请人所提供证据不足以证明被申请人拖欠其工资的主张，其要求被申请人支付经济补偿金的请求没有事实和法律依据，本院不予支持。

从以上案例可以得知，年薪制在双方并没有约定月薪的情况下，只要按月支付且月薪不低于当地最低标准就不构成违规。

（二）用工形式与薪酬支付周期

企业只要按月支付薪酬就一定没问题吗？

答案：不一定。

要看签的是什么合同。如果双方签的是《非全日制用工合同》，那么按月支付薪酬是违规的，应该至少每15日支付一次薪酬。

《劳动合同法》

第七十二条规定，“非全日制用工小时计酬标准不得低于用人单位所在地人民政府规定的最低小时工资标准。非全日制用工劳动报酬结算支付周期最长不得超过十五日。”

参考案例：深圳市QF公司与廖某劳动争议再审案

案号：（2019）粤民申4860号

法院：广东省高级人民法院

判决要点：

QF公司提交的证据不足以证明双方约定采用非全日制的用工形式，双方的工资发放规律亦不符合非全日制用工劳动报酬结算周期的法律规定。因此，二审法院不予采信QF公司有关双方属于非全日制用工模式的主张，认定QF公司向廖某支付未签订劳动合同二倍工资差额并无不当。

从以上案例可以看出，如果没有根据非全日制用工的相关规定，按周期支付薪酬，那么非全日制用工的形式不成立。

（三）支付工资的时间

除了用工形式，还需要关注的一个重要问题是薪酬支付的时间。

1. 根据当前国内大多数地方的规定和判例，企业必须在月底前支付员工上个月的工资，延迟发放即有可能被认定为“无故拖欠”劳动者工资。

延迟7日导致被认定拖延劳动报酬从而员工解除劳动关系，企业支付经济补偿金的案例如下。

参考案例：李某与中山XL有限公司劳动合同纠纷二审案

案号：（2016）粤20民终2980号

法院：广东省中山市中级人民法院

判决要点：

工资发放周期不得超过一个月属于强制性规定。李某与XL公司劳动合同中约定月底前发放上个月工资，不违反法律规定，XL公司应当遵照执行。XL公司于2015年4月1日发布的通知将工资发放周期延期至下下个月7日，违反了法律强制性规定，李某虽在各月对应的下下个月7日前签收了工资，并不当然表明其认可了该工资发放周期的变更。因此，XL公司迟至2015年11月发放同年9月工资，已经属于拖延发放工资报酬，李某有权要求XL公司支付经济补偿金。

延迟 9 日导致被认定拖延劳动报酬从而员工解除劳动关系，企业支付经济补偿金的案例如下。

参考案例：承德市 JL 矿业有限公司、朱某劳动争议二审案

案号：（2019）冀 08 民终 2752 号

法院：河北省承德市中级人民法院

判决要点：

在工作中，承德市 JL 矿业有限公司无正当理由超过规定时间于 2019 年 5 月 9 日发放朱某 2019 年 3 月的工资，属于用人单位无故拖欠劳动者工资行为，已经违反了《劳动法》《劳动合同法》《工资支付暂行规定》等相关法律法规的规定。用人单位未及时足额支付劳动者劳动报酬的，劳动者可以解除劳动合同，用人单位应当向劳动者支付经济补偿金。

因此无论如何，企业都应该在月底前足额发放上个月的工资。

2. 比较特殊的地方是深圳，按照深圳市的法律法规，最迟不可迟于 22 号发放上个月工资。

《深圳市员工工资支付条例》

第 11 条规定，“工资支付周期不超过一个月的，约定的工资支付日不得超过支付周期期满后第七日……”

第 12 条规定，“用人单位因故不能在约定的工资支付日支付工资的，可以延期五日；因生产经营困难，需要延期超过五日的，应当征得本单位工会或者员工本人书面同意，但是最长不得超过十五日。”

按照以上规定，深圳企业在 22 号以后支付员工上个月工资即为违法。违法后果的严重性可以参考以下案例。

参考案例：深圳市 PL 人力资源管理有限公司、王某劳动合同纠纷再审案

案号：（2020）粤民申 5786 号

法院：广东省高级人民法院

判决要点：

PL 公司至迟应于每月 22 日前向王某发放上个月工资，否则即属于未及时足额支付劳动报酬或无故拖欠劳动者工资的情形。在本案中，PL 公司于 2019 年 2 月 27 日和 28 日支付了王某 2019 年 1 月的工资，已经超过《深圳市员工工资支付条例》规定的工资发放时间，王某据此解除劳动合同并主张经济补偿，应予支持。因此，二审判决判令 PL 公司从王某入职之日起即 2003 年 9 月（15.5 个月）开始计算经济补偿，符合上述司法解释的规定，处理恰当。

综上所述，关于工资支付，企业不仅要关注支付金额，也要关注支付的周期和时间，避免违法。

五、企业工资支付记录应当保存多久

企业工资支付记录的保存期限没有统一标准的答案，要看支付对象是谁，以及企业所在的区域。如果没有按要求保存工资支付记录，后果或者说潜在的风险是什么？

（一）一般要求

如果企业支付工资给普通的劳动者，那么按照规定，工资支付记录保存两年以上备查即可。

《工资支付暂行规定》

……

第六条　用人单位应将工资支付给劳动者本人。劳动者本人因故不能领取工资时，可由其亲属或委托他人代领。

用人单位可委托银行代发工资。

用人单位必须书面记录支付劳动者工资的数额、时间、领取者的姓名以及签字，并保存两年以上备查。

……

（二）特殊地区

对于工资支付记录，不是国内所有地方都保存两年，有的地方，如深圳，要求工资支付记录保存三年。

2022 年新修订的《深圳市员工工资支付条例》将原来保存两年的要求提高到三年。

……

第十五条 用人单位支付工资应当制作工资支付表。

工资支付表应当有支付单位名称、工资计发时段、发放时间、员工姓名、正常工作时间、加班时间、正常工作时间工资、加班工资等应发项目以及扣除的项目、金额及其工资账号等记录。

工资支付表至少应当保存三年。

……

（三）特殊人群

因为就全国范围来说，企业如果支付工资给农民工，工资支付记录均要保存三年。深圳只是把两者统一了，不管是不是支付给农民工，工资支付记录都要保存三年。

《保障农民工工资支付条例》

……

第十五条 用人单位应当按照工资支付周期编制书面工资支付台账，并至少保存 3 年。

……

（四）工资支付记录与举证责任

不管两年还是三年，主要的影响不是保存时间的长短，也不是如何保存，而是由此带来的劳动争议举证责任期限的延长。工资支付表的保存期限由两年变为三年，意味着如果出现劳动争议，用人单位与工资支付相应的举证责任也延长到三年。因为在加班争议中，劳动者仅负有初步的举证责任，证明存在加班事实即可，而用人单位应对具体的加班事实及对应的加班费支付情况承担举证责任。相关规定参考如下。

《最高人民法院关于审理劳动争议案件适用法律问题的解释（一）

（法释〔2020〕26号）》

……

第四十二条　劳动者主张加班费的，应当就加班事实的存在承担举证责任。但劳动者有证据证明用人单位掌握加班事实存在的证据，用人单位不提供的，由用人单位承担不利后果。

《深圳市中级人民法院关于审理劳动争议案件的裁判指引》

……

二十五、

当事人因工资支付发生争议的，举证责任如下分配：

……

（6）劳动者主张加班工资，用人单位否认有加班的，劳动者应就其存在加班事实或用人单位掌握加班事实存在证据承担举证责任；劳动者已举证证明其存在加班事实或用人单位掌握加班事实存在证据的，用人单位应就劳动者申请劳动仲裁之日前两年内的工作时间承担举证责任；

……

关于工资支付记录的保存时间与劳动争议中举证责任的分配，可以参考以下典型案例。

参考案例：大连JP厂与任某加班费劳动争议案

案号：（2022）辽02民终4380号

法院：辽宁省大连市中级人民法院

判决要点：

关于加班费。劳动者主张加班费的，应当就加班事实的存在承担举证责任。但劳动者有证据证明用人单位掌握加班事实存在的证据，用人单位不提供的，由用人单位承担不利后果。根据《工资支付暂行规定》第六条的相关规定，用人单位必须书面记录支付劳动者工资的数额、时间、领取者的姓名以及签字，并保存两年以上备查。在本案中，任某就JP厂欠发加班工资等争议于2021年1月12日申请劳动仲裁，JP厂依据上述规定依法应提供任某2019年1月之后的工资支付明细等与工资支付有关的书面记录。任某2019年之前的工资支付记录已超出用人单位法定的保管期限，JP厂未予提供并不违反法律规定。故任某主张自2017年1月至2018年12月存在加班及JP厂欠付加班费的事实，应对其主张事实承担举证责任。任某提供的现有证据未能证明JP厂此期间欠付加班工资，应承担举证不能的不利后果，一审法院不予支持任某关于2019年之前的加班费诉请符合法律规定，本院予以确认。

从本案的裁判可以了解到，工资支付记录保管时间内的相关争议，企业负主要举证责任，而超出保管时间要求的争议，应由劳动者负主要责任。

总结：国内对企业一般的工资支付记录保存要求是两年，特殊地区（深圳）和特殊人群（农民工）是三年，企业应当按当地要求保管工资支付记录，以免在相关劳动争议中承担举证不利的责任。

六、各种工资概念应该如何区分

大家在日常的用工与薪酬管理工作中，经常会碰到各式各样的工资概念，由于出处不同，理解起来很容易搞混，张冠李戴是常事。本部分将为大家梳理常见的工资概念，帮助大家正确使用。

（一）应得工资

《劳动合同法实施条例》第二十七条规定："《劳动合同法》第四十七条规定的经济补偿的月工资按照劳动者应得工资计算，包括计时工资或者计件工资以及奖金、津贴和补贴等货币性收入。"

虽然《劳动合同法实施条例》提出了应得工资的概念，但却没有给出一个清晰准确的定义。根据对《劳动合同法实施条例》第二十七条规定的理解，应得工资应该是劳动者应得的全部的劳动报酬。

其中必须了解以下几个要点。

（1）跟应发工资同义。

（2）是税前工资，没有扣除社保、公积金和个人所得税等法定扣除项。

（3）作为经济补偿金与应休未休年休假工资的计算标准。

应得工资在最后这一点上，与应发工资口径有差异，具体如下。

（1）当作为未休年休假工资的计算基数时，应剔除加班费。

《企业职工带薪年休假实施办法》第十一条规定："计算未休年休假工资报酬的日工资收入按照职工本人的月工资除以月计薪天数（21.75天）进行折算。

前款所称月工资是指职工在用人单位支付其未休年休假工资报酬前12个月剔除加班工资后的月平均工资。”

（2）当应得工资作为经济补偿金的计算基数时，是否应包括加班费，各地的规定有差异。

①国内大部分地方认定应包含加班费。

《北京市高级人民法院、北京市劳动人事争议仲裁委员会关于审理劳动争议案件法律适用问题的解答》中有相关释疑。

“21.用人单位给付劳动者的工资标准计算基数按哪些原则确定？

……

（4）在计算劳动者解除劳动合同前十二个月平均工资时，应当包括计时工资或者计件工资以及奖金、津贴和补贴等货币性收入。其中包括正常工作时间的工资，还包括劳动者延长工作时间的加班费。

……”

②少部分地方认定不应包含加班费。

《上海高院民事法律适用问答》（2013年第1期）中规定：

“五、关于劳动争议案件中确定经济补偿金计算基数时是否需要将加班工资包括在内的问题

……

第一，经济补偿从性质上看系用人单位与劳动者解除或终止劳动关系后，为弥补劳动者损失或基于用人单位所承担的社会责任而给予劳动者的补偿，故经济补偿金应以劳动者的正常工作时间工资为计算基数。第二，加班工资系劳动者提供额外劳动所获得的报酬，不属于正常工作时间内的劳动报酬。第三，从原劳动部[①]《关于贯彻〈中华人民共和国劳动法〉若干问题的意见》第55条和《劳动合同法实施条例》第27条规定来看，也应认为经济补偿金不包含加班费。综上，我们认为在计算经济补偿金计算基数时不应将加班工资包括在内。”

① 劳动部为旧称，现为人力资源和社会保障部，余同。

《四川省高级人民法院民事审判第一庭关于印发〈关于审理劳动争议案件若干疑难问题的解答〉的通知》规定：

“29.《劳动合同法》中规定的经济补偿金及二倍工资计算基数按照劳动者正常工作状态下十二个月的应得工资计算，即未扣除社会保险费、税费等之前的当月工资总额，但不应包括：（一）加班工资；（二）非常规性奖金、津补贴、福利。”

所以即便是同一个概念，在应用中各地的口径也会不同。想要把薪酬概念理解清楚，并不容易。

（二）实发工资

实发工资是“应得工资”或者“应发工资”加工后的概念，是应得工资扣除了社保、公积金和个税等法定扣除费用后员工实际到手的收入，是税后工资。对于哪些项目可以在实发工资前扣除，法规有明确的规定。

《工资支付暂行规定》

第十五条　用人单位不得克扣劳动者工资。有下列情况之一的，用人单位可以代扣劳动者工资：

（一）用人单位代扣代缴的个人所得税；

（二）用人单位代扣代缴的应由劳动者个人负担的各项社会保险费用；

（三）法院判决、裁定中要求代扣的抚养费、赡养费；

（四）法律、法规规定可以从劳动者工资中扣除的其他费用。

其中必须了解以下要点。

（1）实发工资前的扣除项目由法律法规确定，企业不可自行设立。

（2）企业只是代为扣除相关项目，即扣除的款项应上缴或支付至相应的账户，企业不可私自留存。

（3）企业扣除相应的项目未及时上缴或支付，导致员工实发工资减少，企业有未及时足额支付劳动报酬的法律风险。

参考案例：DX股份有限公司与姜某劳动争议再审案

案号：（2020）黑民再309号

法院：黑龙江省高级人民法院

判决要点：

劳动者从用人单位收到的实发工资低于应发工资，每月应得工资与实得工资的主要差别在于社会保险、住房公积金、个人所得税等方面的法律法规所规定的各类扣款和费用。劳动者的工资除实发工资外，还包括社会保险费中个人应负担部分、个人缴存的住房公积金和个人所得税。在本案中，原审判决以实发工资为基数计算姜某加班工资，未将DX公司代扣代缴部分工资计入姜某工资总额中，应予纠正。

从以上案例可知，在做劳动者的各项法定薪酬计算时，采用的基数均为应得工资而非实发工资。所以实发工资在劳动用工的场景中应用不多，常见的应用场景为高管薪酬测算、海外员工派遣时的税负平衡。

（三）本人工资

《工伤保险条例》第六十四条规定："本条例所称本人工资，是指工伤职工因工作遭受事故伤害或者患职业病前12个月平均月缴费工资。"所以本人工资是有特定场景的，在工伤相关的场景中特指缴费工资。

其中必须了解以下要点。

（1）不是当月或上个月的缴费工资，而是员工前12个月的平均缴费工资。

（2）从合规的角度来说，本人工资应该等于应得工资，但现实中受社会平均工资3倍封顶的影响，两者有差异。

（3）本人工资低于应得工资的最为突出的风险点是，当出现工伤保险待遇争议时，各地的裁判口径往往要求企业按应得工资补足待遇差额。这也是企业合规管理中往往容易忽视的风险。（后续将详细分析。）

《广东省工伤保险条例》第五十六条规定："用人单位少报职工工资，未足额缴纳工伤保险费，造成工伤职工享受的工伤保险待遇降低的，工伤保险待遇差额部分由用人单位向工伤职工补足。"

希望本部分的分析能帮助大家理清常见的工资概念，在企业管理中，做到有条不紊，薪酬合规。

七、销售提成的薪税处理有什么合规要点需要注意

销售提成发放是企业薪酬管理中的常见事项，本部分对其中的薪税合规要点进行梳理，供大家参考借鉴。

（一）销售提成的定性

我们先对销售提成进行定性：销售提成属于工资吗？

答案：销售提成属于劳动报酬，当然属于工资。但是销售提成属于哪种类型的工资，很多人并不清楚。看看下面的规定。

《关于工资总额组成的规定》

第四条　工资总额由下列六个部分组成：

（一）计时工资；

（二）计件工资；

（三）奖金；

（四）津贴和补贴；

（五）加班加点工资；

（六）特殊情况下支付的工资。

销售提成属于上面哪一种？

答案：计件工资。

按规定，不管按营业额计算的提成还是按利润计算的提成，都属于计件工资。

《关于工资总额组成的规定》第六条规定："计件工资是指对已做工作按计件单价支付的劳动报酬。包括：（一）实行超额累进计件、直接无限计件、限额计件、超定额计件等工资制，按劳动部门或主管部门批准的定额和计件单价支付给个人的工资；（二）按工作任务包干方法支付给个人的工资；（三）按营业额提成或利润提成办法支付给个人的工资。"

（二）以回款为发放条件是否可行

既然销售提成是计件工资，那么是否员工完成了计件工作——相应的营业额，就应该拿提成？企业规定回款了才发提成是否合规？

关于是否可以约定回款作为提成发放的前提条件，业内存在着争议，具体如下。

1. 有观点认为，业务提成是劳动报酬的组成部分，按时足额支付劳动报酬是企业的法定义务，而回款涉及企业的经营风险，企业约定回款的发放条件其实是将经营风险转嫁给劳动者，不合理。

参考案例：沈阳 MB 工程有限公司劳动争议案

案号：（2020）辽民申 83 号

法院：辽宁省高级人民法院

判决要点：

工资应当以货币形式按月支付给劳动者本人。不得克扣或者无故拖欠劳动者的工资。在本案中，双方当事人约定的工资及提成，均属于劳动报酬，再审申请人主张提成应基于被申请人承揽工程的工程款已结算的部分计算并支付，但被申请人所承揽的工程包含施工质量、工程进度、决算总价、设计变更等诸多影响工程回款的因素，均非被申请人所应承担的职责，若以是否回款为支付提成的前提条件，违反法定的权利义务对等原则，故原二审法院按被申请人承揽的防水工程面积计发其销售提成，符合法律规定及双方约定，再审申请人的再审请求依据不足，本院不予支持。

2. 还有观点认为，如果以回款作为发放提成的前提条件经过双方约定，那么应认定约定有效；如果劳动者主张企业应发放提成，那么货款收回的举证责任应由劳动者负担，否则应承担举证不利的责任。

参考案例：深圳TL股份有限公司与王某劳动合同纠纷案

案号：（2019）粤民申5783号

法院：广东省高级人民法院

判决要点：

关于提成工资的问题。TL公司的《销售管理制度》规定，按照销售合同的全款回收金额，计算销售提成，王某主张提成工资，应就其符合提成工资发放条件举证证明。在本案中，王某单方制作的《王某业绩提成工资计算明细》仅记载合同金额，未记载回款金额，该证据未能证明其业务款的回收情况，王某提供的录音、发货邮件等新证据亦不足以证明TL公司须向王某支付提成工资。王某称TL公司的规章制度不能作为定案依据理由不成立，驳回王某的再审申请。

3. 现实中，两种观点都有一定的案例支持，对企业来说，难以确定持哪种观点。上海市第一中级人民法院推出了《追索劳动报酬纠纷案件的审理思路和裁判要点（类案系列）》，对此类案件的裁判要点做了梳理和总结。大致的意思是，如果双方约定回款条件，从约定；规章制度合法有效的情况下，如规章制度有规定，从规章制度；如果事先未有约定或规定，而事后以未回款为由不发提成的，不予支持。

对于部分用人单位提出销售回款后才可发放提成的抗辩，法院应注意以下审查要点。

一是如用人单位与劳动者约定提成以销售回款为发放条件的，则该约定合法有效，双方应予遵守。

二是双方对提成以销售回款为发放条件未作约定，而在规章制度中予以规定的，如该规定系经民主程序制定则合法有效。

三是在双方未作约定且未制定规章制度的情况下，用人单位以销售未回款为由抗辩的，法院不予支持。

目前，国内主流的裁判口径均认同以上三条原则。企业管理者可参考以上规定处理相关事件。

（三）离职员工提成发放

员工离职了，销售提成是否可以不发？

这个问题的答案相对来说比较确定：不可以。

提成是劳动报酬，如果员工完成了相应的工作，满足发放条件，该发的就得发，跟员工是否在职没关系。

参考案例：广州LF股份有限公司与田某劳动争议再审一案

案号：（2019）粤民申14088号

法院：广东省高级人民法院

判决要点：

LF公司主张田某尚未将未收款项收回，不符合获取绩效奖金的条件。对此，本院认为，田某在LF公司工作期间，负责的业务项目应收款项均系由相关的客户付至LF公司的账户，即便田某是该项目的负责人员，但是项目所属的合同当事人为客户与LF公司，LF公司才是应收回款的权利人。因此，在田某已经离职，并且将其所负责的相关项目均移交出去后，田某自身并不具备追收回款的义务和条件，更无法获知LF公司是否已收到相关的款项。而LF公司对于涉案应收回款可通过其他合法途径解决。在LF公司已确认应向田某支付绩效奖金的前提下，LF公司未能提供证据证明并未收到上述项目的应收回款，以及无法通过其他合法途径追讨相应欠款，应承担举证不能的不利后果，二审判决LF公司应向田某支付绩效奖金，处理并无不当。

（四）销售提成薪税合规问题

销售提成的薪税问题涉及以下方面。

1. 销售提成作为社保缴费基数吗？作为经济补偿金的计算基数吗？

两个问题的答案都是：作为。既然销售提成属于工资，那么跟工资相关的各种基数计算都应当包括在内。

参考案例： 安徽省委机关与张某劳动争议再审案

案号：（2020）皖民申1283号

法院： 安徽省高级人民法院

判决要点：

本院经审查认为，《安徽省工资支付规定》第四十三条规定："工资是指用人单位依据国家规定和劳动合同约定，以货币形式支付给劳动者的劳动报酬。包括计时工资、计件工资、奖金、津贴和补贴、加班加点工资以及特殊情况下支付的工资。不包括用人单位承担的社会保险费、住房公积金、劳动保护、职工福利和职工教育费用等。"二审判决经济补偿金的计算基数为基本工资、加班工资、级别工资和销售提成奖，并无不当。

2. 销售提成应并入工资薪金扣税吗？可以使用全年一次性奖金的优惠算法吗？

销售提成确应并入发放当月工资薪金扣税，但能否单独作为全年一次性奖金呢？

认为不能的人，其参考依据是《国家税务总局关于调整个人取得全年一次性奖金等计算征收个人所得税方法问题的通知》（国税发〔2005〕9号）的相关规定："五、雇员取得除全年一次性奖金以外的其他各种名目奖金，如半年奖、季度奖、加班奖、先进奖、考勤奖等，一律与当月工资、薪金收入合并，按税法规定缴纳个人所得税。"

该文件说的是"雇员取得除全年一次性奖金以外的其他各种名目奖金……"也就是说，如果当年用了全年一次性奖金的优惠，还想再用来发放其他名目的奖金，是不能再享受优惠税率的。如果个人没用过优惠，在一年里的任何时间取得一笔一次性发放的奖金，不管销售提成还是绩效奖金，都可以按照全年一次性奖金的优惠算法来计税。

八、离职人员工资应该什么时候付

很多企业都有这样一个诉求：离职员工的工资在下一个工资结算日随企业当次工资发放一起进行。或者，企业由于工资结算需要时间，希望推迟几天发放离职员工工资。以上做法合规吗？

（一）全国性规定

先抛开员工是否同意这一点不说，我们来看一下《工资支付暂行规定》第九条的规定。

第九条　劳动关系双方依法解除或终止劳动合同时，用人单位应在解除或终止劳动合同时一次付清劳动者工资。

现实中，大家对“解除或终止劳动合同时”的理解不一，对此，各省市也做出了相关规定，企业所在地有规定的从当地规定，无当地规定的参照上述规定执行。

（二）地区性规定

部分地区支付离职员工工资的相关规定如表 1-2 所示。

表 1-2　部分地区支付离职员工工资的相关规定

序号	地区	相关规定	法条	如何支付
1	北京	《北京市工资支付规定》	第十二条　用人单位与劳动者双方依法终止、解除劳动合同的，用人单位应当一次性付清劳动者工资	一次性付清

（续表）

序号	地区	相关规定	法条	如何支付
2	上海	《上海市企业工资支付办法》	七、企业与劳动者终止或依法解除劳动合同的，企业应当在与劳动者办妥手续时，一次性付清劳动者的工资。对特殊情况双方有约定且不违反法律、法规规定的，从其约定	一次性付清，双方有约定且不违反法律、法规规定的，从其约定
3	广东	《广东省工资支付条例》	第十三条　用人单位与劳动者依法终止或者解除劳动关系的，应当在终止或者解除关系当日结清并一次性支付劳动者工资	应当在终止或者解除劳动关系当日结清并一次性支付
4	深圳	《深圳市员工工资支付条例》	第十三条　用人单位与员工的劳动关系依法解除或者终止的，支付周期不超过一个月的工资，用人单位应当自劳动关系解除或者终止之日起三个工作日内一次付清；支付周期超过一个月的工资，可以在约定的支付日期支付	一个月支付周期的三日内支付，其他的按照约定支付
5	天津	《天津市工资支付规定》	第十五条　用人单位与劳动者终止或者依法解除劳动合同，应在办理终止或解除劳动合同手续同时一次性付清应当支付劳动者的工资	一次性付清
6	湖南	《湖南省工资支付监督管理办法》	第十四条　用人单位应当自与劳动者建立劳动关系之日起计发劳动者工资。用人单位与劳动者依法终止或者解除劳动合同的，工资计发到劳动合同终止或者解除之日，并自终止或者解除劳动合同之日起三日内一次性付清劳动者的工资	三日内一次性付清
7	江苏	《江苏省工资支付条例》	第十九条　用人单位与劳动者依法解除或者终止劳动关系的，应当在劳动关系解除或者终止之日起两个工作日内一次性付清劳动者工资。双方另有约定的除外	两个工作日内一次性支付，双方另有约定的除外
8	浙江	《浙江省企业工资支付管理办法》	第十九条　企业与劳动者依法解除、终止劳动合同的，应当自办理解除或者终止劳动合同手续之日起五日内一次性结清工资	五日内一次性结清
9	山东	《山东省企业工资支付规定》	第三十三条　企业与劳动者依法解除、终止劳动合同的，企业应当在解除或者终止劳动合同时一次性支付劳动者应得的工资	一次性支付
10	辽宁	《辽宁省工资支付规定》	第二十条　用人单位与劳动者双方依法终止、解除劳动合同的，用人单位应当一次付清劳动者工资	一次付清
11	安徽	《安徽省工资支付规定》	第十五条　用人单位与劳动者终止或解除劳动关系时，用人单位应当一次付清劳动者的工资。双方另有约定的除外	一次付清，双方另有约定的除外

（续表）

序号	地区	相关规定	法条	如何支付
12	江西	《江西省工资支付规定》	第十六条　用人单位应当自与劳动者建立劳动关系之日起计发劳动者工资；双方另有约定的，从其约定。用人单位与劳动者依法终止或者解除劳动合同的，工资计发到劳动合同终止或者解除之日，并自终止或者解除劳动合同之日起五个工作日内一次性结算并付清：双方另有约定的，从其约定	五个工作日内一次性结算并付清，另有约定的从其约定
13	河北	《河北省工资支付规定》	第十八条　用人单位与劳动者依法解除或者终止劳动合同的，应当自劳动合同解除或者终止之日起三日内一次性付清劳动者工资。工资计发到劳动合同解除或者终止之日	三日内一次性付清
14	吉林	《吉林省企业工资支付办法》	第十一条　企业与劳动者依法解除或者终止劳动合同的，企业应当自解除或者终止劳动合同之日起五日内一次性结清工资	五日内一次性结清
15	陕西	《陕西省企业工资支付条例》	第十三条　用人单位与劳动者依法解除或者终止劳动关系的，用人单位应当在办理劳动关系解除或者终止手续之前一次性付清劳动者应得的工资	用人单位应当在办理劳动关系解除或者终止手续之前一次性付清
16	内蒙古	《内蒙古自治区劳动者工资保障规定》	第十二条　用人单位应当自与劳动者形成事实劳动关系之日起计算劳动者工资：劳动合同另有约定的，从其约定。劳动合同依法终止或者解除的，工资计算到劳动合同终止或者解除之日，用人单位应当自合同终止或者解除之日起三日内一次性付清劳动者工资	三日内一次性付清
17	广西	《广西壮族自治区工资支付暂行规定》	第二十条　用人单位与劳动者依法解除或者终止劳动合同的，应当自劳动合同解除或者终止之日起三日内一次性付清劳动者工资。工资计发到劳动合同解除或者终止之日	三日内一次性付清
18	珠海	《珠海市企业工资支付条例》	第十四条　用人单位与劳动者依法终止或者解除劳动合同的，用人单位应当在合同终止或者解除当日一次性付清劳动者工资	当日一次性付清
19	厦门	《厦门市企业工资支付条例》	第十二条　用人单位应当自与劳动者建立劳动关系之日起计发劳动者工资。用人单位与劳动者依法终止或者解除劳动合同的，工资计发到劳动合同终止或者解除之日，并应当在办理合同终止或解除手续时，一次性付清劳动者工资	一次性付清

（续表）

序号	地区	相关规定	法条	如何支付
20	昆明	《昆明市企业工资支付条例》	第十三条　用人单位与劳动者终止或者解除劳动关系的，应当自劳动关系终止或者解除之日起五个工作日内一次性付清劳动者工资	五个工作日内一次性付清
21	南京	《南京市企业工资支付办法》	第十三条　在依法办理解除或者终止劳动合同手续时，企业应当一次结清劳动者工资	一次结清
22	贵阳	《贵阳市企业工资支付办法》	第十一条　企业与劳动者依法办理解除或者终止劳动合同手续时，企业应当一次性付清劳动者工资	一次性付清

资料来源：网络。

由以上规定可以看出，在全国多数地区，都要求企业在和劳动者解除或者终止劳动合同之日一次性付清劳动者工资。

回到本部分开头的问题，企业想要延迟支付离职员工的工资，首先需要当地规定的支持。比如，在浙江的企业，企业可以选择在员工离职之日起五日内一次性结清工资。《浙江省企业工资支付管理办法》（2017 年 5 月 1 日起施行）第十九条规定："企业与劳动者依法解除、终止劳动合同的，应当自办理解除或者终止劳动合同手续之日起五日内一次性结清工资。"

如果企业希望在下一个工资结算日随企业其他员工工资一起发放离职员工工资，除了必须有当地规定支持，还必须和劳动者在劳动合同中事先约定。比如，在江苏的企业，就可以考虑在劳动合同中加入相关的约定。《江苏省工资支付条例》（2021 年 9 月 29 日修正）第十九条规定："用人单位与劳动者依法解除或者终止劳动关系的，应当在劳动关系解除或者终止之日起两个工作日内一次性付清劳动者工资。双方另有约定的除外。"

建议企业在做离职员工工资结算的时候，参照当地法律法规执行，否则如果离职员工依据《劳动合同法》第八十五条向劳动行政部门投诉，企业可能面临加付赔偿金的风险。

第二章 法定福利合规实务

第一章通过精选的实务问题对企业薪酬支付中的合规要点做了比较深入的分析。企业薪酬管理，除了关注工资外，还有一个重点是福利。本章将对企业福利发放中的薪税合规要点做深入分析，并就企业常见的福利费项目所涉及的薪税实务问题提供全面的解答。

一、误餐补助和午餐补贴有什么不一样

误餐补助和午餐补贴的区别是日常企业管理者问得比较多的问题。午餐补贴，顾名思义，对大家来说比较好理解，而误餐补助则是大家相对陌生的概念。本部分将对两者的异同及各自的薪税处理进行详细的分析。

（一）两者的定义

首先讲解两者的定义。

午餐补贴就是单位因午餐原因而发放给员工的补贴。

误餐补助通常的理解是个人因公在城区、郊区工作，不能在工作单位或返回就餐，确实需要在外就餐的，根据实际误餐顿数，按规定的标准领取的误餐费。

《财政部 国家税务总局关于误餐补助范围确定问题的通知》（财税字〔1995〕82号）中提到："国税发〔1994〕89号文件规定不征税的误餐补助，是指按财政部门规定，个人因公在城区、郊区工作，不能在工作单位或返回就餐，确实需要在外就餐的，根据实际误餐顿数，按规定的标准领取的误餐费。"

对于误餐补助，《关于规范社会保险缴费基数有关问题的通知》（劳社险中心函〔2006〕60号）规定："（六）出差补助、误餐补助。指职工出差应购卧铺票实际改乘座席的减价提成归己部分；因实行住宿费包干，实际支出费用低于标准的差价归己部分。"

由于财税字〔1995〕82号文件对误餐补助的解释比较好理解，因此业内一般采用这种解释。

（二）个人所得税处理

1. 个税处理中规定比较清楚，误餐补助不征个税。

《国家税务总局关于印发〈征收个人所得税若干问题的规定〉的通知》（国税发〔1994〕89号）规定：

“（二）下列不属于工资、薪金性质的补贴、津贴或者不属于纳税人本人工资、薪金所得项目的收入，不征税：

……

4. 差旅费津贴、误餐补助。”

需要注意的是，这里误餐补助仅指根据“实际误餐顿数”领取的费用，而非假借误餐费名义的各项补贴、津贴。

2. 午餐补贴是补贴、津贴的一种，需要全额并入工资薪金缴纳个税。

《财政部 国家税务总局关于误餐补助范围确定问题的通知》（财税字〔1995〕82号）规定：“一些单位以误餐补助名义发给职工的补贴、津贴，应当并入当月工资、薪金所得计征个人所得税。”

（三）企业所得税处理

1. 合理范围内的误餐补助，属于企业差旅费支出，允许在税前扣除。

合理范围没有统一的标准，企业有自主权，实务中一般参照当地党政机关、事业单位工作人员差旅费的补贴标准。

《中央和国家机关差旅费管理办法》（财行〔2013〕531号）第十七条规定：“财政部分地区制定伙食补助费标准。各省、自治区、直辖市和计划单列市财政厅（局）负责根据当地经济社会发展水平、市场价格、消费水平等因素，参照所在市公务接待工作餐、会议用餐等标准提出伙食补助费标准报财政部，经财政部统筹研究提出意见反馈地方审核确认后，由财政部统一发布作为中央单位工作人员到相关地区出差的伙食补助费标准。”

注意：查询《中央和国家机关差旅住宿费和伙食补助费标准表》显示，伙食补助费标准除目的地为西藏、新疆、青海的每人每天为120元外，其余目的地不论级别均为每人每天 100 元，按出差自然（日历）天数计算领取。

沈阳市税务局答复（2021-07-13）：“对行政机关和事业单位按照财政部门制定的差旅费津贴标准发放给出差人员的差旅费津贴，不征收个人所得税。”

浙江省税务局答复（2019-12-05）：“如企业自己有相应的规章制度规定差旅费的合理标准，可以照此确定。如没有规章制度，可参照行政机关的标准。”

《重庆市市直机关差旅费管理办法》（渝财行〔2014〕39 号）第十七条规定：“伙食补助费按出差自然（日历）天数计算，按规定标准包干使用。市直机关工作人员到市外出差，按照财政部发布的相关地区出差伙食补助费标准执行；到市内的渝中区、江北区、沙坪坝区、九龙坡区、大渡口区、南岸区、北碚区、巴南区、渝北区出差，早、中、晚餐按误一餐补一餐的方式包干使用，补助标准分别为 10 元、45 元、45 元；到市内的其他区县出差，按照市财政局发布的伙食补助费标准包干使用。”

出于合规管理的需要，建议企业在合理范围内制定差旅费与误餐补助标准，作为内部规章制度进行公示明确，并保留相应的凭据。

2. 午餐补贴的企业所得税前扣除，要分情况处理。

（1）如果是与工资薪金一同发放的固定补贴，计入工资薪金从企业所得税前扣除。

（2）如果企业有食堂，员工在食堂吃饭，企业给予员工一定的经费补贴，那么午餐补贴应计入员工福利费，在规定的限额内税前扣除。

《企业所得税法实施条例》第四十条规定：“企业发生的职工福利费支出，不超过工资、薪金总额 14% 的部分，准予扣除。”

《国家税务总局关于企业工资薪金及职工福利费扣除问题的通知》（国税函〔2009〕3 号）规定：

“三、关于职工福利费扣除问题

《实施条例》第四十条规定的企业职工福利费，包括以下内容：

……

（二）为职工卫生保健、生活、住房、交通等所发放的各项补贴和非货币性福利，包括企业向职工发放的因公外地就医费用、未实行医疗统筹企业职工医疗费用、职工供养直系亲属医疗补贴、供暖费补贴、职工防暑降温费、职工困难补贴、救济费、职工食堂经费补贴、职工交通补贴等。”

（四）社保缴费处理

1.按照国家统计局的规定，误餐补助不计入工资总额，所以也不作为社保缴费基数。

《关于规范社会保险缴费基数有关问题的通知》（劳社险中心函〔2006〕60号）规定：

“四、关于不列入缴费基数的项目

根据国家统计局的规定，下列项目不计入工资总额，在计算缴费基数时应予剔除：

……

（六）出差补助、误餐补助。

……”

2.午餐补贴，按照企业所得税处理的分析，如果是第一种情况，那么属于工资薪金的一部分，计入企业工资总额，作为社保缴费基数。

《财政部关于企业加强职工福利费财务管理的通知》（财企〔2009〕242号）规定：“企业给职工发放的节日补助、未统一供餐而按月发放的午餐费补贴，应当纳入工资总额管理。”

如果是第二种情况，那么作为企业福利费支出，不计入企业工资总额，不作为社保缴费基数。

《财政部关于企业加强职工福利费财务管理的通知》（财企〔2009〕242号）规定：

“一、企业职工福利费是指企业为职工提供的除职工工资、奖金、津贴、纳入工资总额管理的补贴、职工教育经费、社会保险费和补充养老保险费（年金）、补充医疗保险费及住房公积金以外的福利待遇支出，包括发放给职工或为职工支付的以下各项现金补贴和非货币性集体福利：

（一）为职工卫生保健、生活等发放或支付的各项现金补贴和非货币性福利，包括职工因公外地就医费用、暂未实行医疗统筹企业职工医疗费用、职工供养直系亲属医疗补贴、职工疗养费用、自办职工食堂经费补贴或未办职工食堂统一供应午餐支出、符合国家有关财务规定的供暖费补贴、防暑降温费等。”

（五）会计处理

误餐补助和午餐补贴的会计处理如下。

误餐补助属于企业的差旅费津贴，应计入管理费用，记入“管理费用——差旅费”科目。

午餐补贴则应区分是计入工资总额，还是计入福利费。

若午餐补贴计入工资总额，则记入“应付职工薪酬——职工工资”科目。

若午餐补贴计入福利费，则记入“应付职工薪酬——职工福利费”科目。

（六）其他问题处理

此外，还有两者是否需要凭发票入账的问题。

（1）午餐补贴，由于全额计入工资薪金，不需要凭发票入账。

（2）误餐补助，如果企业有清晰的规章制度，且员工能够证明出差 / 外勤的真实性，也无须发票，凭内部的出差补助确认单或者费用报销单作为入账凭证。

需要注意的是，内部凭证除了应注明补助的金额外，还应包括员工出差 / 外勤的时间、地点、天数、补助的标准等内容。

本部分基本阐述了误餐补助和午餐补贴两者的薪税处理，大家在日常管理工作中应注意区分。

二、通讯费的薪税处理有哪些合规要点

本部分讲企业发放员工通讯费补贴中的薪税问题。

安徽省税务局在 2022 年年底推出了《关于个人取得通讯补贴收入个人所得税有关事项的公告》(国家税务总局安徽省税务局公告 2022 年第 6 号)。

该公告作为地方最新的通讯费规定，对企业做通讯费的薪税处理有一定的影响，大家有必要仔细研读。

(一)企业所得税处理

个人通讯费在企业所得税前扣除的不同情形如下。

1. 如果是与企业经营相关的通讯费，即便抬头是员工个人的发票，也允许在税前扣除。

此种情形，企业入账时个人通讯费计入管理费用，不作为员工个人收入，不用缴纳个人所得税。

《企业所得税法》第八条规定："企业实际发生的与取得收入有关的、合理的支出，包括成本、费用、税金、损失和其他支出，准予在计算应纳税所得额时扣除。"

此种情形下，还涉及以下问题。

(1)国内仅有少数税务局对此进行了公开答复，以下是福建省税务局的答复。

……

二、与企业取得应税收入相关的支出可以税前扣除

个人发生部分消费支出，虽然取得的是以其个人名称为抬头的发票，但一般同

时符合以下两个条件的，可以按规定在企业所得税税前扣除：

1. 如果企业取得发票或有效凭证抬头为员工个人的，是由客观原因决定的某些支出，发票抬头只能开员工个人而无法开具给企业。

2. 相关的支出是企业的生产经营活动引起的，应该由企业负担。即根据收入相关性原则，从根源和性质上来说个人费用是为了企业取得收入发生的必要支出，应由公司承担。

……

（2）即便公开答复中明确可以税前扣除，也需要证明报销的是“因公通讯费”。（福建省税务局还要求证明发票只能开给员工而无法开给企业。）

《国家税务总局深圳市税务局热点问答》规定：“如果是报销与企业取得收入直接相关的通讯费支出（即因公通讯费，需要证明），可以凭开给个人的发票税前扣除。如果是按职工福利发放，按福利费规定扣除。”

此处很清楚的是，企业需要证明该笔报销与企业取得收入直接相关，否则无法适用相关规定。

2. 难以证明通讯费跟企业的经营相关，无法税前扣除。

北京市税务局回复：“个人报销的通讯费，其通讯工具的所有者为个人，发生的通讯费无法分清是用于个人使用还是用于企业经营，不能判断其支出是否与企业的收入有关，因此应作为与企业收入无关的支出，不予从税前扣除。”

《江西省地方税务局2010年度企业所得税汇算清缴政策问答》（赣地税所便函〔2011〕3号）中有相关释疑。

“十三、交通补贴（按月计入工资，或按月以公交IC卡票报销），为员工报销电话费（个人名头），已经并入工资计提了个人所得税，是否可以作为工资总额进行税前列支，不再占用福利费限额？

答：企业职工福利费的扣除范围请按照国税函〔2009〕3号文规定执行。对于个人名头的电话费等支出，与取得收入没有直接相关，属于个人消费支出，不允许税前扣除。”

3. 通讯费属于为员工生活所发放的货币性福利，可作为职工福利费在税前扣除。

目前，部分地方的税务局支持这一做法。

《河北省国家税务局关于印发〈企业所得税若干政策问题解答〉的通知》（冀国税函〔2013〕161号）第十四条规定："根据《国家税务总局关于企业工资薪金及职工福利费扣除问题的通知》（国税函〔2009〕3号）、《财政部关于企业加强职工福利费财务管理的通知》（财企〔2009〕242号）的规定，企业为职工凭票报销的通讯费，应计入职工福利费；企业以现金形式按月按标准发放或支付给全体职工的通讯补贴，应计入职工工资薪金。"

其中要注意以下要点。

（1）通讯费作为福利费在税前扣除，有额度限制（不超过企业工资薪金总额的14%）。

（2）不是每个地方的税务局都认可员工个人通讯费作为福利费在税前扣除，主要的问题是，在现行福利费扣除的相关规定中，个人通讯费不在职工福利费的范围之内。

《财政部关于企业加强职工福利费财务管理的通知》规定："二、企业为职工提供的交通、住房、通讯待遇，已经实行货币化改革的，按月按标准发放或支付的住房补贴、交通补贴或者车改补贴、通讯补贴，应当纳入职工工资总额，不再纳入职工福利费管理；……"

《北京市国家税务局2009年度企业所得税汇算清缴政策问题解答》规定："按照《国家税务总局关于企业工资薪金及职工福利费扣除问题的通知》（国税函〔2009〕3号）的规定，个人报销的通讯费未列入职工福利费的范围，因此其不能计入企业发生的职工福利费支出从税前扣除。"

个人通讯费能否作为福利费在税前扣除，企业应参照所在地区的规定执行。

4. 将个人通讯费作为通讯补贴，并入员工的工资薪金在税前扣除，这一做法各地税务局基本都认可。

北京市税务局回复："对企业按照工资薪酬制度规定发放给员工的通讯补贴，可以按照工资薪金支出的规定从税前扣除。"

广东省税务局回复："列入企业员工工资薪金制度、固定与工资薪金一起发放的交通费、通讯费，符合'合理工资薪金'规定的，可以作为工资薪金支出，按规定在企业所得税前扣除。"

（二）个人所得税处理

前文明确了企业所得税前扣除的不同情形，接下来梳理员工个人取得通讯补贴收入的个人所得税缴纳问题。

1. 全国性规定。

从国家税务总局层面，指导性文件是《国家税务总局关于个人所得税有关政策问题的通知》（国税发〔1999〕58 号）。

……

个人因公务用车和通讯制度改革而取得的公务用车、通讯补贴收入，扣除一定标准的公务费用后，按照“工资、薪金”所得项目计征个人所得税。按月发放的，并入当月“工资、薪金”所得计征个人所得税；不按月发放的，分解到所属月份并与该月份“工资、薪金”所得合并后计征个人所得税。

公务费用的扣除标准，由省级地方税务局根据纳税人公务交通、通讯费用的实际发生情况调查测算，报经省级人民政府批准后确定，并报国家税务总局备案。

……

意思就是，个人取得通讯补贴收入，按照“工资、薪金”计征个人所得税，但允许扣除一定的公务费用，而公务费用的扣除标准，由各省税务局确定。企业应参照所在省关于个人取得通讯补贴收入的规定执行，而各省规定的重点主要是明确公务费用的扣除标准。

2. 通讯费补贴的扣除标准。

部分地区通讯费补贴的扣除标准如表 2-1 所示。

表 2-1　部分地区通讯费补贴的扣除标准

序号	地区	通讯费补贴扣除标准	文号	备注
1	安徽	主要负责人 500 元 /（人・月）、其他人员 300 元 /（人・月）内据实扣除	安徽省税务局公告 2022 年第 6 号	超出部分并入当月工资、薪金所得

（续表）

序号	地区	通讯费补贴扣除标准	文号	备注
2	北京	实报实销或限额实报实销部分	京地税[1]个〔2002〕116号	企、事业单位未按京财行〔2000〕394号文件规定实行通讯制度改革而负担的通讯费；采取发放补贴形式的，应并入当月工资、薪金
3	大连	不得超过当月实际发生通讯费用的80%	大地税函〔2010〕7号	仅限一人一号
4	甘肃	300元/（人·月）内凭真实、合法的票据扣除	甘财税法〔2018〕15号	仅限一人一号
5	广西	240元/（人·月）标准内据实税前扣除	广西壮族自治区税务局公告2018年第13号	以现金形式和以报销方式取得的通讯补贴收入扣除标准相同，超出部分按照工资、薪金所得计征个人所得税
6	广州	总经理、副总经理、总会计师及在本单位受薪的董事会成员500元/（人·月）、其他人员300元/（人·月）	穗地税发〔2007〕201号	凭发票在单位报销通讯费用的部分，超出部分按照工资、薪金所得计征个人所得税
7	贵州	300元/（人·月）标准内据实扣除	国家税务总局贵州省税务局公告2018年第4号	超出部分按照工资、薪金所得计征个人所得税
8	海南	100元/（人·月）标准内，按实际取得数予以扣除	海南省地方税务局公告2017年第2号	超出部分按照工资、薪金所得计征个人所得税
9	河北	不超过500元/（人·月），在标准内据实扣除	冀地税发〔2009〕46号	超出部分按照工资、薪金所得计征个人所得税；当地政府未规定具体标准的，按通讯补贴（包括报销、现金等形式）全额的20%并入当月工资、薪金所得计征个人所得税
10	黑龙江	领导班子成员400元/（人·月）、特殊岗位人员300元/（人·月）	黑地税函〔2006〕11号	—

① 国地税于2018年合并，此处引用2018年前的文件，余同。

（续表）

序号	地区	通讯费补贴扣除标准	文号	备注
11	湖南	（因公需要）实报实销	国家税务总局湖南省税务局公告2018年第2号	发放补贴形式的并入当月工资、薪金所得
12	辽宁	按照当地市级人民政府规定的补贴发放范围及标准	辽人发〔2004〕13号	—
13	内蒙古	200元/（人·月）、住宅电话费50元/（人·月）	内地税字〔2007〕355号	实际发放或报销
14	宁波	300元/（人·月）标准内按实扣除	甬地税一〔2003〕181号	超出部分按照工资、薪金所得计征个人所得税
15	宁夏	电话费补贴：厂长、经理80元/（人·月），特殊岗位人员50元/（人·月） 移动通讯费补贴：厂长、经理300元/（人·月），特殊岗位人员200元/（人·月）	宁地税发〔2006〕85号	—
16	山东	法人代表、总经理500元/（人·月）、其他人员300元/（人·月）内据实扣除	鲁地税函〔2005〕33号	文件已失效
17	山西	500元/（人·月）标准内扣除	国家税务总局山西省税务局公告2020年第10号	超出部分按照工资、薪金所得计征个人所得税
18	陕西	300元/（人·月）限额内，按实际收入全额扣除	陕西省地方税务局公告2017年第2号	超过限额的，按限额300元扣除
19	天津	不超过500元/（人·月）	天津市地方税务局公告2017年第7号	以现金形式，或以报销方式
20	西藏	1000元/（人·月）标准内据实税前扣除	藏政发〔2018〕38号	超过限额部分按规定计征个人所得税
21	云南	200元/（人·月）	云地税二字〔2003〕145号	文件已废止
22	浙江	主要负责人500元/（人·月）、其他人员300元/（人·月）内按实际取得数予以扣除	浙地税发〔2001〕118号	—
23	重庆	400元/（人·月）标准内据实扣除	渝地税发〔2008〕3号	超出部分按照工资、薪金所得计征个人所得税

（续表）

序号	地区	通讯费补贴扣除标准	文号	备注
24	新疆	手机每月 300 元以内，固定电话每月 100 元以内	新地税发〔2006〕23 号	适用范围为实行通讯制度改革单位的中高级管理人员及部分特殊岗位人员
25	福建	无具体的扣除标准	—	—
26	江西	未出台	—	—
27	河南	没有制定	—	—

资料来源：网络。

总的来说，各地的个人通讯费补贴收入个人所得税扣除标准分为以下几类。

（1）无标准或原标准已失效，如福建、江西、山东。当地个人取得通讯费补贴收入需要全额并入工资、薪金所得缴纳个人所得税。

（2）没有标准，但允许实报实销，如北京、湖南。符合规定的实报实销部分允许在个人所得税前扣除。

（3）统一的扣除标准，全省按照统一的税前扣除标准，员工个人在标准内的通讯费收入可以据实扣除，如山西、陕西、天津等。

（4）按人群分不同的扣除标准，一般有两个标准，企业负责人或高层人员一个标准，其他人员执行另一个较低的标准，如安徽、广州、浙江等。

（5）其他情况。

以上为企业员工取得通讯费收入薪税处理的汇总整理情况，相信能基本解决各地读者关心的通讯费薪税问题。

三、员工取得交通补贴的薪税合规要点有哪些

前面对通讯费薪税问题进行了梳理，而在税务政策条例中，公务交通补贴往往和通讯费补贴一起出现，本部分梳理交通补贴的薪税问题。

（一）交通补贴的定义

《国家税务总局关于个人所得税有关政策问题的通知》（国税发〔1999〕58号，以下简称“58号文”）规定：“个人因公务用车和通讯制度改革而取得的公务用车、通讯补贴收入，扣除一定标准的公务费用后，按照“工资、薪金”所得项目计征个人所得税。”

按照58号文，交通补贴最早源于公务用车改革。《中央和国家机关公务用车制度改革方案》中对公务用车改革的定义如下：“改革公务用车实物供给方式，取消一般公务用车，普通公务出行方式由公务人员自行选择，实行社会化提供并适度补贴交通费用……”

现在交通补贴的概念已经扩大化了，不仅限于原来配车取消后的补贴。所以本部分主要探讨的是企业以“交通补贴”名义支付给员工的款项（无论是否有发票）引发的相关薪税问题。

（二）企业所得税处理

交通补贴和通讯费（参照前文）的企业所得税处理很类似，分为不同情形。

1. 如果是与企业经营相关的交通费支出，员工凭票报销，允许在税前扣除。

此种情形，企业入账时交通补贴计入管理费用 / 销售费用，不作为员工个人收入，不用缴纳个人所得税。

《企业所得税法》第八条规定："企业实际发生的与取得收入有关的、合理的支出，包括成本、费用、税金、损失和其他支出，准予在计算应纳税所得额时扣除。"

其中要注意以下要点。

（1）实报实销和找票报销是两回事，前者与企业经营直接相关；后者是否与企业经营直接相关，说不清楚，如员工上下班的交通费，不能作为管理费用在税前扣除。

（2）交通补贴主要指的是本地的交通费用，需要和员工到外地出差的差旅费区分开来。

2. 如果无法证明交通补贴和企业经营相关，企业又凭票报销了，那么应该作为职工福利费在税前扣除。

比如，员工晚上 10 点后下班报销的打车费用，应作为职工福利费处理。

《国家税务总局关于企业工资薪金及职工福利费扣除问题的通知》（国税函〔2009〕3 号）规定：

"三、关于职工福利费扣除问题

《实施条例》第四十条规定的企业职工福利费，包括以下内容：

……

（二）为职工卫生保健、生活、住房、交通等所发放的各项补贴和非货币性福利，包括企业向职工发放的因公外地就医费用、未实行医疗统筹企业职工医疗费用、职工供养直系亲属医疗补贴、供暖费补贴、职工防暑降温费、职工困难补贴、救济费、职工食堂经费补贴、职工交通补贴等。

……"

其中要注意以下要点。

（1）交通补贴作为福利费在税前扣除，有额度限制（不超过工资薪金总额的 14%）。

（2）不是凭票报销，而是按月按标准发放的交通补贴，不应作为福利费管理。

《财政部关于企业加强职工福利费财务管理的通知》（财企〔2009〕242 号）规

定："二、企业为职工提供的交通、住房、通讯待遇，已经实行货币化改革的，按月按标准发放或支付的住房补贴、交通补贴或者车改补贴、通讯补贴，应当纳入职工工资总额，不再纳入职工福利费管理；……"

交通补贴能否作为福利费在税前扣除，要看企业支付的方式和依据。

3. 如果交通补贴既不能作为管理费用，又不能作为职工福利费，如固定金额随工资一同发放的交通补贴，应该并入员工的工资薪金在税前扣除。

《国家税务总局关于企业工资薪金和职工福利费等支出税前扣除问题的公告》（国家税务总局公告 2015 年第 34 号）规定："列入企业员工工资薪金制度、固定与工资薪金一起发放的福利性补贴，符合《国家税务总局关于企业工资薪金及职工福利费扣除问题的通知》（国税函〔2009〕3 号）第一条规定的，可作为企业发生的工资薪金支出，按规定在税前扣除。"

广东省税务局回复："列入企业员工工资薪金制度、固定与工资薪金一起发放的交通费、通讯费，符合'合理工资薪金'规定的，可以作为工资薪金支出，按规定在企业所得税前扣除。"

简单的方法是，将交通补贴计入工资薪金在企业所得税前扣除。

（三）个人所得税处理

接下来梳理员工取得了交通补贴收入的个人所得税缴纳问题。

《关于个人因公务用车制度改革取得补贴收入征收个人所得税问题的通知》（国税函〔2006〕245 号）规定："一、因公务用车制度改革而以现金、报销等形式向职工个人支付的收入，均应视为个人取得公务用车补贴收入，按照'工资、薪金所得'项目计征个人所得税。"

从全国层面来看，指导性文件中的相关规定就是 58 号文中的"个人因公务用车和通讯制度改革而取得的公务用车、通讯补贴收入，扣除一定标准的公务费用后，按照'工资、薪金'所得项目计征个人所得税。"

跟通讯费一样，个人取得交通补贴收入，按照"工资、薪金所得"项目计征个人所得税，但允许扣除一定的公务费用，而公务费用的扣除标准，由各地税务局确定。全国没有统一的公务费用扣除标准，企业应参照所在地个人取得交通补贴收入的规定执行，而各地规定的重点主要是明确公务费用的扣除标准。

部分地区交通补贴的扣除标准如表 2-2 所示。

表 2-2 部分地区交通补贴的扣除标准

序号	地区	交通补贴扣除标准	文号（来源）	备注
1	北京	并入工资薪金计算缴纳个人所得税	国家税务总局 12366 纳税服务平台	—
2	内蒙古	参照公务员法管理的人民团体、群众团体、事业单位有关人员在补贴标准内取得的公务交通补贴收入，允许计征个人所得税时在税前扣除	内财税〔2016〕376 号	—
3	黑龙江	每人每月扣除 1000 元，超出部分计征个人所得税	黑地税函〔2006〕11 号	其他形式的交通费补贴一律计征个人所得税
4	湖南	单位根据国家有关标准，凭出差人员实际发生的交通费作为公司费用予以报销，可以不作为个人所得征收个人所得税。但对于单位以差旅费名义发放的工资性质的津补贴，应纳入工资薪金所得缴纳个人所得税	国家税务总局 12366 纳税服务平台	—
5	广西	对企业职工公务用车费用扣除标准划分为高级管理人员和其他人员两档处理，具体为：（一）高级管理人员每人每月 1950 元；（二）其他人员每人每月 1200 元	国家税务总局广西壮族自治区税务局公告 2018 年第 12 号	—
6	海南	（一）海口、三亚、三沙、儋州、洋浦的公务费用扣除标准：高级管理人员 1690 元 /（人·月），其他人员 1040 元 /（人·月） （二）其他市县的公务费用扣除标准：高级管理人员 1000 元 /（人·月），其他人员 600 元 /（人·月）	海南省地方税务局公告 2017 年第 2 号	超出标准部分按照“工资、薪金所得”项目计征个人所得税
7	西藏	公务交通补贴每人每月 4000 元	藏政发〔2018〕38 号	超过限额部分按规定计征个人所得税

（续表）

序号	地区	交通补贴扣除标准	文号（来源）	备注
8	甘肃	企业董事、总经理、副总经理等企业高层管理者每人每月不超过 1950 元；企业各部门经理每人每月不超过 1200 元；其他人员每人每月不超过 600 元	甘财税法〔2018〕15 号	职工个人取得的公务交通补贴超过以上扣除标准的，按标准扣除；不足标准的，按发放金额据实扣除。个人取得超过规定标准部分的公务交通补贴收入，或没有实行公务用车改革取得的公务交通补贴收入，均应并入当月工资、薪金所得计征个人所得税
9	新疆	并入工资薪金计算缴纳个人所得税	新地税发〔2006〕23 号	—
10	大连	公务用车费用每人每月不得超过 2700 元，实际发生额不超过 2700 元的，按实际发生额在应纳税所得额中扣除；实际发生额超过 2700 元的，其余额不得结转到以后月份的应纳税所得额中扣除	大地税函〔2010〕7 号	—
11	安徽	个人取得超过扣除标准部分的公务交通补贴收入，或取得不属于公务用车改革实施方案适用范围的公务交通补贴收入，无论是直接计入月工资薪金的，还是采用限额实报实销的，均并入当月工资、薪金所得计征个人所得税	安徽省地方税务局公告 2016 年第 1 号	—
12	陕西	企业董事、总经理、副总经理等企业高层管理者每人每月 1690 元，企业各部门经理等中层管理者每人每月 1040 元，其他人员每人每月 650 元	陕财税〔2015〕10 号	—
13	辽宁省	扣除 70% 的公务费用后并入“工资、薪金所得”计征个人所得税，公务费用扣除最高限额为每月 2500 元	辽地税发〔2009〕76 号	公务用车制度改革应向当地主管地税机关报送公务用车改革方案

（续表）

序号	地区	交通补贴扣除标准	文号（来源）	备注
14	吉林	长春、吉林市暂定每人每月 2500 元，其他市（州）暂定 2000 元，县（市）暂定 1500 元	吉地税发〔2007〕69 号	超过扣除标准的，就超出部分并入当月工资收入征收个人所得税
15	深圳市	并入员工个人工资薪金所得征收个人所得税	深地税发〔2007〕186 号	单位为员工报销的相关费用，以及以现金或实物形式发放的交通补贴，在给予企业所得税税前扣除的同时应并入员工个人工资薪金所得征收个人所得税
16	山东	并入员工个人工资薪金所得征收个人所得税	鲁地税二函〔2005〕15 号	—
17	宁夏	以现金支付的，每人每月扣除费用不超过 1200 元；凭票报销的，每人每月扣除费用不超过 1800 元	宁政函〔2006〕123 号	—
18	云南	暂无	云地税二字〔2006〕37 号	文件已废止
19	河北	按交通补贴全额的 30% 作为个人收入并入当月工资薪金所得征收个人所得税	冀地税发〔2009〕46 号	—
20	河南	省级及以下各级党政机关（包括党委、人大、政府、政协、审判、检察机关，各民主党派和工商联，参照公务员法管理的人民团体、群众团体、事业单位）职工按规定取得的公务交通补贴收入，允许在计算个人所得税税前据实扣除	豫财税政〔2015〕82 号	—
21	山西	我省执行不高于中央和国家机关公务交通补贴 125% 的标准。各市之间的同一档次补贴标准差距不得超过 20%。同一市实行统一的补贴标准。省直机关公务交通补贴层级划分为厅级、处级、科级及以下三档。各市公务交通补贴层级划分为厅级、处级、科级、科员及以下四档	晋办发〔2015〕45 号	—

资料来源：网络。

总之，并不是每个地区都有交通补贴公务费用的扣除标准，如果企业所在地区有，那么可以享受一定程度的个税减免；如果没有，就并入工资薪金缴纳个税。

（四）扣缴申报实操

在实操中，如果企业所在地区有公务费用扣除标准，那么在扣缴申报时，公务费用应该填报在哪里呢？

关于公务费用，国家税务总局并没有统一的扣缴申报填报指引。

笔者建议将公务费用填报在“其他扣除”项目中的“其他”一栏，如图 2-1 所示。

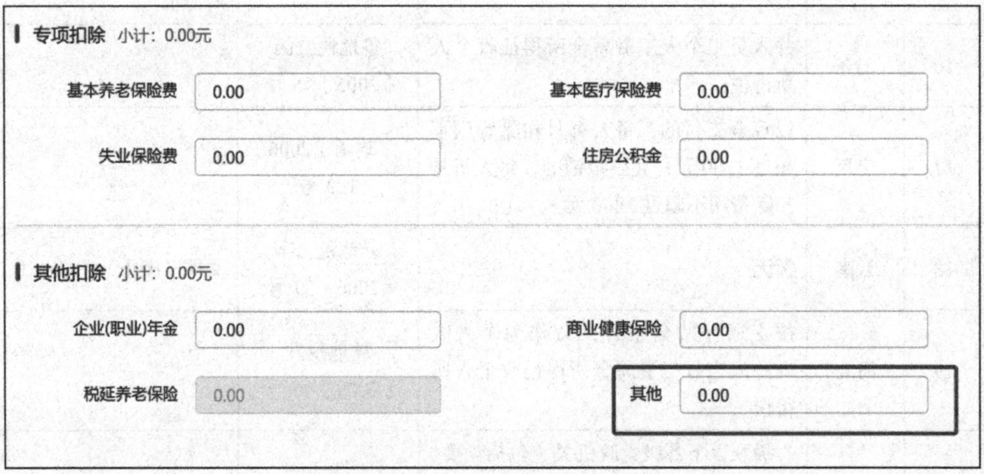

专项扣除 小计：0.00元

基本养老保险费 0.00　基本医疗保险费 0.00

失业保险费 0.00　住房公积金 0.00

其他扣除 小计：0.00元

企业(职业)年金 0.00　商业健康保险 0.00

税延养老保险 0.00　其他 0.00

图 2-1　交通补贴公务费用填报

切记，一切以真实发生为基本原则。如果企业并没有发放交通补贴，员工切勿在个税 App 里自行填报，避免掉入偷税、漏税、骗税的陷阱。

四、住房补贴薪税合规的要点有哪些

住房补贴也是常见于工资条上的个人收入，本部分将梳理常见的与住房补贴相关的薪税合规要点。

（一）住房补贴是工资吗

住房补贴是津贴、补贴，津贴、补贴为工资总额的组成部分，所以住房补贴是工资。

（二）企业给员工发放住房补贴要缴纳个税吗

这个问题的解答分为一般情况和特殊情况。一般情况下，住房补贴要并入工资薪金缴纳个税。

1. 一般情况

《财政部、国家税务总局关于住房公积金、医疗保险金、养老保险金征收个人所得税问题的通知》（财税字〔1997〕144 号）规定："三、企业以现金形式发给个人的住房补贴、医疗补助费，应全额计入领取人的当期工资、薪金收入计征个人所得税。但对外籍个人以实报实销形式取得的住房补贴，仍按照《财政部、国家税务总局关于个人所得税若干政策问题的通知》（财税字〔1994〕020 号）的规定，暂免征收个人所得税。"

2. 特殊情况

（1）外籍个人

上面的政策中已经提到了其中的一种情况——外籍个人，外籍个人涉及"八补贴”政策。

外籍个人取得的住房补贴、伙食补贴、搬迁费、洗衣费、境内外出差补贴、探亲费、语言训练费和子女教育费这八项费用，符合条件的，免征个人所得税。

《财政部 国家税务总局关于个人所得税若干政策问题的通知》（财税字〔1994〕020号）规定：

“二、下列所得，暂免征收个人所得税：

（一）外籍个人以非现金形式或实报实销形式取得的住房补贴、伙食补贴、搬迁费、洗衣费。

（二）外籍个人按合理标准取得的境内、外出差补贴。

（三）外籍个人取得的探亲费、语言训练费、子女教育费等，经当地税务机关审核批准为合理的部分。”

这项政策的关键点是：

① 享受免税政策的对象是外籍个人，不分居民、非居民；

② 是非现金形式或实报实销形式的补贴。如果是现金形式的补贴，参照财税字〔1997〕144号文件，仍应并入当期工资、薪金计征个人所得税。

（2）住房公积金

若员工领取的款项来自住房公积金，则不需要缴纳个人所得税。

（3）地区政策

另外，某些地区有住房补贴免征个人所得税的特殊政策，如北京。

《北京市地方税务局关于对公有住房提租补贴和通信工具补助费征免个人所得税的通知》（京地税个〔2000〕207号）规定：“对机关行政事业单位发放的公有住房提租补贴及企业（含自收自支事业单位）、社会团体等单位比照机关事业单位标准发放的公有住房提租补贴，可在税前扣除，暂免征收个人所得税。”

这项政策的关键点是：

① 公有住房提租补贴，居住在北京市的出租公有住房里才有机会享受；

② 月人均补贴最高不超过90元。

《关于北京市提高公有住房租金增发补贴有关问题的通知》（京房改办字〔2000〕第080号）规定：

“各职级人员月补贴标准为：正局级130元，副局级115元，正处级100元，副处级90元，科级和25年（含）以上工龄的科员、办事员80元，25年以下工龄的科员、办事员70元。

工人月补贴标准为：高级技师90元，高级工、技师和25年（含）以上工龄的初、中级技术工人与普通工人80元，25年以下工龄的初、中级工和普通工人70元。”

天津也有类似政策。

《天津市地方税务局关于对住房补贴收入有关个人所得税问题的通知》（津地税所〔2001〕36号）规定：“一、我市城镇范围内的机关、团体、企事业单位按照上述两个文件[①]规定的住房补贴标准和住房补贴面积标准向职工发放的住房补贴，免征个人所得税。”

（4）集体宿舍

企业提供集体宿舍，员工住宿减免的房租，不征个人所得税。

《国家税务总局举办的2018年第三季度税收政策解读视频会》规定：“对于任职受雇单位发给个人的福利，不论是现金还是实物，依法均应缴纳个人所得税。但对于集体享受的、不可分割的、未向个人量化的非现金方式的福利，原则上不征收个人所得税。”

这项政策的关键点如下。

集体福利不征个人所得税的三个前提条件：①集体享受；②不可分割；③未向个人量化。如果不能同时满足这三个条件，就要缴纳个人所得税。

举个例子，企业替高管（非外籍）在外租房，租金不是不可分割的，那么租金就应该并入个人工资薪金缴纳个人所得税。

（三）企业给员工发放住房补贴，企业所得税可以扣除吗

一般情况下，住房补贴只能按照工资薪金支出的规定从税前扣除。所以住房补

---

① 《关于全面推进住房货币分配工作的实施意见》（津政发〔2001〕59号）、《印发天津市进一步深化城镇住房制度改革实施办法的通知》（津政发〔1999〕38号）。

贴跟个人通讯费、交通补贴等补贴一样，就是工资薪金。

《财政部关于企业加强职工福利费财务管理的通知》规定："二、企业为职工提供的交通、住房、通讯待遇，已经实行货币化改革的，按月按标准发放或支付的住房补贴、交通补贴或者车改补贴、通讯补贴，应当纳入职工工资总额，不再纳入职工福利费管理……"

特殊情况是，企业为职工提供集体宿舍的相关开支可以作为福利费在税前扣除，但有额度限制（不超过工资薪金总额的 14%）。

这项政策的关键点是：

① 住房补贴作为福利费在税前扣除，需要有符合规定的税前扣除凭证，如房租发票、水电物业费发票等；

② 根据增值税相关规定，集体福利的进项税额不得从销项税额中抵扣；

③ 如果是高管个人取得的租金发票，只能作为高管个人的工资薪金在税前扣除，同时须依法扣缴个人所得税；

④ 如果是高管个人租房，但发票抬头为企业，不作为高管个人工资薪金，不能在企业所得税前扣除，那么就要在汇算清缴时纳税调增，而且还要避免虚开增值税发票，小心合规陷阱。

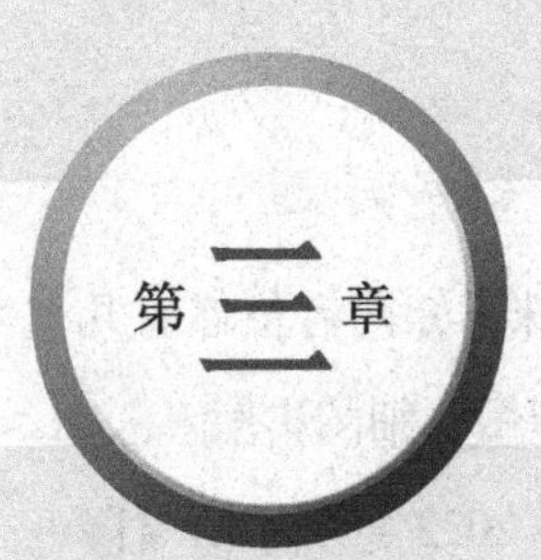

第三章 奖金及津贴合规实务

与第二章福利费密切相关的是奖金与津贴，它们有很多相似之处。本章将通过比较“高温津贴”与“防暑降温费”，来讲解它们的相似与区别之处。另外，本章还将深入分析年终奖发放中的合规问题。

一、高温津贴与防暑降温费有何不同

说到高温津贴，有人会将它和“防暑降温费”混为一谈，殊不知两者虽然有几分相似，却截然不同。本部分将对两者的异同及各自的薪税处理做详细的讲解。

讲解前介绍一下2022年中华全国总工会发出的《关于做好2022年职工防暑降温工作的通知》的相关规定：“要督促用人单位改进生产工艺和操作流程、改善劳动条件和作业环境，合理安排作业时间、降低劳动强度，组织职业健康检查，为职工提供必要的个体防护用品和高温作业休息场所，按规定发放高温津贴等。”

这里说的是高温津贴而不是防暑降温费，为什么？

（一）两者的区别

高温津贴和防暑降温费具体有什么区别呢？

1. 两者的性质不同。

高温津贴属于津贴，是工资的一种。而防暑降温费则属于福利费。

《财政部关于企业加强职工福利费财务管理的通知》（财企〔2009〕242号）规定：

“一、企业职工福利费是指企业为职工提供的除职工工资、奖金、津贴、纳入工资总额管理的补贴、职工教育经费、社会保险费和补充养老保险费（年金）、补充医疗保险费及住房公积金以外的福利待遇支出，包括发放给职工或为职工支付的以下各项现金补贴和非货币性集体福利：

……符合国家有关财务规定的供暖费补贴、防暑降温费等。”

2. 两者的强制性不同。

高温津贴既然属于工资，那么就是法定义务，满足发放条件，企业就必须发，否则有可能被认定为克扣工资。

《防暑降温措施管理办法》（安监总安健〔2012〕89号）第十七条规定："用人单位安排劳动者在35℃以上高温天气从事室外露天作业以及不能采取有效措施将工作场所温度降低到33℃以下的，应当向劳动者发放高温津贴，并纳入工资总额。"

而防暑降温费由于属于福利费，相关权限已经下放至各省份，在中央层面，没有相关强制性规定，由企业自行规定。在地方层面，除个别省份（如天津、陕西、山东等）有相关规定外，大多数地方都尊重企业行使自主权。

所以《关于做好2022年职工防暑降温工作的通知》强调的是高温津贴，而不是防暑降温费。

3. 两者发放形式的规定不同。

高温津贴不能发放物品。《防暑降温措施管理办法》第十一条规定："不得以发放钱物替代提供防暑降温饮料。防暑降温饮料不得充抵高温津贴。"

而防暑降温费的发放形式在大多数地方都是企业自行决定的。

两者薪税处理也有很大不同，具体如下。

（二）个人所得税处理

高温津贴既然属于工资，那么就应该并入发放当月的工资薪金所得计算缴纳个人所得税。《个人所得税法实施条例》第六条规定："工资、薪金所得，是指个人因任职或者受雇取得的工资、薪金、奖金、年终加薪、劳动分红、津贴、补贴以及与任职或者受雇有关的其他所得。"

至于防暑降温费，则需要分情况处理。

如果发放的是现金，同高温津贴，按工资薪金所得扣缴申报个人所得税。

如果发放的是物品，那么要区分是不是工作必需的劳动保护用品。如果是，不征个人所得税；如果不是工作必需的防暑降温用品，而且是企业发放的，不是集体享用的，那么仍然按工资薪金所得扣缴申报个人所得税。

国家税务总局对此有问题解答："个人因工作需要，从单位取得并实际属于工作条件的劳保用品，不属于个人所得，不征收个人所得税。但对企业以‘劳动保护’名义向职工发放的实物及货币性资金，应当并入当月工资、薪金，计算缴纳个人所得税。”

（三）企业所得税处理

高温津贴，作为工资、薪金支出，全额税前扣除。《企业所得税法实施条例》第三十四条规定：“企业发生的合理的工资薪金支出，准予扣除。”

如果作为劳动保护的防暑降温用品，准予扣除。

《企业所得税法实施条例》第四十八条规定：“企业发生的合理的劳动保护支出，准予扣除。”

《企业所得税法实施条例》第四十八条释义：“本条规定的劳动保护支出，仍然需要满足以下条件，一是必须是确因工作需要，如果企业所发生的所谓的支出，并非出于工作的需要，那么其支出就不得予以扣除；二是为其雇员配备或提供，而不是给其他与其没有任何劳动关系的人配备或提供；三是限于工作服、手套、安全保护用品、防暑降温品等，如高温冶炼企业职工、道路施工企业的防暑降温品，采煤工人的手套、头盔等用品。”

如果发放的是防暑降温费，那么属于福利费支出，允许在规定的限额内税前扣除。

《企业所得税法实施条例》第四十条规定：“企业发生的职工福利费支出，不超过工资薪金总额14%的部分，准予扣除。”

《国家税务总局关于企业工资薪金及职工福利费扣除问题的通知》（国税函〔2009〕3号）规定：

“三、关于职工福利费扣除问题

《实施条例》第四十条规定的企业职工福利费，包括以下内容：

……

（二）为职工卫生保健、生活、住房、交通等所发放的各项补贴和非货币性福利，包括企业向职工发放的因公外地就医费用、未实行医疗统筹企业职工医疗费用、职工供养直系亲属医疗补贴、供暖费补贴、职工防暑降温费、职工困难补贴、

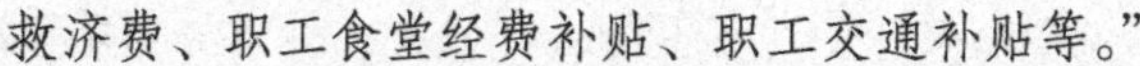

救济费、职工食堂经费补贴、职工交通补贴等。”

（四）社保费处理

高温津贴作为工资，要并入企业工资总额，作为社保缴费基数。

而不管防暑降温用品还是防暑降温费，不管作为劳动保护支出还是作为职工福利费，都不属于工资，不作为社保缴费基数。

（五）会计处理

根据上面的分析，高温津贴应记入“应付职工薪酬——工资”科目，防暑降温费应记入“应付职工薪酬——福利费”科目。

发放高温津贴是法定义务，但各地的具体规定有所不同，此处整理了部分地区高温津贴发放标准，如表 3-1 所示。

表 3-1　部分地区高温津贴发放标准

序号	地区	文号	发放标准	备注
1	北京	京安监发〔2014〕44 号	6—8 月，室外露天作业每人每月不低于 180 元；在 33℃以上（含 33℃）室内工作场所作业每人每月不低于 120 元	—
2	上海	沪人社规〔2019〕19 号	6—9 月，每人每月 300 元	企业每年 6 月至 9 月安排劳动者露天工作及不能采取有效措施将工作场所温度降低到 33℃以下（不含 33℃）的，应当向劳动者支付夏季高温津贴。对于劳动者工作场所的性质难以确定的特殊情况，企业应结合实际，通过工资集体协商等形式，合理制定发放办法
3	浙江	浙人社发〔2018〕65 号	6—9 月，室外作业人员每人每月 300 元；室内作业人员每人每月 200 元	—

（续表）

序号	地区	文号	发放标准	备注
4	广东	粤人社规〔2021〕9号	6—10月，每人每月300元，按天数折算为每人每天13.8元	—
5	广西	桂人社发〔2021〕9号	6—10月，每月250元~300元，按天计发为每人每天11.5元~13.8元	—
6	江苏	苏人社发〔2018〕113号	6—9月，每人每月高温津贴300元	用人单位原则上按月计发劳动者高温津贴，纳入工资总额，按规定税前扣除
7	天津	津人社规字〔2023〕3号	本市高温津贴标准为上年度全市职工日平均工资的12%，计算时四舍五入保留到角	从事高温天气作业的劳动者，高温津贴可以按照日累计高温天气作业小时数折算后发放。用人单位无法准确测定日累计高温天气作业小时数的，应按高温津贴标准的100%计发。高温津贴按日计算、按月发放，为职工工资组成项目，但不作为最低工资组成项目
8	重庆	渝府办发〔2013〕166号	一般高温天气作业的，按每人每天不低于5元标准发放；中度高温天气作业的，按每人每天不低于10元标准发放；强度高温天气作业的，按每人每天不低于15元标准发放。高温天气期间，室内工作场所温度在33℃以上35℃以下的，高温津贴按每人每天不低于5元标准发放；35℃以上37℃以下的，按每人每天不低于10元标准发放；37℃以上的，按每人每天不低于15元标准发放	—
9	山东	鲁人社发〔2021〕64号	从事室外作业和高温作业人员每人每月300元；其他作业人员每人每月180元。全年按6月、7月、8月、9月共4个月计发。防暑降温费列入企业成本费用	—

（续表）

序号	地区	文号	发放标准	备注
10	山西	晋人社厅发〔2013〕45号	每人每月240元，且不能算在最低工资标准内	6—8月，用人单位安排劳动者在高温天气下（日最高气温达到35℃以上）露天作业，以及不能采取有效措施将工作场所温度降低到33℃以下（不含33℃）的，应当向劳动者支付高温津贴
11	安徽	皖人社秘〔2018〕272号	6—8月，每人每工作日不低于15元	—
12	湖南	湘劳社政字〔2005〕20号	7—9月，从事室外作业和高温作业人员，每人每月不能低于150元	—
13	湖北	鄂人社发〔2013〕39号	每人每天12元	6—9月，用人单位安排劳动者在高温天气下（日最高气温达到35℃以上）露天作业及不能采取有效措施将工作场所温度降低到33℃以下（不含33℃）的，应当向劳动者支付高温津贴
14	河南	豫人社规〔2022〕8号	每人每工作日15元。高温天气作业高温津贴发放时间为4个月（6月、7月、8月、9月）	用人单位安排劳动者在35℃以上高温天气从事室外露天作业及不能采取有效措施将工作场所温度降低到33℃以下的，应当向劳动者发放高温津贴
15	河北	冀人社发〔2017〕20号	夏季高温津贴标准以作业环境为依据并以实际出勤作业时间确定。从事室外露天作业的劳动者每人每小时（含加班加点，下同）2元。没有防暑降温设备或有防暑降温设备但达不到降低工作场所温度效果的室内劳动者每人每小时1.5元	—
16	陕西	陕人社函〔2019〕293号	6—9月，每人每天25元	—

（续表）

序号	地区	文号	发放标准	备注
17	江西	赣人社发〔2018〕17号	6—9月，从事室外和高温作业每人每月不低于300元，室内非高温作业每人每月不低于200元	—
18	四川	川人社办发〔2018〕105号	每人每天10元～18元。各市（州）可在上述范围内，结合本地实际，合理确定本地区高温津贴标准	—
19	福建	闽人社发〔2019〕3号	5月，按实际高温天数12元/天计发；6—9月，按260元/月计发或按实际高温天数12元/天计发	5—9月，5月应当按实际高温天数向劳动者支付高温津贴；6—9月应当按月或按实际高温天数向劳动者支付高温津贴
20	云南	云人社发〔2013〕98号	每人每工作日10元	企业安排劳动者在高温天气（日最高气温达到35℃及以上）从事室外露天工作及不能采取有效措施将工作场所温度降低到33℃以下（不含33℃）的，应当向劳动者发放高温津贴。日最高气温以省气象主管部门所属气象台站发布的为准
21	海南	琼人社发〔2013〕39号	4—10月，每人每天10元	—
22	贵州	黔人社厅发〔2013〕21号	6—9月，按每人8元/天或168元/月标准发放	—
23	吉林	吉人社联〔2021〕163号	6—8月，高温津贴标准为200元/月	高温津贴的适用范围：本省行政区域内的企业、个体经济组织、民办非企业单位等组织（以下称用人单位），安排与之存在劳动关系的劳动者从事高温户外作业，以及不能采取有效措施将劳动者所在室内工作场所温度降低到33℃以下，且连续作业4小时以上（含4小时）的，应当向劳动者发放高温津贴

（续表）

序号	地区	文号	发放标准	备注
24	辽宁	辽人社发〔2014〕16号	7—9月，每人每月200元	—
25	甘肃	甘人社通〔2014〕269号	6—9月，高温、露天作业每人每天12元，其他作业人员每人每天8元，按实际出勤天数计发	—
26	宁夏	宁人社发〔2014〕45号	6—9月，高温、露天作业每人每天12元，其他每人每天8元	—
27	内蒙古	内人社发〔2013〕109号	高温岗位津贴180元/月	发放范围在33℃以上（含33℃）高温天气从事室外作业连续6小时以上（含6小时）的自治区行政区域内企业、事业单位和个体经济组织等用人单位劳动者
28	新疆	新人社发〔2012〕69号	6—8月，每人每天10元～20元	各地可在标准区间内，结合本地实际，合理确定本地区高温津贴的具体标准

资料来源：网络。

二、年终奖发放的合规要求是什么

年终奖作为企业常见的薪酬管理事项，有几项非常重要的合规要点需要大家关注。本部分重点解答关于年终奖定性与逻辑方面的问题。

（一）年终奖属于工资吗

答案是属于。

《国家统计局〈关于工资总额组成的规定〉若干具体范围的解释》规定：

“二、关于奖金的范围

（一）生产（业务）奖包括超产奖、质量奖、安全（无事故）奖、考核各项经济指标的综合奖、提前竣工奖、外轮速遣奖、年终奖（劳动分红）等。”

年终奖属于奖金，不管以什么形式发放的奖金，都是工资的重要组成部分。这里提醒一点，以上政策提到的“劳动分红”，应该和企业的利润分红区分开来：前者是通过付出劳动而取得的分红奖励，属于工资；而后者是因为持有股份或者股票而获得的分红收益，不属于工资范畴。

《关于工资总额组成的规定》第十一条规定：“下列各项不列入工资总额的范围：……（九）对购买本企业股票和债券的职工所支付的股息（包括股金分红）和利息……”

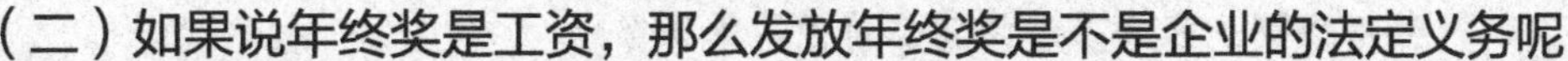

（二）如果说年终奖是工资，那么发放年终奖是不是企业的法定义务呢

现行法律法规并未规定用人单位有强制性义务为劳动者发放年终奖，所以年终奖作为企业非固定发放的劳动报酬，并非法定义务，而是一种约定义务，企业是否需要发放年终奖基于企业是否与员工形成某种形式的约定。

所以在涉及年终奖的劳动争议中，双方当事人的举证责任大体分配如下。

1. 劳动者主要需要证明有相关的约定存在，如需要提供用人单位关于年终奖的约定、规定、单方承诺或发放惯例等证据，就用人单位承担年终奖发放义务但未发放的事实进行举证。

2. 用人单位应对以下事实中的全部或部分承担举证责任：关于年终奖发放的约定、规章制度（包括制度制定和公示程序文件）、年终奖的发放条件、劳动者应得年终奖计算及依据、年终奖实际发放凭证等。

参考案例：刘某与北京 ××× 墨业有限责任公司劳动争议案

案号：（2019）京民申 2726 号

法院：北京市高级人民法院

判决要点：

刘某主张 ××× 墨业公司应向其支付 2016 年度年终奖 1000 元，但未提供充分证据证明双方曾就年终奖的发放达成约定；××× 墨业公司对其主张亦不予认可。故原审法院判决 ××× 墨业公司无须支付刘某 2016 年度年终奖并无不妥。

从以上案例可以看出，如果劳动者无法证明双方有关于年终奖的相关约定，那么企业并不负有发放年终奖的义务。

（三）如果企业与劳动者之间并没有相关约定，但之前年度企业有发放年终奖的行为会不会形成双方某种形式的约定呢

当前主流的司法口径一般不认为之前年度企业发放过年终奖而形成双方的约定。

参考案例：焦某与勘测院公司劳动争议案

案号：（2020）粤民申3738号

法院：广东省高级人民法院

判决要点：

焦某与勘测院公司签订的劳动合同中未约定年终奖，焦某提交的证据也不足以证明双方对年终奖的发放和标准存在约定，故勘测院公司可以根据职工个人表现和公司具体情况自主决定发放年终奖的数额。勘测院公司已经向焦某发放2017年年终奖9700元，故一审、二审法院对焦某关于勘测院公司应按2016年标准发放2017年年终奖的主张不予支持，并无不当。

参考案例：王某与深圳大×公司劳动争议案

案号：（2014）深中法劳终字第3040号

法院：广东省深圳市中级人民法院

判决要点：

虽然大×公司在2012年1月20日曾给王某发放过年终奖，但大×公司陈述年终奖并不是固定的，劳动合同亦没有约定。王某没有证据证明大×公司有关于年终奖的规定，因此，王某要求大×公司支付2013年年终奖，证据不足，本院不予支持。

从以上案例可以得出，企业并不会仅仅因为之前年度发放了年终奖就负有发放年终奖的义务。

（四）如果之前年度企业一直发放年终奖，突然不发呢

如果之前年度一直发放年终奖而形成了某种形式的惯例，企业当年突然不发年终奖，一旦发生劳动争议，企业有败诉风险。

参考案例：胡某与北京 ×× 宾馆劳动争议案

案号：（2018）京 0108 民初 50390 号

法院：北京市海淀区人民法院

判决要点：

在本案中，虽然双方对年终奖没有书面的约定，但是胡某至少从 2013 年便开始享受年终奖的待遇，由此可知年终奖的发放在 ×× 宾馆已经形成惯例。×× 宾馆作为劳动关系中负有管理责任的用人单位，应对年终奖的发放条件负有相应的举证责任，否则其应承担举证不能的不利后果。现 ×× 宾馆并未就年终奖的发放条件举证，故应承担举证不能的不利后果，由此法院对胡某所持的其应享受 2017 年年终奖的主张予以采信。

（五）如果企业之前有约定或者形成某种惯例发放年终奖，但因其他原因出现亏损，可否不发年终奖

如果年终奖已经通过劳动合同约定或合法有效的企业规章制度规定，但发放条件未包含企业盈亏状况，企业以亏损为由拒绝支付年终奖的，司法机关通常会以缺乏制度依据为由不予支持。

参考案例：×× 装备（苏州）有限公司与李某劳动争议

案号：（2020）苏 05 民终 8743 号、8744 号

法院：江苏省苏州市中级人民法院

判决要点：

关于年度绩效奖金，×× 公司与李某建立劳动关系，双方均应履行各自义务。现李某提供了劳动，×× 公司应当依法足额支付劳动报酬。×× 公司应聘人员录用通知书中载明的年度绩效激励说明，该年度绩效激励为工资的组成部分，且从该说明中可以看出，基数为 10 万元，系数为 0.7 ~ 1.3，不存在 ×× 公司所述的 0 的情况。×× 公司以部门业绩不佳、部门亏损为由不予支付无法律依据。

所以如果企业希望将年终奖发放与企业盈亏状况挂钩，需要通过合法有效的劳动合同约定或者经过民主程序并已向劳动者公示的规章制度做出规定。此处需要提醒的是，有些企业虽然在规章制度中明确年终奖发放与企业生产经营状况挂钩，但却未实际执行规章制度的规定。比如，在经营亏损的情况下，仍然向部分劳动者发放了年终奖，或者在历史亏损年份有发放年终奖的惯例，裁判机关也有可能据此认定企业不得以亏损为由拒绝支付年终奖。

（六）年终奖与“十三薪”在法律意义上有何不同

普通意义上的年终奖，在没有相关约定的情况下，有可能会被认为是一种激励机制，属于企业经营自主权的合理范围，可以由用人单位根据其经营状况决定是否发放及如何发放年终奖。

而“十三薪”或其他固定金额形式按期发放的年终奖，则更有可能被裁判机构认定为普通劳动报酬，属于工资的组成部分，在劳动者提供了正常劳动的前提下，企业不得以亏损为由拒绝发放。

参考案例：上海××网络科技有限公司与朱某劳动合同纠纷案

案号：（2019）沪01民终10888号

法院：上海市第一中级人民法院

判决要点：

本院认为，根据查明的事实，双方当事人在劳动合同中约定：“税前基本工资20 000元、税前岗位津贴4000元、税前保密费1000元，全年发放13个月。税后全年季度奖金100 000元。年终奖金税前标准额为2个月月薪，实际发放额根据年度工作表现评估结果发放。”根据前述约定的文义，本案所指“十三薪”、季度奖与一般观念不同，系数额固定部分，年终奖亦可以确定，且不与公司盈亏及劳动关系存续与否关联。故此，仲裁、一审支持系争议款项按照在职时间予以折算，亦属合理，本院对此予以确认。

本部分探讨了年终奖发放的合规要点与常见法律风险，下一部分将探讨年终奖发放中常见的劳动争议点：已离职员工能否享受年终奖。

三、已离职员工能否享受年终奖

在我国的司法实践中，对已离职员工是否应享受年终奖这一问题，各地的裁判口径差异较大，总结起来，有两种不同的观点。

观点一：离职员工能否享受年终奖可由企业自主决策。

观点二：发放年终奖前离职的员工应该享受年终奖（按比例享受）。

（一）离职员工能否享受年终奖可由企业自主决策

部分地区持观点一，举例如下。

《广州市中级人民法院民事审判若干问题的解答》（劳动争议部分）中有相关释疑：

“十三、用人单位就年终奖问题规定以某个时间点为分界线，如规定三月份在职的职工可以领取上一年度的年终奖，现在该时间点之前离职的劳动者主张上年度的年终奖，应否支持？

答：关于年终奖的问题，用人单位与劳动者有约定的，从其约定；在没有约定的情况下，年终奖的性质更属于一种激励机制，用人单位根据其经营状况决定是否发放年终奖以及如何发放年终奖，是其企业的经营自主权的合理范围，应当予以尊重。”

《浙江省高级人民法院民事审判第一庭、浙江省劳动人事争议仲裁院关于审理劳动争议案件若干问题的解答（四）》（浙高法民一〔2016〕3号）中有相关释疑：

“三、用人单位依法制定的规章制度规定，在发放年度绩效奖金时双方已解除或终止劳动合同的，不予发放年度绩效奖金。该规定是否有效?

答：该规章制度未违反法律、法规的强制性规定，应属合法有效。在发放年度绩效奖金时双方已解除或终止劳动合同，劳动者请求用人单位支付年度绩效奖金的，一般不予支持。”

从以上的司法解释可以看出，观点一对年终奖的定性属于企业一种自主经营决策的激励机制。既然是经营中的激励机制，企业当然有自主决策权。

从各地目前的判例来看，观点一相对来说支持度更高。

（二）发放年终奖前离职的员工应该享受年终奖（按比例享受）

部分区域支持观点二。

《天津法院劳动争议案件审理指南》第 37 条规定：“用人单位以规章制度、通知、会议纪要等规定有权利领取年终奖的劳动者范围为年终奖实际发放之日仍然在职的劳动者为由，拒绝向考核年度内已经离职的劳动者发放年终奖的，如该年终奖属于劳动报酬性质，劳动者请求给付年终奖的，应予支持。劳动者在年终奖对应的考核年度工作不满一年的，用人单位应当按照劳动者实际工作时间占全年工作时间的比例确定发放年终奖的比例。”

值得一提的是，2022 年 7 月，最高人民法院审判委员会讨论通过并发布了《最高人民法院第 32 批指导性案例》，指导案例 183 号《房玥诉中美联泰大都会人寿保险有限公司劳动合同纠纷案》也在一定程度上支持观点二。

房玥诉中美联泰大都会人寿保险有限公司劳动合同纠纷案

裁判要点：

年终奖发放前离职的劳动者主张用人单位支付年终奖的，人民法院应当结合劳动者的离职原因、离职时间、工作表现及对单位的贡献程度等因素进行综合考量。用人单位的规章制度规定年终奖发放前离职的劳动者不能享有年终奖，但劳动合同的解除非因劳动者单方过失或主动辞职所导致，且劳动者已经完成年度工作任务，用人单位不能证明劳动者的工作业绩及表现不符合年终奖发放标准，年终奖发放前离职的劳动者主张用人单位支付年终奖的，人民法院应予支持。

从指导案例及以上的审理指南可以了解到，观点二认为，年终奖属于劳动报酬性质，劳动者如果完成年度工作任务，不管是否在职都应该享受年终奖；如果劳动者工作未满一年，用人单位应当按照劳动者实际工作时间占全年工作时间的比例发放年终奖。

从以上的分析可以得出，企业如果不希望对已离职员工发放年终奖，除了需要当地的司法实践支持外，还需要通过经民主程序并已向劳动者公示的规章制度做相关规定并明确年终奖的性质。

（三）特殊情况

深圳的情况值得一提。旧《深圳市员工工资支付条例》第十四条规定："劳动关系解除或者终止时，员工月度奖、季度奖、年终奖等支付周期未满的工资，按照员工实际工作时间折算计发。"

这是典型的认可观点二的政策，深圳的司法实践一直是根据观点二来裁判的。

参考案例：深圳市 ×× 设备技术有限公司与被上诉人张某某因追索劳动报酬及经济补偿纠纷一案

案号：（2010）深中法民六终字第 3178 号

法院：广东省深圳市中级人民法院

判决要点：

×× 公司与张某某于 2003 年 1 月 25 日签订的《管理规定》及《考核细则》，明确约定了年终奖按年度及利润进行考核达标后进行发放，虽然从字面来看，双方约定的项目名称为年终奖，但从实际约定的内容来看，该项待遇是与业绩挂钩并按一定比例提取的工资，因此其性质应认定为业务提成工资。原审判决对此事项的定性准确，本院予以确认。《考核细则》第十二条规定"不管因何种原因于年底前离开公司的业务人员将不享受年终奖"，×× 公司据此认为张某某没有完成一个年度的工作，因此不应获得年终奖，对此，本院认为，因该条款系用人单位免除自己的法定责任，排除劳动者权利的约定，违反了法律的相关规定，故该约定条款应属无效，为此 ×× 公司认为张某某不应获得年终奖的主张，于法无据，本院不予支持。

在本案例中，广东省深圳市中级人民法院根据观点二判决 ×× 公司与员工张某某约定“不管因何种原因于年底前离开公司的业务人员将不享受年终奖”的条款无效，从而 ×× 公司应向张某某支付年终奖。

但是如果这个案子发生在今天，很有可能是完全相反的裁判结果。因为深圳于 2022 年 8 月 4 日通过了新修订的《深圳市员工工资支付条例》，实质性地改变了关于年终奖的发放的裁判规则。

第十四条　……劳动关系解除或者终止时，支付周期未满的员工月度奖、季度奖、年终奖，按照劳动合同的约定计发；劳动合同没有约定的，按照集体合同的约定计发；劳动合同、集体合同均没有约定的，按照依法制定的企业规章制度的规定计发；没有约定或者规定的，按照员工实际工作时间折算计发。

需要注意的是，本条修订不是直接否认了“按照员工实际工作时间折算计发”年终奖，恰恰相反，是默认“按照员工实际工作时间折算计发”，但允许企业通过劳动合同、集体合同、依法制定的企业规章制度来行使自主的管理权限。

第四章 加班费合规实务

前面深入讲解了企业工资、福利费、奖金等相关的合规要点，接下来将进入企业薪酬合规中，较为复杂且劳动争议较大的领域——加班费管理。本章将深入探讨加班费的相关规定、计算方法、风险点、争议点及合规要点。

一、标准工时、综合工时与不定时工时有什么区别

在做企业工时与加班管理的时候，一个重要的议题就是工时制度管理。国内目前法律框架下有三种工时制度，分别是标准工时制、综合计算工时工作制和不定时工作制。本部分将探讨三种工时制度的区别及对企业薪酬与合规管理的影响。

（一）标准工时制

标准工时制是指用人单位按照法律规定的标准日工作时间和周工作时间组织生产和工作的一种工作时间制度。实行标准工时制不需要做任何形式的申请与审批，是国内企业最为普遍实行的一种工时制度。

《劳动法》第三十六条规定："国家实行劳动者每日工作时间不超过八小时、平均每周工作时间不超过四十四小时的工时制度。"

1995 年出台的《国务院关于职工工作时间的规定》将相关时间修正为"每日工作 8 小时、每周工作 40 小时"。我国现行的标准工时制为每日工作 8 小时、每周工作 40 小时。

（二）综合计算工时工作制

综合计算工时工作制是指分别以周、月、季、年等为周期，综合计算工作时间，但其平均工作时间和平均周工作时间应与法定标准工作时间基本相同。

也就是说，在综合计算周期内，劳动者某一具体工作日或工作周的实际工作时间超过 8 小时或 40 小时，但综合计算周期内的总实际工作时间不超过总法定标准

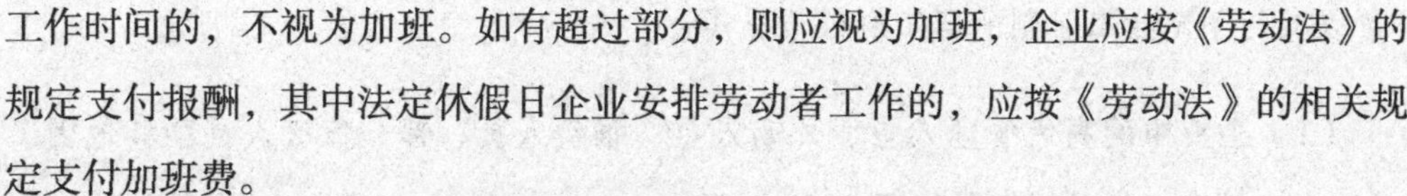

工作时间的，不视为加班。如有超过部分，则应视为加班，企业应按《劳动法》的规定支付报酬，其中法定休假日企业安排劳动者工作的，应按《劳动法》的相关规定支付加班费。

（三）不定时工作制

不定时工作制没有固定工作时间的限制，是针对因生产特点、工作性质特殊需要或职责范围的关系，需要连续上班或难以按时上下班，无法适用标准工作时间而采用的一种工时制度。

简单地说，实行不定时工作制，除法定节假日工作外，其他时间工作不算加班，没有加班费。

《工资支付暂行规定》第十三条规定："实行不定时工时制度的劳动者，不执行加班费的规定。"

（四）三种工时制度的适用人群有区别吗

答案：有区别。

1. 标准工时制

只要双方在劳动合同中明确并且不违背法律规定的，均可适用。

2. 综合计算工时工作制

《关于企业实行不定时工作制和综合计算工时工作制的审批办法》第五条规定："可以实行综合计算工时工作制的职工有以下三类。

（1）交通、铁路、邮电、水运、航空、渔业等行业中因工作性质特殊，需连续作业的职工。

（2）地质及资源勘探、建筑、制盐、制糖、旅游等受季节和自然条件限制的行业的部分职工。

（3）其他适合实行综合计算工时工作制的职工。"

3. 不定时工作制

《关于企业实行不定时工作制和综合计算工时工作制的审批办法》第四条规定：

"可以实行不定时工时制的职工有以下三类。

（1）企业中的高级管理人员、外勤人员、推销人员、部分值班人员和其他因工作无法按标准工作时间衡量的职工。

（2）企业中的长途运输人员、出租汽车司机和铁路、港口、仓库的部分装卸人员以及因工作性质特殊，需机动作业的职工。

（3）其他因生产特点、工作特殊需要或职责范围的关系，适合实行不定时工作制的职工。"

（五）工时制度的审批

需要注意的是，企业实行综合计算工时工作制或不定时工作制，需要向劳动行政部门提出申请，并最终经劳动行政部门审批批准，再和劳动者约定适用特殊工时制，方可适用。企业不能仅凭与员工约定或者在实际工作中默认实行特殊工时制。

参考案例：武汉市 ×× 清洁有限公司与叶某劳动报酬纠纷案

案号：（2020）鄂民申 496 号

法院：湖北省高级人民法院

判决要点：

叶某在 ×× 公司工作期间，×× 公司并未经行政审批实行不定时工作制。按照《劳动部贯彻〈国务院关于职工工作时间的规定〉的实施办法》第五条规定："因工作性质或生产特点的限制，不能实行每日工作 8 小时、每周工作 40 小时标准工时制度的，可以实行不定时工作制或综合计算工时工作制等其他工作和休息办法，并按照劳动部《关于企业实行不定时工作制和综合计算工时工作制的审批办法》执行。"因此，在 ×× 公司未经行政许可审批实行不定时工作制的情形下，其主张不应向叶某支付休息日加班工资的再审申请理由不能成立，本院对此不予采信。

三种不同工时制度的对比如表 4-1 所示。

表 4-1 三种不同工时制度的对比

工时制度	标准工时制	综合计算工时工作制	不定时工作制
适用范围	一般劳动者	(一)交通、铁路、邮电、水运、航空、渔业等行业中因工作性质特殊，需连续作业的职工 (二)地质及资源勘探、建筑、制盐、制糖、旅游等受季节和自然条件限制的行业的部分职工 (三)其他适合实行综合计算工时工作制的职工	(一)企业中的高级管理人员、外勤人员、推销人员、部分值班人员和其他因工作无法按标准工作时间衡量的职工 (二)企业中的长途运输人员，出租汽车司机和铁路、港口、仓库的部分装卸人员及因工作性质特殊，需机动作业的职工 (三)其他因生产特点、工作特殊需要或职责范围的关系，适合实行不定时工作制的职工
工时标准	每天工作时间不超过 8 小时、每周工作时间不超过 40 小时	以周、月、季、年等为周期，综合计算工作时间	没有固定工作时间的限制，需要员工机动作业
行政部门审批	无须审批	需审批	需审批
加班工资种类	延长工作时间加班工资、休息日加班工资、法定节假日加班工资	延长工作时间加班工资、法定节假日加班工资	法定节假日加班工资

资料来源：人力资源和社会保障部网站。

国内比较特殊的地方是深圳，企业实行不定时工作制或者综合计算工时工作制无须申请和审批，和劳动者约定即可。

《深圳经济特区优化营商环境条例》第七十一条规定：“用人单位因生产经营特点不能实行法定标准工时制度且符合特殊工时制度适用范围，经协商实行不定时或者综合计算工时工作制度的，可以实行告知承诺制。”

关于特殊工时的申请与审批，还需要注意的是，经批准的特殊工时制如果有时限限制，要注意延长时限的申报。

批准实行的特殊工时制的时限一般为 1 ~ 3 年，若当地行政部门要求时限期满需延长申报的，则申请延长后方可继续适用。对法律规定的企业高管实行不定时工作制或国家及企业所在地已规定实行特殊工时制不需要履行审批手续的除外。

相关行政部门规定，若企业出现相关情形需要重新申报，未依法重新申报，则不得继续适用原特殊工时制：

（1）企业法人名称发生变化；

（2）批准施行特殊工时制的时限已满；

（3）企业实行特殊工时制的工种岗位发生变化。

（六）不定时工时的加班费

关于不定时工作制，各地规定有差异的地方是，针对执行不定时工作制的员工在法定节假日工作的，用人单位是否需要支付加班工资。

《工资支付暂行规定》第十三条规定，实行不定时工时制度的劳动者，不执行加班费的规定。但是现实情况是，部分地方有明确规定，即使是执行不定时工作制的员工，其在法定节假日工作时，企业也需要支付加班费。

1. 以下地区执行不定时工作制的人员在法定节假日工作视为加班，企业应支付加班费，政策依据如下。

（1）天津：《天津市企业实行特殊工时工作制行政许可规定》（津人社局发〔2013〕31号）。

第十九条第二款　经人力资源和社会保障行政部门批准实行不定时工时制的用人单位，在法定休假日安排劳动者工作的，按照《劳动法》第四十四条第（三）项的规定支付工资。

（2）上海：《上海市企业工资支付办法》（2016年）。

十三、……经人力资源社会保障行政部门批准实行不定时工时制的劳动者，在法定休假节日由企业安排工作的，按本条第（三）项的规定支付加班工资。

（3）南京：《南京市企业工资支付办法》（2003年）。

第二十五条　按照规定实行不定时工时制度的企业，在法定节假日安排劳动者工作的，按照本办法第二十二条第三项规定支付工资。

（4）厦门：《厦门市企业工资支付条例》（2005年）。

第十九条　经劳动和社会保障行政部门批准实行不定时工作制的劳动者，用人单位安排其在法定休假日工作的，应当按照本条例第十五条第（三）项规定支付工资报酬。

（5）深圳:《深圳市员工工资支付条例》（2022年）。

第二十条 用人单位安排实行不定时工作制的员工在法定休假节日工作的，按照不低于员工本人正常工作时间工资的百分之三百支付员工加班工资。

（6）湖南:《湖南省工资支付监督管理办法》（2004年）。

第十八条 经劳动保障行政部门批准实行不定时工时制的用人单位，可不执行本办法第十五条第（一）、（二）项工资支付规定，但在法定休假日安排劳动者工作的，按本办法第十五条第（三）项的规定支付工资。

（7）山西:《山西省劳动和社会保障厅关于加强对企业实行综合计算工时工作制和不定时工作制管理的通知》（晋劳社厅发〔2008〕25号）。

四、……

企业安排实行不定时工作制的劳动者在法定休假日工作的，应按《劳动法》第四十四条第三款的规定支付劳动者工资报酬。……

2. 以下地区有明确规定，执行不定时工时制的人员不执行加班规定。

（1）北京:《北京市工资支付规定》（2004）。

第十七条 用人单位经批准实行不定时工作制度的，不适用本规定第十四条的规定。

（2）重庆:《重庆市劳动和社会保障局关于工资等有关问题处理意见的通知》（渝劳社办发〔2008〕65号）。

七、……

……

（三）……实行不定时工作制的职工每天实际工作时间和每月工作天数应与法定标准工作时间基本相同（即每日工作8小时、每月工作20.83天）。按照《劳动部关于印发〈工资支付暂行规定〉的通知》（劳部发〔1994〕489号）规定，实行不定时工时制度的劳动者，不执行加班工资规定，包括法定休假日上班的。……

（3）辽宁：《辽宁省工资支付规定》（2006年）。

第二十一条　除实行不定时工作制的以外，用人单位安排劳动者在法定标准工作时间以外工作的，应当按照下列标准支付劳动者加班工资。

（4）吉林：《吉林省企业工资支付暂行规定》（2007年）。

第十九条　经劳动保障行政部门批准实行不定时工时制度的企业，不执行本规定第十六条规定。

（5）山东：《山东省企业工资支付规定》（2021年）。

第二十三条　实行不定时工作制的企业，不适用本规定有关加班工资的规定。

（6）江苏：《江苏省工资支付条例》（2021年）。

第二十五条　经人力资源社会保障行政部门批准实行不定时工作制的，不执行本条例第二十条的规定。

（7）浙江：《浙江省劳动和社会保障厅关于进一步加强对用人单位实行不定时工作制和综合计算工时工作制管理的通知》（浙劳社劳薪〔2006〕181号）。

八、实行不定时工作制的劳动者工作时间不确定，无法实行加班加点制度，其工资由用人单位按照本单位的工资制度，根据劳动者的劳动时间和完成劳动定额情况计发。

（8）安徽：《安徽省工资支付规定》（2007年）。

第二十条　经劳动保障部门批准实行不定时工作制的，不执行本规定第十六条的规定。

（9）江西：《江西省工资支付规定》（2007年）。

第二十条　实行不定时工作制的，用人单位可以不执行本规定第十八条第一款的规定。

（10）广东：《广东省工资支付条例》（2016年）。

第二十三条　经人力资源社会保障部门批准实行不定时工作制的，不适用本条例第二十条的规定。

（11）内蒙古：《内蒙古自治区劳动者工资保障规定》（2007年），文件已废止，但司法实践中仍参考以下条款执行。

第十八条　经劳动保障部门批准实行不定时工作制的用人单位，不适用本规定第十五条的规定。

（12）新疆：《关于加班工资支付有关问题的通知》（新人社发〔2009〕8号）。

（三）不定时工作制的加班工资支付

对依法经劳动保障部门批准实行不定时工作制的劳动者，不执行上述规定[①]。

3. 以下地区没有规定，按《工资支付暂行规定》执行，实行不定时工时制度的人员可以不执行加班费的规定。

黑龙江、河北、河南、福建、海南、广西、陕西、甘肃、宁夏、青海、四川、湖北、云南、贵州、西藏。

综上所述，企业应明确自己当前所采用的工时制度，并依照所在地的要求做好相应的工时合规管理。

① 该规定指加班工资支付的规定。

二、20.83 和 21.75 有何不同

企业人力资源管理的过程中，经常会碰到 20.83 天和 21.75 天这两个概念，但很多人在应用过程中没搞清楚两者有何区别，往往会面临合规与劳动争议的风险。本部分梳理两者的区别及各自的应用场景。

（一）出处与计算逻辑

以下是两个天数的出处和计算逻辑。

《关于职工全年月平均工作时间和工资折算问题的通知》（劳社部发〔2008〕3 号）

一、制度工作时间的计算

年工作日：365 天 −104 天（休息日）−11 天（法定节假日）=250（天）

季工作日：250 天 ÷ 4 季 =62.5（天 / 季）

月工作日：250 天 ÷12 月 =20.83（天 / 月）

工作小时数的计算：以月、季、年的工作日乘以每日的 8 小时。

二、日工资、小时工资的折算

按照《劳动法》第五十一条的规定，法定节假日用人单位应当依法支付工资，即折算日工资、小时工资时不剔除国家规定的 11 天法定节假日。据此，日工资、小时工资的折算为：

日工资：月工资收入 ÷ 月计薪天数

小时工资：月工资收入 ÷（月计薪天数 ×8 小时）

月计薪天数 =（365 天 −104 天）÷12 月 =21.75（天）

由以上的计算过程可以看出，两者的主要区别在于是否减了国家规定的 11 天法定节假日：20.83 天减了，而 21.75 天没有。具体原因用大白话解释就是，11 天法定节假日员工不用上班，但是企业要发工资。

（二）20.83 和 21.75 的应用

参考以上计算过程，可以得知 20.83 天代表月平均工作时间，而 21.75 天则是月平均计薪天数。在实际应用中，在计算出勤时，应用 20.83；在计算工资时，应用 21.75。由于本书主要探讨薪社税合规，与工资计算高度相关，因此在探讨天数的时候，通常会用到 21.75，而 20.83 的应用场景非常少。

1. 20.83 的具体应用。

月平均工作时间 20.83 天主要用于综合计算工时工作制下法定周期标准工作时间的计算。

例如，每月法定标准工作小时数为 20.83 天乘以 8 小时等于 166.64 小时；每季度法定标准工作小时数为 20.83 天乘以 8 小时乘以 3 个月等于 499.92 小时；周期为每半年、每年时依此类推。在相应的周期标准下，超过以上时间，则视为加班。

《工资支付暂行规定》第十三条第三款规定："经劳动行政部门批准实行综合计算工时工作制的，其综合计算工作时间超过法定标准工作时间的部分，应视为延长工作时间，并应按本规定支付劳动者延长工作时间的工资。"

据此，用人单位在执行综合计算工时工作制时安排劳动者在相应周期内工作超过法定标准工作时间的小时数，应当按照 150% 的标准支付加班费。

2. 21.75 的具体应用。

月平均计薪天数 21.75 天主要用来计算职工每日、每小时的平均工资数额，实务中用来计算职工因为入职、离职或者事假等原因导致当月部分缺勤状况下应当支付的工资，另外还可以作为基数计算职工相应的加班工资。

举个例子。公司员工小王月工资 5000 元，执行标准工时制，2023 年 5 月，小王请事假 2 天。那么，小王平均日工资应为 $5000 \div 21.75 = 229.89$（元），2023 年 5 月请事假 2 天，则小王当月工资 $5000 - 229.89 \times 2 = 4540.22$（元）。

这里大家会发现，按正常出勤天数来正算小王的月工资和按缺勤天数倒扣（反算法）得出的小王当月工资可能会不一样。这是法定节假日视同正常出勤造成的，两种计算方法都是合规的，企业只要保持全年的算法一致即可。

此处推荐企业用以下的算法计算员工实际出勤工资，正算反算的结果都是一样的。

正算法：工资 = 月薪 ÷21.75× 月计薪天数 × 出勤天数比例

反算法：工资 = 月薪 – 月薪 ÷21.75× 缺勤天数 × 出勤天数比例

月计薪天数 = 月出勤天数 + 法定节假日天数

出勤天数比例 = 21.75÷（当月应出勤天数 + 法定节假日天数）

（三）用错天数的法律后果

现实中，当员工请事假时，如果公司把算工作时间的天数 20.83 当成算工资的天数，那么计算出来的结果就会出现差额，客观上就是多扣了员工的事假工资，从而涉嫌构成未及时足额支付劳动者劳动报酬。如果员工以此为由提出被迫解除劳动合同，公司不仅需支付未足额支付的该部分工资，还需要支付劳动者经济补偿金，风险不可谓不高。

参考案例：薛某某与东莞 ×× 公司劳动争议案

案号：（2019）粤 19 民终 6753 号

法院：广东省东莞市中级人民法院

判决要点：

一审法院认为，薛某某主张公司按照底薪 3000 元 ÷20.83 天 ÷8 小时的方式扣请假的工资变相克扣工资，应为以 3000 元 ÷21.75 天 ÷8 小时的方式扣请假工资。公司主张《员工手册》第四章规定月工作天数是 20.83 天。

综上所述，公司存在不足额支付劳动报酬的情况，公司应向薛某某支付解除劳动关系的经济补偿金。

二审判决：日工资应以月计薪天数 21.75 天计算，公司按 20.83 天计算日工资，客观上多扣了事假工资，构成不足额支付劳动报酬的情况。

所以，现实中企业应谨慎区分 20.83 天和 21.75 天，正确选择计算方法，避免造成劳动争议风险。

三、加班费按什么比例给

关于加班费按什么比例给，现实中存在一个常见的误区。

《劳动法》

第四十四条 有下列情形之一的，用人单位应当按照下列标准支付高于劳动者正常工作时间工资的工资报酬：

（一）安排劳动者延长工作时间的，支付不低于工资的百分之一百五十的工资报酬；

（二）休息日安排劳动者工作又不能安排补休的，支付不低于工资的百分之二百的工资报酬；

（三）法定休假日安排劳动者工作的，支付不低于工资的百分之三百的工资报酬。

（一）工作日加班

关于劳动者工作日延长工作时间加班，单位支付150%倍工资，大家理解上比较一致，没有争议。

（二）休息日加班

对于劳动者休息日加班，单位支付200%工资报酬应该是另付1倍还是2倍，笔者试着做了个小范围的调查，有一些不同意见，大多数人认为是另付1倍。

主流意见是对的，因为根据《关于职工全年月平均工作时间和工资折算问题的通知》（劳社部发〔2008〕3号）的规定，月计薪天数如下。

月计薪天数＝（365天－104天）÷12月＝21.75（天）

其中，104天是休息日，不计薪。也就是说，休息日的时间是非工作时间，正常情况不加班也没有工资。如果加班了，又不能安排补休的，就按正常出勤的工资支付2倍，那么就是除了正常工作日的工资外，还需另付1倍工资。

（三）法定休假日加班

争议最大的是关于法定休假日加班的工资支付，单位支付300%的工资报酬，是额外支付3倍还是2倍？

很多人认为法定休假日3倍工资含该日应发工资，所以单位额外再支付2倍即可。这是一个很大的误区，有导致用人单位未及时支付劳动报酬的法律风险。

《对〈工资支付暂行规定〉有关问题的补充规定》（劳部发〔1995〕226号）中规定："二、关于加班加点的工资支付问题"中明确规定："安排在法定休假节日工作的，应另外支付给劳动者不低于劳动合同规定的劳动者本人小时或日工资标准300%的工资。"

此外，《劳动部关于职工工作时间有关问题的复函》（劳部发〔1997〕271号）在对"四、休息日或法定休假日加班，用人单位可否不支付加班费而给予补休？补休的标准如何确定？"的复函中也提到，"法定休假日安排劳动者加班工作的，应另外支付不低于工资的百分之三百的工资报酬，一般不安排补休。"

上述两项规定中均明确法定休假日加班工资应当在日常工资外"另行"支付300%的工资。也就是说，用人单位安排劳动者法定休假日加班应支付的3倍工资不应包含"本数"，总共支付给劳动者的工资为基础数额的4倍。

参考案例：任某、重庆HR超市劳动争议再审案

案号：（2017）最高法民再25号

法院：最高人民法院

判决要点：

关于法定休假日加班费。根据《劳动法》第四十四条（三）规定："法定休假日安排劳动者工作的，支付不低于工资的百分之三百的工资报酬。"2011 年中秋节、国庆节、2012 年元旦任某应得法定休假日加班工资为 1550÷20.92×4×300%=889.10（元），2012 年春节、清明节任某应得法定休假日加班工资为 1575÷20.92×4×300%=903.44（元），2012 年劳动节、端午节任某应得法定休假日加班工资为 1675÷20.92×2×300%=480.40（元），小计 2272.94 元，HR 超市已向任某支付上述期间法定休假日加班工资 1138.4 元，还应补发 1134.54 元。

此处提醒一下，以上为标准工时的情况，如果企业申请了综合计算工时工作制，超过法定标准工作时间部分，应视为延长工作时间，并按规定支付职工延长工作时间的工资，即用人单位按不低于劳动者本人小时工资标准的 150% 支付加班工资。如果用人单位是在法定节假日安排劳动者工作的，应按照不低于劳动者本人日或小时工资的 300% 支付加班工资。

不定时工时制下日常并无加班的概念，除法定节假日工作外，员工在其他时间工作不算加班，没有加班费。不定时工时制下员工在法定节假日工作，企业是否需要支付加班费，不同地区的规定有差异，前文已经深入分析过，此处不赘述。

四、加班工资计算基数如何确定

前文已经讨论过，用人单位安排劳动者加班的，应当按照国家有关规定支付加班费，加班费的计算比例按《劳动法》第四十四条的规定确定。但是，不管《劳动法》还是《劳动合同法》，均未对加班费的计算基数做出明确的规定。为此，多省、市出台了各自的规范性文件，司法实践中存在较大的差异。

本部分主要探讨企业是否可以在劳动合同中约定加班费的计算基数，以及如果没有约定或者约定无效，各地司法实践按什么标准确定加班费的计算基数。

（一）约定加班费基数

企业是否可以在劳动合同中约定加班费的计算基数？

当前主流的司法裁判口径允许用人单位和劳动者在劳动合同中约定加班费的计算基数。《最高人民法院关于审理劳动争议案件适用法律问题的解释（一）》第三十五条规定："劳动者与用人单位就解除或者终止劳动合同办理相关手续、支付工资报酬、加班费、经济补偿或者赔偿金等达成的协议，不违反法律、行政法规的强制性规定，且不存在欺诈、胁迫或者乘人之危情形的，应当认定有效。前款协议存在重大误解或者显失公平情形，当事人请求撤销的，人民法院应予支持。"

下面的案例，企业约定以当地最低工资作为加班费计算基数，而员工主张按照实际工资作为计算基数，双方发生争议，最高人民法院最终认定企业约定加班费基数的做法符合法律规定。

参考案例：王某与大连HB公司、大连ZY船务公司劳务合同纠纷案

案号：（2015）民申字第610号

法院：最高人民法院

判决要点：

原审法院根据相关法律法规的规定，结合王某系在辽宁省工作的实际情况，参照《辽宁省工资支付规定》认定以王某与HB公司订立的《劳动合同书》中约定的工资标准作为计算加班费的基数，法律依据充分，应当予以确认。王某主张其加班费应当以其实际取得的月工资为标准作为计算基数，缺乏法律依据，不能予以支持。

原审法院参照劳动和社会保障部①《工资支付暂行规定》第十三条、《辽宁省工资支付规定》第二十二条中关于计算加班工资的日或者小时工资基数应当按照劳动合同中约定的劳动者本人工资标准确定的规定，按照延长工作时间加班工资的计算方法，以王某与HB公司的《劳动合同书》中约定的最低工资标准为基数计算王某的加班费，符合法律规定，并无不当。

同时原审法院结合王某合同期内的工作实际，认定HB公司实际发放给王某的加班费高于上述以合同约定的最低工资为标准计算出的加班费，HB公司不存在支付加班工资不足的情况，事实依据充分，并无明显不当。

此处注意，虽然主流裁判口径允许用人单位约定加班费基数，但约定的加班费基数不得低于当地最低工资标准。

《最高人民法院关于印发〈全国民事审判工作会议纪要〉的通知》（法办〔2011〕442号）中明确："57.劳动者加班工资计算基数应为劳动者应得的工资，包括计时工资或者计件工资以及奖金、津贴、补贴等货币性收入。用人单位与劳动者明确约定奖金、津贴、补贴等项目不作为加班工资计算基数的，从其约定，但约定的正常工作时间工资低于当地最低工资标准的除外。"

在以下案例中，企业支付的加班费低于按当地最低工资标准为基数计算的加班费，属于未及时足额支付劳动报酬，除应依法补足加班费外，还需支付员工被迫解

① 劳动和社会保障部为旧称，现为人力资源和社会保障部，余同。

除劳动合同的经济补偿金。

参考案例：朱某与青岛 WKT 公司劳动争议案

案号：（2020）鲁 02 民终 1573 号

法院：山东省青岛市中级人民法院

判决要点：

《青岛市企业工资支付规定》第十四条规定，加班工资计发基数，是指用人单位正常生产经营情况下劳动者本人上月扣除加班工资后的工资，但是不得低于当地最低工资标准。根据上述规定及本院查明的朱某的加班事实，本院对朱某的加班工资认定如下：朱某 2018 年 10 月应得的休息日加班工资为 702.53 元［1910 元（最低工资）÷21.75×4×200%］，WKT 公司已支付其该月加班工资 500 元，尚欠 202.53 元；朱某向 WKT 公司提出解除劳动合同并要求支付经济补偿，符合法律规定。

（二）无约定下的基数确定

如果企业没有约定加班费的计算基数，各地司法实践按什么标准确定加班费的计算基数？

表 4-1 收集整理了部分地区关于加班费计算基数的相关规定，供大家学习参考。

表 4-1　部分地区关于加班费计算基数的相关规定

序号	文件名称	条款	加班要基数标准
1	《对〈工资支付暂行规定〉有关问题的补充规定》	第二条	根据加班加点的多少，以劳动合同确定的正常工作时间工资标准的一定倍数所支付的劳动报酬为计算基数
2	《北京市高级人民法院、北京市劳动人事争议仲裁要员会关于审理劳动争议案件法律适用问题的解答》	第二十二条	以实际发放的工资作为计算基数。不能以基本工资、岗位工资或职务工资单独一项作为计算基数
3	《上海市企业工资支付办法》	第九条	按劳动者正常出勤月依照本办法第二条规定的工资（不包括加班工资）的 70% 确定

（续表）

序号	文件名称	条款	加班要基数标准
4	《天津法院劳动争议案件审理指南》	第三十三条	以劳动者主张权利或者劳动关系解除、终止前12个月的平均工资（含奖金）作为计算加班费的基数
5	《广东省高级人民法院、广东省劳动争议仲裁委员会关于适用〈劳动争议调解仲裁法〉〈劳动合同法〉若干问题的指导意见》	第二十八条	正常工作时间工资
6	《郑州市劳动用工条例》	第三十二条	按照当地上年度城镇单位在岗职工平均工资计算
7	《深圳市中级人民法院关于审理劳动争议案件的裁判指引》	第六十一条	正常工作时间工资
8	《湖北省高级人民法院民事审判工作座谈会会议纪要》	第二十五条	根据劳动者前12个月正常工作时间的平均工资计算
9	《关于审理劳动争议纠纷案件若干疑难问题的解答》	第二条	参照统筹地区上一年度相近行业职工平均工资计算
10	《关于审理劳动争议案件若干疑难问题的解答》	第29条、第35条	按照劳动者正常工作状态下十二个月的应得工资计算，即扣除社会保险费、税费等之前的当月工资总额
11	《关于审理劳动争议案件若干问题处理意见》	第七条	以提请仲裁前该劳动者12个月实际发放（除加班工资后）的月平均工资标准为计发基数
12	《关于适用〈中华人民共和国劳动争议调解仲裁法〉和〈中华人民共和国劳动合同法〉若干问题的意见》	第35条	应当按照法定工作时间内劳动者上一月份提供正常劳动所得实际工资扣除该月加班费后的数额确定。劳动者上一月份没有提供正常劳动的，按照向前顺推至其提供正常劳动月份所得实际工资扣除该月班费后的数额确定
13	《关于办理劳动争议案件若干问题的解答》	第12条	实际发放工资中的正常工作时间工资
14	《安徽省高级人民法院关于审理劳动争议案件若干问题的指导意见》	第十条	按照劳动者正常劳动情形下的收入确定加班费的计算基数，但用人单位可自行决定给付的福利除外
15	《吉林省高级人民法院关于审理劳动争议案件法律适用问题的解答（二）》	第9条第（2）款	按劳动者对应工作时间的实得工资为基数计算，但应扣除用人单位已经支付的加班费

（续表）

序号	文件名称	条款	加班要基数标准
16	《惠州市中级人民法院、惠州市劳动人事争议仲裁委员会关于审理劳动争议案件若干问题的会议纪要（试行）》	第十九条	可按实发工资中标准（基本）工资作为加班工资的计算基数：实发工资中未明确具体工资构成的，参照当地同行业工资收入水平和双方当事人劳动惯例确定加班工资计算基数
17	《广东省中山市中级法院关于审理劳动争议案件若干问题的参考意见》	第 4.2 条第（2）款	按劳动合同约定的标准工资（或正常工作时间工资）作为加班工资计算基数，非按月发放的一次性奖金、津贴等收入一般不列入加班工资计算基数
18	《佛山市中级人民法院、佛山市劳动争议仲裁委员会关于审理劳动争议案件若干问题的指导意见（试行）》	第三十八条	以当地最低工资标准作为正常工作时间的工资标准
19	《浙江省劳动争议仲裁委员会关于劳动争议案件处理若干问题的指导意见（试行）》	第 38 条	以上月职工正常工作情况下的工资为基数，同时应扣除绩效、奖金和物价补贴；难以区分工资、奖金、物贴等项目的，以职工上月实得工资的 70% 为基数
20	《关于进一步落实企业加班加点有关规定的通知》	第三条	劳动者本人所在岗位（职位）正常工作情况下的上年度月平均工资（即实得工资总额扣除奖金、加班加点工资和物价补贴、伙食补贴、劳动保护补贴等各项福利性的补贴）确定。如应扣除的项目难以划分的，也可按实得工资总额的 70% 确定
21	《广西壮族自治区工资支付暂行规定》	第十五条	以劳动者本人上一个月提供正常劳动的情况下用人单位应发工资总额作为支付加班或延长工作时间工资的计算标准
22	《江苏省高级人民法院劳动争议案件审理指南》	第四章第三款第（二）项（4）条	根据劳动者主张权利或劳动关系结束前 12 个月工资（低于最低工资标准以最低工资标准计算）计算月平均工资作为计算该劳动者加班工资的基数

资料来源：网络。

五、加班是补休还是给加班费

很多企业在规章制度中写明，所有加班统一安排补休，没有加班费，以为这样可以规避加班费成本，殊不知此类操作既不合法又无法节省加班费，还有可能招致劳动争议。

（一）加班补休的情形

《劳动法》

第四十四条　有下列情形之一的，用人单位应当按照下列标准支付高于劳动者正常工作时间工资的工资报酬：

（一）安排劳动者延长工作时间的，支付不低于工资的百分之一百五十的工资报酬；

（二）休息日安排劳动者工作又不能安排补休的，支付不低于工资的百分之二百的工资报酬；

（三）法定休假日安排劳动者工作的，支付不低于工资的百分之三百的工资报酬。

法律写得很清楚，补休仅针对休息日加班，不包括正常工作日延时加班和法定休假日加班。也就是说，正常工作日延时加班和法定休假日加班，不能用补休的方式免除用人单位支付加班费的义务，而必须向劳动者支付加班费。

参考案例：张某与天津 ×× 销售有限公司劳动合同纠纷案

案号：（2016）津 0116 民初 80598 号

法院：天津市滨海新区人民法院

判决要点：

在本案中，被告安排原告延时加班，但未支付相应加班工资，而是安排原告倒休，实质上变相侵害了劳动者的合法权益，被告的该行为应认定为侵害劳动者权益的行为。原告据此提出解除劳动合同，被告应支付解除劳动合同的经济补偿金。

由以上案例可以看到，工作日延时加班安排补休，企业不仅有可能仍需支付加班费，还可能因未及时足额支付劳动报酬，劳动者据此提出解除劳动合同，企业需要支付解除劳动合同的经济补偿金。

在现实中，如果劳动者主动申请要求用人单位以补休替代支付延时加班费，并与单位达成一致的情况下，在司法实践中单位有获得支持的可能。

参考案例：Steve 与苏州 ×× 技术有限公司劳动争议案

案号：（2019）苏 05 民终 195 号

法院：江苏省苏州市中级人民法院

判决要点：

双方争议之处在于 Steve 是否存在剩余 16 小时的加班时间。结合 Steve 的请假单，苏州 ×× 技术有限公司将该 16 小时按调休处理，并无不合理之处。Steve 要求支付加班工资，无事实依据，本院不予支持。

如果企业希望对员工工作日的加班安排调休，至少应满足以下几点要求，以降低劳动争议的风险。

（1）企业有合法有效的规章制度明确工作日加班调休的规定。

（2）员工明确知晓并自愿放弃获得加班工资的权利。

（3）员工填写调休申请单并交由用人单位审批确认。

（二）补休期限

需要注意，企业对加班安排补休的，应注意所在地关于对加班安排补休期限的相关规定。

《江西省企业工资支付暂行规定》

第二十条　因生产、经营需要安排劳动者在法定工作时间以外提供劳动的，应当按照《中华人民共和国劳动法》及有关规定支付加班加点工资。

（一）用人单位依法安排劳动者在日法定标准工作时间以外延长工作时间的，按照不低于劳动合同规定的劳动者本人小时工资标准的150%支付工资。

（二）用人单位依法安排劳动者在休息日工作，又不能在一个工资支付周期之内安排补休的，按照不低于劳动合同规定的劳动者本人日或小时工资标准的200%支付工资。

……

《江苏省工资支付条例》

第二十条　用人单位安排劳动者加班加点，应当按照下列标准支付劳动者加班加点的工资：

（一）工作日延长劳动时间的，按照不低于本人工资的百分之一百五十支付加点工资；

（二）在休息日劳动又不能在六个月之内安排同等时间补休的，按照不低于本人工资的百分之二百支付加班工资；

……

当前大多数地方并没有具体规定补休期限，建议企业最晚在加班后六个月内安排补休完毕。

六、加班和值班有什么区别

很多企业经常在节假日、休息日的时候安排部分员工留守值班，履行防火防盗等相关职责。员工常常会有疑问：同样是在企业增加了工作时间，企业却认为是值班而不是加班，所以没有加班费，合理吗？

本部分探讨加班和值班有什么区别、待遇有何差异。

（一）加班和值班的区别

前文已经介绍过加班，加班是指用人单位安排劳动者在法定工作时间之外，或者在休息日、法定休假日等时间继续从事本职工作。

值班一般指用人单位因安全、消防、节假日等需要，安排劳动者从事与本职工作无关的任务。此类任务一般是非生产经营性质的，且有休息的可能。

因此，两者的主要区别是：

（1）劳动者是否继续从事本职工作；

（2）劳动者是否有可能休息。

《上海市高级人民法院关于审理劳动争议案件若干问题的解答》规定：

“（一）以下情形中，劳动者要求单位支付加班待遇的，劳动争议处理机构不予支持：

1. 因单位安全、消防、假日等需要担任单位临时安排或制度安排的与劳动者本职工作无关的值班；

2. 单位安排劳动者从事与其本职工作有关的值班任务，但值班期间可以休息的。”

《北京市高级人民法院、北京市劳动争议仲裁委员会关于劳动争议案件法律适用问题研讨会会议纪要》规定：

“下列情形中，劳动者要求用人单位支付加班工资的，一般不予支持：

（1）用人单位因安全、消防、节假日等需要，安排劳动者从事与本职工作无关的值班任务；

（2）用人单位安排劳动者从事与其本职工作有关的值班任务，但值班期间可以休息的。”

由以上规定可以得知，满足上述两个条件之一，就有可能被认定为值班，不需要两个条件同时满足。

（二）值班与加班待遇

从本章的其他内容可以了解到，企业安排员工加班，通常情况下需要支付加班费，且工资+加班费不得低于当地按小时工资折算的最低工资标准。所以可以得出，企业安排员工加班的工资支出大于等于企业安排员工正常工作的支出。

关于值班的待遇支付，可以参考以下案例。

参考案例：淮安市 ×× 管理中心与刘某劳动争议案

案号：（2020）苏 08 民终 3651 号

法院：江苏省淮安市中级人民法院

判决要点：

本院认为，关于刘某的加班费、值班待遇应当如何认定的问题：单位安排劳动者从事与本职工作有关的值班任务，但值班期间可以休息，一般为非生产经营性的工作，不应认定为加班，而是值班；值班待遇根据规章制度、集体合同、劳动合同或者惯例确定，没有规定或约定的，根据值班期间的劳动强度，参照劳动合同工资酌情确定。在本案中，结合双方当事人在一审、二审中提供的证据及刘某的工作性质，可以确认刘某在上诉人 ×× 管理中心工作期间每月均存在 10 天值班情形，值班期间可以休息，值班职责是处理网络、设备的突发情况，因双方对值班的待遇没有约定，结合刘某值班期间的劳动强度，一审法院参照电子政务中心发放2018年4月之前发放给刘某的值班费的标准对2018年4月至2020年1月23日的值班待遇予以酌定，并无不当。

参考以上案例，关于值班的待遇问题，法律法规目前并无明文规定，企业可以根据规章制度、集体合同、劳动合同或者惯例确定。一旦被认定为值班，劳动者主张要求企业按照加班标准支付加班费，是无法得到法律支持的。

在上述案例中，刘某虽在休息时间从事的工作与本岗位工作相关，但由于值班期间可以休息，因此被认定为值班。当前各地司法裁判对值班期间是否可以休息的判定，主要关注用人单位是否提供了住宿或休息设施。

《浙江省高级人民法院民一庭关于审理劳动争议纠纷案件若干疑难问题的解答》（2012）第八条规定："对于全天24小时吃住在单位的保安、传达室门卫、仓库保管员等人员，其工作性质具有特殊性。如确因工作所需和单位要求，不能睡眠休息的，应认定为工作时间；如工作场所中同时提供了住宿或休息设施的，应合理扣除可以睡眠休息的时间，即劳动者正常上班以外的时间不应计算为工作时间，对超出标准工作时间上班的，用人单位应支付加班工资。"

合规建议

企业应通过合法有效的规章制度对值班问题进行规范，明确值班的安排、期间的义务和值班津贴的支付标准等细则，同时在工作场所中提供住宿或休息设施，降低用工成本的同时规避相关劳动争议风险。

七、员工凭打卡记录要求加班费，怎么办

很多企业在面临员工以超过正常上班时间的考勤打卡记录为由要求加班费的时候，往往不知如何应对。所以人力资源经常会问一个问题：员工凭考勤打卡记录要求加班费能否获得司法裁判的支持？

（一）法律规定

先来回顾一下《劳动法》关于加班的规定。

《劳动法》

第四十四条　有下列情形之一的，用人单位应当按照下列标准支付高于劳动者正常工作时间工资的工资报酬：

（一）安排劳动者延长工作时间的，支付不低于工资的百分之一百五十的工资报酬；

（二）休息日安排劳动者工作又不能安排补休的，支付不低于工资的百分之二百的工资报酬；

（三）法定休假日安排劳动者工作的，支付不低于工资的百分之三百的工资报酬。

法律清楚写明，不管是延长工作时间的加班，还是休息日或者法定休假日的加班，都应是用人单位安排劳动者的加班。换言之，如果用人单位没有安排劳动者加班，劳动者仅凭超过正常工作时间的考勤打卡记录证明的加班是不能称为加班的，

所以加班费的诉求也无法通过法律途径获得支持。

参考案例：武汉 ×× 公司与杨某劳动合同纠纷二审案

案号：（2019）鄂01民终4466号

法院：湖北省武汉市中级人民法院

判决要点：

杨某提出加班费主张，但未提交相关证据予以证明，一审法院判决驳回其该项诉讼请求，适用法律正确。本院认为，考勤记录的本质功能是载明劳动者是否依用人单位规定的作息时间按时上下班，根据考勤记录本身并不一定就能直接认定劳动者存在加班事实，只有劳动者另有证据证明用人单位作息时间超过法律规定的工作时长，而用人单位拒不提交考勤记录的，才能认定劳动者存在加班。因此，劳动者仅以用人单位掌握考勤记录而不提供为由，要求由用人单位承担加班费方面举证不能的不利后果，其法律依据并不充足。

（二）合规建议

企业应该引入明确的加班确认流程，对加班的审批、确认等内容在劳动合同或公司规章制度中进行约定或规定。比如，企业可以采用加班审批制度，明确规定劳动者在其工时之外进行工作的行为，在经用人单位审批同意后，方可被视为加班，并安排补休或支付加班费。

参考案例：胥某与广东DB公司劳动合同纠纷再审案

案号：（2020）粤民申1316号

法院：广东省高级人民法院

判决要点：

《最高人民法院关于审理劳动争议案件适用法律若干问题的解释（三）》第九条规定："劳动者主张加班费的，应当就加班事实的存在承担举证责任。"胥某主张2016年3月1日至2018年7月31日的加班工资，应就加班事实的存在承担举证责任。胥某与DB公司双方的劳动合同约定加班须经审批程序，征得公司同意的加班才可获得加班工资。但胥某在本案中仅提供上下班打卡记录，未能提供加班审批手续证实加班事实的存在。一审、二审对胥某关于加班工资的主张不予支持并无不当。

从以上案例可以得出，引入加班审批制度，有利于企业对劳动者的加班行为进行管理，规避未经安排的加班行为及仅凭考勤打卡记录证明加班的相关风险。

（三）加班审批制度下的风险

此处需要提醒的是，加班审批制度并非万能的，如果员工能够通过考勤打卡记录之外的其他证据证明存在企业安排加班的事实，企业仍将被认定须支付加班费。

《劳动人事争议典型案例（第二批）》：

案例 3. 用人单位未按规章制度履行加班审批手续，能否认定劳动者加班事实

基本案情

吴某于 2019 年 12 月入职某医药公司，月工资为 18 000 元。某医药公司加班管理制度规定："加班需提交加班申请单，按程序审批。未经审批的，不认定为加班，不支付加班费。"吴某入职后，按照某医药公司安排实际执行每天早 9 时至晚 9 时，每周工作 6 天的工作制度。其按照某医药公司加班管理制度提交了加班申请单，但某医药公司未实际履行审批手续。2020 年 11 月，吴某与某医药公司协商解除劳动合同，要求某医药公司支付加班费，并出具了考勤记录、与部门领导及同事的微信聊天记录、工作会议纪要等。某医药公司虽认可上述证据的真实性，但以无公司审批手续为由拒绝支付。吴某向劳动人事争议仲裁委员会（简称"仲裁委员会"）申请仲裁。

申请人请求

请求裁决某医药公司支付 2019 年 12 月至 2020 年 11 月加班费 50 000 元。

处理结果

仲裁委员会裁决某医药公司支付吴某 2019 年 12 月至 2020 年 11 月加班费 50 000 元。某医药公司不服仲裁裁决起诉，一审法院判决与仲裁裁决一致，某医药公司未上诉，一审判决已生效。

案例分析

本案的争议焦点是某医药公司能否以无公司审批手续为由拒绝支付吴某加班费。

《劳动法》第四十四条规定："有下列情形之一的，用人单位应当按照下列标准支付高于劳动者正常工作时间工资的工资报酬：（一）安排劳动者延长工作时间的，支付不低于工资的百分之一百五十的工资报酬；（二）休息日安排劳动者工作又不能安排补休的，支付不低于工资的百分之二百的工资报酬……"《工资支付暂行规定》（劳部发〔1994〕489号）第十三条规定："用人单位在劳动者完成劳动定额或规定的工作任务后，根据实际需要安排劳动者在法定标准工作时间以外工作的，应按以下标准支付工资：……"从上述条款可知，符合"用人单位安排""法定标准工作时间以外工作"情形的，用人单位应当依法支付劳动者加班费。

在本案中，吴某提交的考勤记录、与部门领导及同事的微信聊天记录、工作会议纪要等证据形成了相对完整的证据链，某医药公司亦认可上述证据的真实性。某医药公司未实际履行加班审批手续，并不影响对"用人单位安排"加班这一事实的认定。故仲裁委员会依法裁决某医药公司支付吴某加班费。

建议企业在日常的经营管理过程中，注重加班流程管理。首先，应确保加班审批制度通过民主程序制定，合法有效，并通过公示确保员工知晓。其次，在引入加班审批制度后，应将制度嵌入企业的管理流程中，避免在制度外安排员工加班的情形出现。

八、约定工资中已包含加班费是否可行

前文已经提到，国内目前主流的司法裁判口径支持企业约定加班费的计算基数。此处更深层次的问题是：企业与员工之间在劳动合同中约定每月支付的工资包含加班工资是否可行？此乃企业人力资源管理中常提到的“包薪制”。

（一）主流实践

针对此问题，国内多数地方的司法实践认可企业通过证据证明已支付的工资包含正常工作时间工资和加班工资。

《北京市劳动和社会保障局北京市高级人民法院关于劳动争议案件法律适用问题研讨会会议》规定：“23. 用人单位与劳动者虽然未书面约定实际支付的工资是否包含加班工资，但用人单位有证据证明已支付的工资包含正常工作时间工资和加班工资的，可以认定用人单位已支付的工资包含加班工资。但折算后的正常工作时间工资低于当地最低工资标准的除外。”

《关于审理劳动争议案件的指导意见》（苏高法审委〔2009〕47号）第二十三条规定：“用人单位实际支付劳动者的工资未明确区分正常工作时间工资和加班工资，但用人单位有证据证明已支付的工资包含正常工作时间工资和加班工资的，可以认定用人单位已支付的工资包含加班工资。但折算后的正常工作时间工资低于当地最低工资标准或者计件工资中的劳动定额明显不合理的除外。”

《重庆市高级人民法院印发〈关于审理劳动争议案件若干问题的指导意见〉的通知》（渝高法发〔2009〕4号）第八条规定：“用人单位与劳动者虽然未书面约定

实际支付的工资是否包含加班工资，但用人单位有证据证明已支付的工资包含法定工作时间工资和加班工资的，可以认定用人单位已支付的工资包含加班工资。但折算后的工资标准低于当地最低工资标准的除外。”

《关于适用劳动争议调解仲裁法、劳动合同法若干问题的指导意见》（粤高法发〔2008〕13号）第二十七条规定：“用人单位与劳动者虽然未书面约定实际支付的工资是否包含加班工资，但用人单位有证据证明已支付的工资包含正常工作时间工资和加班工资的，可以认定用人单位已支付的工资包含加班工资。但折算后的正常工作时间工资低于当地最低工资标准的除外。”

（二）特殊区域

少数地方的司法裁判认可企业约定已支付的工资包含正常工作时间工资和加班工资，如深圳。

《深圳市中级人民法院关于审理劳动争议案件的裁判指引》（深中法发〔2015〕13号）规定：

“六十二、劳动者与用人单位在签订劳动合同时约定的工资中注明“已包含加班工资”或虽未书面约定实际支付的工资是否包含加班工资，但用人单位有证据证明已支付的工资包含了正常工作时间工资和加班工资的，劳动者的时薪为：时薪＝约定工资 ÷（21.75天 ×8小时＋约定包含在工资中的平时加班时间小时数 ×150%+约定包含在工资中的休息日加班时间小时数 ×200%+约定包含在工资中的法定节假日加班时间小时数 ×300%）。

按上述方法计算出的劳动者的时薪低于当地最低工资标准的，该约定为无效；劳动者的工资应以最低工资标准为基本工资，超过法定工作时间为加班时间，加班工资以最低工资标准按法律规定标准计算。”

在司法判例中，如果企业采用包薪制折算后的正常工作时间工资（具体折算发放方式参照深圳的规定）不低于当地最低工资标准，有较大可能获得司法裁判的认可。

参考案例：陈 × 与泰州 ×× 公司劳动争议案

案号：（2019）苏民申4318号

法院：江苏省高级人民法院

判决要点：

双方在劳动合同中明确约定，发放的工资中包含加班工资，陈×的基本工资为当地最低工资标准，加班工资以基本工资为基数计算。该期间陈×发放工资最高3642.59元，最低3038元，并非每月固定为3347元。该期间当地的最低工资标准为1890元，故陈×主张按照3347元作为计算加班工资的基数与约定不符，没有事实依据，应不予支持。一审、二审据此认定泰州××公司已足额支付该期间陈×加班工资并无不当。

参考案例：柳×与广州××公司劳动争议案

案号：（2019）粤民申6450号

法院：广东省高级人民法院

判决要点：

关于加班工资的问题。劳动合同中已明确约定柳×的工资包含加班工资，该约定是劳动合同双方当事人自由真实的意思表示，应予确认；且广州××公司支付给柳×的工资收入不低于以当地最低工资标准作为标准工时工资折算的工资总额，故原审判决对柳×的加班工资诉求未予支持，并无不当。

（三）相关风险

需要提醒的是，虽然裁判一般情况下认可企业与劳动者的相关约定，但如果企业约定包薪制，而实际支付的工资折算后低于最低工资标准，那么约定将被判为无效。此处可以重点参考《劳动人事争议典型案例（第二批）》（人社部函〔2021〕90号），了解当前包薪制相关案例中司法裁判的主要关注点。

案例4. 用人单位与劳动者约定实行包薪制，是否需要依法支付加班费

基本案情

周某于2020年7月入职某汽车服务公司，双方订立的劳动合同约定月工资为4000元（含加班费）。2021年2月，周某因个人原因提出解除劳动合同，并认为即使按照当地最低工资标准认定其法定标准工作时间工资，某汽车服务公司亦未足额支付加班费，要求支付差额。某汽车服务公司认可周某加班事实，但以劳动合同中约定的月工资中已含加班费为由拒绝支付。周某向劳动人事争议仲裁委员会（简称"仲裁委员会"）申请仲裁。

申请人请求

请求裁决某汽车服务公司支付加班费差额17 000元。

处理结果

仲裁委员会裁决某汽车服务公司支付周某加班费差额17 000元（裁决为终局裁决），并就有关问题向某汽车服务公司发出仲裁建议书。

案例分析

本案的争议焦点是某汽车服务公司与周某约定实行包薪制，是否还需要依法支付周某加班费差额。

《劳动法》第四十七条规定："用人单位根据本单位的生产经营特点和经济效益，依法自主确定本单位的工资分配方式和工资水平。"第四十八条规定："国家实行最低工资保障制度。"《最低工资规定》（劳动和社会保障部令第21号）第三条规定："本规定所称最低工资标准，是指劳动者在法定工作时间或依法签订的劳动合同约定的工作时间内提供了正常劳动的前提下，用人单位依法应支付的最低劳动报酬。"从上述条款可知，用人单位可以依法自主确定本单位的工资分配方式和工资水平，并与劳动者进行相应约定，但不得违反法律关于最低工资保障、加班费支付标准的规定。

在本案中，根据周某实际工作时间折算，即使按照当地最低工资标准认定周某法定标准工作时间工资，并以此为基数核算加班费，也超出了4000元的约定工资，表明某汽车服务公司未依法足额支付周某加班费。故仲裁委员会依法裁决某汽车服务公司支付周某加班费差额。

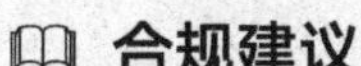

合规建议

虽然用人单位有依法制定内部薪酬分配制度的权利，包薪制也确实能够在一定程度上降低企业加班成本，但企业应该注意，实行包薪制后薪酬不得低于当地最低工资标准，避免掉入未依法足额支付薪酬的合规陷阱。

九、六天工作制可以不支付加班费吗

不少企业存在每周工作六天的情况，即周六或者周日安排劳动者正常上班，此举往往会引发关于加班费的争议。每周工作六天是否合法？企业是否需要支付加班费？

（一）关于合规性

从《劳动法》的角度看来，每周工作六天，至少休息一天，是不违法的。

《劳动法》

第三十六条　国家实行劳动者每日工作时间不超过八小时、平均每周工作时间不超过四十四小时的工时制度。

第三十八条　用人单位应当保证劳动者每周至少休息一日。

《劳动部关于职工工作时间有关问题的复函》中有相关释疑。

“一、企业和部分不能实行统一工作时间的事业单位，可否不实行“双休日”而安排每周工作六天，每天工作不能超过6小时40分钟？

根据《劳动法》和《国务院关于职工工作时间的规定》的规定，我国目前实行劳动者每日工作8小时、每周工作40小时这一标准工时制度，有条件的企业应实行标准工时制度。有些企业因工作性质和生产特点不能实行标准工时制度，应保证劳动者每天工作不超过8小时、每周工作不超过40小时，每周至少休息一天。此外，根据一些企业的生产实际情况还可以实行不定时工作制和综合计算工时工作制。”

（二）加班费支付

从以上法规看来，只要企业安排劳动者每周工作时间不超过 40 小时，每周休息 1 天，既符合法律规定，也无须支付加班费。

参考案例：宜宾 MX 医院与郭某劳动争议再审案

案号：（2017）川民再 196 号

法院：四川省高级人民法院

判决要点：

MX 医院、郭某对郭某每周工作六天、休息一天的事实均无异议，郭某主张每周工作六天应按休息日加班一天支付费用。根据《最高人民法院关于审理劳动争议案件适用法律若干问题的解释（三）》第九条“劳动者主张加班费的，应当就加班事实的存在承担举证责任。但劳动者有证据证明用人单位掌握加班事实存在的证据，用人单位不提供的，由用人单位承担不利后果”的规定，郭某应就其工作日存在加班的事实进行举证。郭某提供的证人证言不能充分证明其工作时间每天超过 8 小时、每周超过 40 小时。郭某对其每周休息一天无异议，主张 MX 医院支付其休息日加班工资而未提供证据证明存在加班的事实，原审判决 MX 医院支付郭某休息日加班工资不当，应依法予以纠正。

（三）包薪制与六天工作制

如果企业实行每周六天工作制，但无法确保每周工作时间在 40 小时以内，那么可以考虑前文所提到的“包薪制”的做法，在劳动合同中明确约定月工资包含周六固定加班费，并且在工资单中体现，由员工签字确认。

参考案例：侯某与西安 CF 公司劳动争议再审案

案号：（2019）陕民申 3092 号

法院：陕西省高级人民法院

判决要点：

因侯某与 CF 公司劳动合同约定，CF 公司为六天工作制，业务人员为倒班轮休，CF公司每月给侯某发放的工资已包含工资及加班工资，CF公司亦已向侯某发放2017年春节法定节假日加班工资，侯某提交的证据不能充分证明其存在上述加班事实且CF公司未向其支付相应的加班工资，且侯某在其与CF公司劳动关系存续期间并未就上述工资提出异议，二审法院结合侯某从事岗位的工作性质，对其上述主张不予支持亦正确。

（四）最低工资标准的底线要求

虽然通过每周休息一天+包薪制可以在一定程度上控制每周六天工作制带来的劳动法律风险，但企业在实操中仍需注意所支付的工资折算后的正常工作时间工资不得低于当地最低工资标准，否则有劳动争议的败诉风险。

参考案例：肖某与广东BK公司劳动合同纠纷再审案

案号：（2016）粤民申4801号

法院：广东省高级人民法院

判决要点：

虽然双方未书面约定该工资是否包含了加班工资，但BK公司提交了考勤制度，证明双方约定上班时间包括星期六休息日，BK公司还提交了工资签收表，证明肖某对每月工资（包含星期六上班工资）无异议，肖某在任职期间对双方约定的工资及上班时间均未提出异议，且BK公司规定的周六上班制度不违反《劳动法》第三十八条“用人单位应当保证劳动者每周至少休息一日”的规定。本院认为，用人单位与劳动者虽然未书面约定实际支付的工资是否包含加班工资，但用人单位有证据证明已支付的工资包含正常工作时间工资和加班工资的，可以认定用人单位已支付的工资包含加班工资。但折算后的正常工作时间工资低于当地最低工资标准的除外。肖某工资扣除周六休息日加班2倍工资后，正常工作时间工资远远高于潮阳区2014年度在岗工人年均工资3289元的工资标准，故可以认定BK公司已支付的工资中包含了周六的加班工资，另肖某请求4天法定休假日加班工资也缺乏依据，肖某要求另支付加班费的请求，原判决不予支持正确。

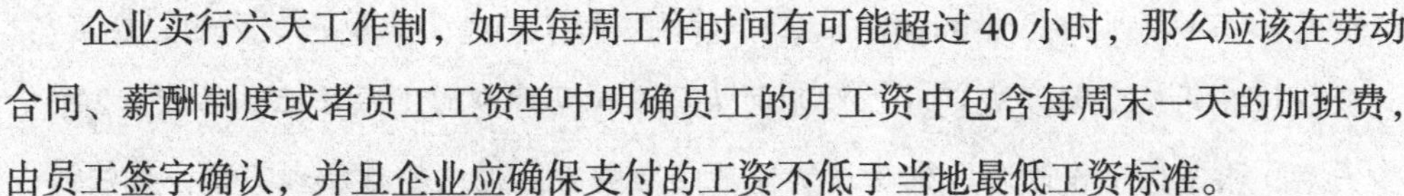

企业实行六天工作制，如果每周工作时间有可能超过 40 小时，那么应该在劳动合同、薪酬制度或者员工工资单中明确员工的月工资中包含每周末一天的加班费，由员工签字确认，并且企业应确保支付的工资不低于当地最低工资标准。

（五）六天工作制下的计薪天数

另外，前文提供了计算员工实际出勤工资的计算方法，其中用到了 21.75 天这一概念。需要注意的是，如果企业全年实行六天工作制，那么计算员工实际出勤工资中用到的月平均计薪天数不是 21.75 天，而应是 26 天，计算如下。

六天工作制下的月平均计薪天数：

（365–52）÷ 12=26.08（天）≈ 26（天）

举例：企业实行六天工作制，小王月薪 10 000 元，10 月工作日为 23 天，法定节假日 4 天（中秋 1 天、国庆 3 天），小王实际出勤 15 天，求小王 10 月应得工资为多少。

解答：

正算法：应得工资 =10 000 ÷ 26 ×（15+4）× 26 ÷（23+4）=7037（元）

反算法：应得工资 =10 000–10 000 ÷ 26 × 8 × 26 ÷（23+4）=7037（元）

（六）关于“996”

提到六天工作制，大家可能会立即联想到“996”。必须指出的是，虽然本部分提供了六天工作制下企业合规的操作方案，但如果企业明确约定工作时间为“996”（工作时间为早 9 时至晚 9 时，每周工作 6 天），将被视为严重违反法律规定，从而导致约定无效。

《劳动人事争议典型案例（第二批）》：

案例 1. 劳动者拒绝违法超时加班安排，用人单位能否解除劳动合同

基本案情

张某于 2020 年 6 月入职某快递公司，双方订立的劳动合同约定试用期为 3

个月，试用期月工资为8000元，工作时间执行某快递公司规章制度相关规定。某快递公司规章制度规定，工作时间为早9时至晚9时，每周工作6天。2个月后，张某以工作时间严重超过法律规定上限为由拒绝超时加班安排，某快递公司即以张某在试用期间被证明不符合录用条件为由与其解除劳动合同。张某向劳动人事争议仲裁委员会（简称“仲裁委员会”）申请仲裁。

申请人请求

请求裁决某快递公司支付违法解除劳动合同赔偿金8000元。

处理结果

仲裁委员会裁决某快递公司支付张某违法解除劳动合同赔偿金8000元（裁决为终局裁决）。仲裁委员会将案件情况通报劳动保障监察机构，劳动保障监察机构对某快递公司规章制度违反法律、法规规定的情形责令其改正，给予警告。

案例分析

本案的争议焦点是张某拒绝违法超时加班安排，某快递公司能否与其解除劳动合同。

《劳动法》第四十一条规定：“用人单位由于生产经营需要，经与工会和劳动者协商后可以延长工作时间，一般每日不得超过一小时；因特殊原因需要延长工作时间的，在保障劳动者身体健康的条件下延长工作时间每日不得超过三小时，但是每月不得超过三十六小时。”第四十三条规定：“用人单位不得违反本法规定延长劳动者的工作时间。”《劳动合同法》第二十六条规定：“下列劳动合同无效或者部分无效：……（三）违反法律、行政法规强制性规定的。”为确保劳动者休息权的实现，我国法律对延长工作时间的上限予以明确规定。用人单位制定违反法律规定的加班制度，在劳动合同中与劳动者约定违反法律规定的加班条款，均应认定为无效。

在本案中，某快递公司规章制度中“工作时间为早9时至晚9时，每周工作6天”的内容，严重违反法律关于延长工作时间上限的规定，应认定为无效。张某拒绝违法超时加班安排，系维护自己合法权益，不能据此认定其在试用期间被证明不符合录用条件。故仲裁委员会依法裁决某快递公司支付张某违法解除劳动合同赔偿金。

合规建议

企业可以合理地使用六天工作制，也可以通过包薪制在一定程度上解决超过每周 40 小时工作后的加班问题，但在劳动合同或规章制度中明确“996”的工作要求，将被认定为违法超时安排加班，有极大的合规风险。

十、签“奋斗者协议”就不用支付加班费吗

华为作为国内高科技企业的标杆，引得无数企业争相效仿。其中，有不少企业学习华为，要求员工签订“奋斗者协议”，加入奋斗者行列，自愿放弃加班费。殊不知此类做法既无法激励员工，又侵害了员工的工资报酬权益，协议也将被认定无效。

（一）放弃加班费是否可行

关于此问题，可以通过《劳动人事争议典型案例（第二批）》中的“案例 2：劳动者签署放弃加班费协议后，能否主张加班费”来解答。

基本案情

张某于 2020 年 6 月入职某科技公司，月工资 20 000 元。某科技公司在与张某订立劳动合同时，要求其订立一份协议作为合同附件，协议内容包括“我自愿申请加入公司奋斗者计划，放弃加班费”。半年后，张某因个人原因提出解除劳动合同，并要求支付加班费。某科技公司认可张某加班事实，但以其自愿订立放弃加班费协议为由拒绝支付。张某向劳动人事争议仲裁委员会（简称“仲裁委员会”）申请仲裁。

申请人请求

请求裁决某科技公司支付 2020 年 6 月至 12 月加班费 24 000 元。

处理结果

仲裁委员会裁决某科技公司支付张某2020年6月至12月加班费24 000元。

案例分析

本案的争议焦点是张某订立放弃加班费协议后，还能否主张加班费。

《劳动合同法》第二十六条规定："下列劳动合同无效或者部分无效：……（二）用人单位免除自己的法定责任、排除劳动者权利的。"《最高人民法院关于审理劳动争议案件适用法律问题的解释（一）》（法释〔2020〕26号）第三十五条规定："劳动者与用人单位就解除或者终止劳动合同办理相关手续、支付工资报酬、加班费、经济补偿或者赔偿金等达成的协议，不违反法律、行政法规的强制性规定，且不存在欺诈、胁迫或者乘人之危情形的，应当认定有效。前款协议存在重大误解或者显失公平情形，当事人请求撤销的，人民法院应予支持。"加班费是劳动者延长工作时间的工资报酬，《劳动法》第四十四条、《劳动合同法》第三十一条明确规定了用人单位支付劳动者加班费的责任。约定放弃加班费的协议免除了用人单位的法定责任、排除了劳动者权利，显失公平，应认定无效。

在本案中，某科技公司利用在订立劳动合同时的主导地位，要求张某在其单方制定的格式条款上签字放弃加班费，既违反法律规定，也违背公平原则，侵害了张某工资报酬权益。故仲裁委员会依法裁决某科技公司支付张某加班费。

所以，要求员工放弃加班费的各种形式的协议和计划都是无效的，企业切莫盲目效仿，建议企业通过本书提供的专业方法解决加班问题。

（二）放弃年假是否可行

与放弃加班费类似的是，企业通过规章制度规定：员工休年休假，应事先提出申请；未申请的，视为自动放弃本年度年休假，且年休假不可跨年度计算。

这种做法可行吗？

答案：不可行。

《职工带薪年休假条例》第二条规定："机关、团体、企业、事业单位、民办非企业单位、有雇工的个体工商户等单位的职工连续工作1年以上的，享受带薪年休假。”

《企业职工带薪年休假实施办法》第三条规定：“职工连续工作满12个月以上的，享受带薪年休假。”

《人力资源和社会保障部办公厅关于〈企业职工带薪年休假实施办法〉有关问题的复函》中答复：“‘职工连续工作满12个月以上’，既包括职工在同一用人单位连续工作满12个月以上的情形，也包括在不同用人单位连续工作满12个月以上的情形。”

也就是说，员工享受年休假属于法定权利，用人单位不可随意剥夺，也不可通过任何规章制度视为员工自动放弃。

参考案例：北京××有限公司与S劳动争议案

案号：（2021）京03民终9290号

法院：北京市第三中级人民法院

判决要点：

职工带薪年休假是法定权利，《职工带薪年休假条例》第五条第三款规定“单位确因工作需要不能安排职工休年休假的，经职工本人同意，可以不安排职工休年休假”。但同时亦规定了“对职工应休未休的年休假天数，单位应当按照该职工日工资收入的300%支付年休假工资报酬”。由此可见，除该条例第四条规定外，员工同意不休年休假，是用人单位不支付未休年休假工资的前提。

公司主张《员工手册》中规定了“年休假须在下一个合同年度内使用完毕，如因员工自身原因未能使用的年休假，视为自动放弃”，故员工应返还多支付的未休年休假工资。法院认为，公司未举证证明曾安排员工休假但员工自己拒绝的前提下，公司仍应向员工支付未休年休假工资，公司主张返还多支付的未休年休假工资，不予支持。

所以，法定年休假不存在视同放弃一说。唯一有可能放弃的情形是员工本人书面提出不休年休假。除此情形外，企业均应向员工支付日工资收入的300%作为未

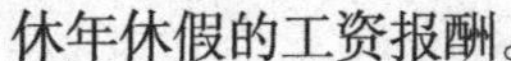

休年休假的工资报酬。

《企业职工带薪年休假实施办法》第十条规定："用人单位经职工同意不安排年休假或者安排职工年休假天数少于应休年休假天数，应当在本年度内对职工应休未休年休假天数，按照其日工资收入的300%支付未休年休假工资报酬，其中包含用人单位支付职工正常工作期间的工资收入。

用人单位安排职工休年休假，但是职工因本人原因且书面提出不休年休假的，用人单位可以只支付其正常工作期间的工资收入。"

（三）未休年休假工资计算

以下是未休年休假工资计算的要点。

（1）未休年休假工资，按日工资的200%计算。因为根据《职工带薪年休假条例》的规定，未休年休假工资应按日工资的300%计算。但在实践中，用人单位一般已按正常月薪支付工资，即已经支付了100%的工资，所以此时只需另行支付200%的工资。

（2）未休年休假工资的"日工资"，按照员工"本人月工资"除以"月计薪天数（21.75天）"进行折算。

（3）本人月工资，即用人单位支付未休年休假工资报酬前12个月剔除"加班费"后的"月平均工资"；在本用人单位工作时间不满12个月的，按实际月份计算月平均工资。

（4）未休年休假天数，按照员工当年已过日历天数折算，折算后不足一整天的部分，不支付未休年休假工资。

折算方法 =（当年度在本单位已过日历天数 ÷365）× 全年应休年休假天数 – 当年已安排年休假天数

（5）员工享受年休假的天数应按照累计工作年限计算，累计工作已满1年不满10年的，年休假5天；已满10年不满20年的，年休假10天；已满20年的，年休假15天。

第五章 社保合规实务

前面各章探讨了企业薪酬合规管理，本章将介绍社保合规实务。社保作为企业重要的人力成本支出，事关员工主要的长期保障。本章将重点关注企业应如何合规缴纳社保，以及不合规操作的相关风险分析，并且还将就企业社保管理中的实务要点进行讲解。

一、员工入职多久企业应该为其缴纳社保

这是一个企业社保管理过程中经常会问到的问题。在现实中，有企业规定，员工试用期不缴纳社保。这一做法合规吗，有什么风险？

答案：不合规，而且风险很高。

依据当前的法律法规，用人单位应当自用工之日起30日内为员工缴纳社保。

《社会保险费申报缴纳管理规定》第八条规定："用人单位应当自用工之日起30日内为其职工申请办理社会保险登记并申报缴纳社会保险费。未办理社会保险登记的，由社会保险经办机构核定其应当缴纳的社会保险费。"

（一）试用期无社保的合规性分析

《劳动法》规定，用人单位和员工可以在劳动合同中约定试用期。因此，试用期只是合同期的一个组成部分，它不是隔离在合同期之外的。即使试用期未签订劳动合同，员工也与用人单位形成了事实劳动关系。所以不管试用期多长时间，是否签订劳动合同，用人单位都应该为试用期员工缴纳社保。

我国现行的是强制性的社保制度，缴纳社保是用人单位和劳动者的法定义务，不因双方任何私下约定而改变，不取决于当事人的意思或自愿与否，只要建立了劳动关系，就应该缴纳社保。

（二）相关风险分析

如果企业不给试用期员工缴纳社保，员工可以在收集双方存在劳动关系的证据

后，向劳动监察大队举报，也可以要求社会保险行政部门或者社会保险费征收机构依法处理。另外，根据法律规定，用人单位未依法为劳动者缴纳社保的，劳动者可以单方解除劳动合同，并要求用人单位支付经济补偿。

《劳动法》第二十一条规定："劳动合同可以约定试用期。试用期最长不得超过六个月。

第七十二条 ……用人单位和劳动者必须依法参加社会保险，缴纳社会保险费。"

《劳动合同法》第三十八条规定："用人单位有下列情形之一的，劳动者可以解除劳动合同：

……

（三）未依法为劳动者缴纳社会保险费的；

……

第四十六条规定："有下列情形之一的，用人单位应当向劳动者支付经济补偿：

（一）劳动者依照本法第三十八条规定解除劳动合同的；

……"

（三）工伤赔偿风险

此外，试用期不买社保还有一项潜在的高额的赔偿风险：用人单位未依法为员工缴纳工伤保险，若员工发生工伤，用人单位需要自行承担所有的工伤赔偿责任。

《工伤保险条例》第六十二条规定："……依照本条例规定应当参加工伤保险而未参加工伤保险的用人单位职工发生工伤的，由该用人单位按照本条例规定的工伤保险待遇项目和标准支付费用。"

（四）社保延迟缴纳风险与建议

此处提醒一下，很多企业虽然并没有在试用期不缴纳社保，但每月社保缴纳是有固定时间的，员工刚入职不久，当前可能不在缴纳期内，又或者因人事部门工作流程等原因还未来得及给员工申报、缴纳社保。因此如员工刚入职不久便遭受工伤，企业仍有承担工伤赔付责任的风险。

参考案例：北京ZC人力资源公司与北京市延庆区社保中心纠纷案

案号：（2020）京01行终422号

法院：北京市第一中级人民法院

判决要点：

用人单位为其职工参加工伤保险并缴纳工伤保险费，且职工在缴费期间发生工伤事故的，是社会保险经办机构从工伤保险基金中支付工伤保险待遇的前提条件。如职工系在用人单位未参加工伤保险期间发生了工伤事故，那么社会保险经办机构可以拒绝支付其工伤保险待遇。在本案中，根据本院查明的事实可以认定李某死亡时上诉人尚未为其办理参加工伤保险手续并缴纳工伤保险费，李某的视同工伤属于参加工伤保险前发生工伤事故的情形，延庆区社保中心对参保缴费前因工伤产生的费用不具有支付义务。因此，上诉人向延庆区社保中心提出核定支付李某的一次性工亡补助金和丧葬补助金的请求，缺乏事实基础及法律依据。

相关建议如下。

（1）用人单位必须在员工入职30日内为员工缴纳社保，在此时限内应尽早缴纳社保，尤其是建筑施工等安全事故发生概率较高的行业。

（2）合理规划入职时间，将入职时间安排在社保缴纳的时间内，以便及时缴纳社保。

（3）购买商业保险，降低损失。如果用人单位做不到用工时间与社保缴纳时间的无缝对接，建议用人单位及时为员工购买商业保险，如雇主责任险、意外伤害险等。

（4）如因各种原因导致社保缴纳延迟，用人单位应在工伤发生后及时补缴。对于补缴后属于工伤保险范围内的费用，可由社保部门承担。

二、员工签署放弃缴纳社保承诺书带来的合规风险有哪些

缴纳社保是用人单位和劳动者的法定义务，不因双方任何私下约定而免除，不取决于当事人的意思或自愿与否，只要建立了劳动关系，就应该缴纳社保。但是现实中仍然有不少企业没有给员工缴纳社保，部分员工也为了眼前的既得利益不愿意缴纳社保，然后以承诺书的方式申请放弃缴纳社保，这种做法对企业来说会有哪些合规风险呢？

（一）发生工伤后的工伤赔付风险

劳动者在任职期间受了工伤，如果用人单位未依法为劳动者缴纳工伤保险，应由用人单位依照《工伤保险条例》的有关规定向劳动者支付工伤保险待遇。

劳动者虽然声明放弃缴纳社保，但是其有权在发生工伤事故后申请工伤认定，并享受相应的工伤保险待遇，认定工伤不以用人单位是否为劳动者缴纳工伤保险为前提。

受工伤后，劳动者可以向用人单位主张工伤保险待遇，如一次性伤残补助金、一次性工伤医疗补助金、一次性伤残就业补助金等，这些均应当由用人单位支付。

参考案例：北京 ZB 保安公司与王某劳动争议再审案

案号：（2020）京 01 行终 422 号

法院：北京市高级人民法院

判决要点：

在本案中，ZB 保安公司与王某签署的放弃缴纳社会保险承诺书因违反法律规定，应属无效。且王某对该承诺书不予认可，故 ZB 保安公司应当按照法律规定为王某缴纳社会保险费。根据查明事实，北京市顺义区劳动能力鉴定委员会出具劳动能力鉴定、确认结论通知书，确认王某的工伤致残等级为捌级。ZB 保安公司虽主张王某不属于工伤，但并未提交充分证据推翻行政部门的工伤认定。且王某因交通事故获得的赔偿并不影响其获得工伤赔偿。因 ZB 保安公司未为王某缴纳社会保险，故其应当向王某支付一次性伤残补助金、一次性工伤医疗补助金、一次性伤残就业补助金。

（二）社保补缴及滞纳金风险

依法缴纳社保是用人单位和劳动者的法定义务，双方无权就此进行协商而免除，双方关于不参加社保的约定违反了法律法规的强制性规定，因此将被认定无效。故劳动者要求补缴社保的，用人单位应补缴。对于补缴而产生的滞纳金，各地规定有差异，企业应至少承担 50%。

参考案例：徐某、甲公司劳动争议二审案

案号：（2020）鲁 02 民终 1791 号

法院：山东省青岛市中级人民法院

案情介绍：

徐某系甲公司的员工。2014 年 5 月 5 日入职时，提出书面申请，申请内容："本人于 2014 年 5 月 5 日入职，自愿同意与乙公司（甲公司的主办单位）签订劳动合同，但不需要公司缴纳社会保险，在个人提出缴纳申请前，本人不再就合同存续期间的社会保险向公司主张任何权益，申请人徐某，2015 年 1 月 1 日。"

2019 年 4 月 22 日，市劳动监察大队依据徐某的反映，对甲公司下达劳动保障监察责令改正决定书，责令甲公司自收到决定书之日起 15 日内一为徐某办理就业备案手续，二为徐某补缴 2014 年 5 月至 2018 年 2 月的社会保险费。

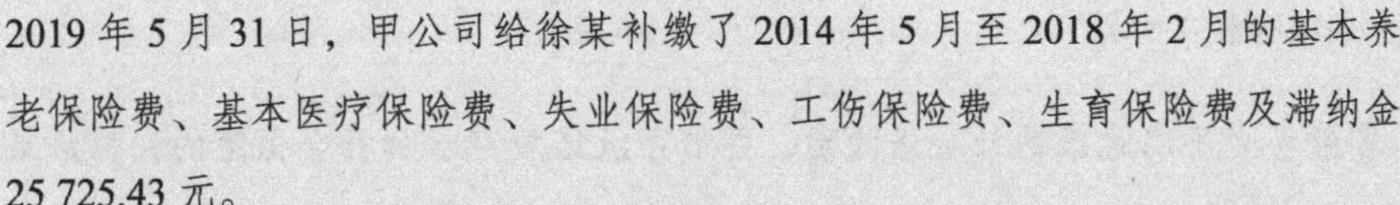

2019 年 5 月 31 日，甲公司给徐某补缴了 2014 年 5 月至 2018 年 2 月的基本养老保险费、基本医疗保险费、失业保险费、工伤保险费、生育保险费及滞纳金 25 725.43 元。

判决要点：

徐某已对自身权利进行了处分，后又以甲公司未为其缴纳社会保险为由向劳动监察部门主张由甲公司缴纳社会保险费，导致甲公司被责令向社保部门补缴了社会保险费，同时缴纳滞纳金 25 725.43 元。造成甲公司缴纳滞纳金的后果系因徐某违背诚信，先是为了自甲公司多获取报酬而放弃由甲公司缴纳社会保险，后又向社保部门主张所致，甲公司未给徐某办理社会保险，缴纳社会保险费也有过错，对所产生的滞纳金，徐某承担 50% 的赔偿责任。

（三）被迫解除劳动合同的经济补偿金风险

劳动者承诺放弃社保后反悔，能否以“未依法缴纳社保”为由提出解除劳动合同，并且要求用人单位支付经济补偿？对于这个问题，目前各地司法裁判口径差异较大。

1. 支持经济补偿一方的观点通常是根据社保缴费义务的强制性认定相关协议或约定无效，如北京、四川等。

《北京市高级人民法院、北京市劳动人事争议仲裁委员会关于审理劳动争议案件法律适用问题的解答》第二十五条有相关释疑：

“劳动者要求用人单位不缴纳社会保险，后又以用人单位未缴纳社会保险为由提出解除劳动合同并主张经济补偿的，应否支持？

依法缴纳社会保险是《劳动法》规定的用人单位与劳动者的法定义务，即便是因劳动者要求用人单位不为其缴纳社会保险，劳动者按照《劳动合同法》第三十八条的规定主张经济补偿的，仍应予支持。”

2. 不支持经济补偿一方的观点则通常认为双方都是过错方及关注诚实信用原则，如上海、浙江、江苏等。

《浙江省高级人民法院民一庭关于审理劳动争议纠纷案件若干疑难问题的解答》

第十一项有相关释疑：

"劳动者不愿意缴纳社会保险费，并书面承诺放弃参加社会保险的法律后果是什么？

劳动者不愿意缴纳社会保险费，并书面承诺放弃参加社会保险的，该书面承诺无效。劳动者可以此为由解除劳动合同，但要求用人单位支付经济补偿金的，不予支持。"

3. 还有些地方认为用人单位未及时补缴的，支持经济补偿，如广东、安徽等。

《安徽省高级人民法院关于审理劳动争议案件若干问题的指导意见》第二十六条规定："用人单位与劳动者约定无须办理社会保险手续或将社会保险费以补贴形式直接支付给劳动者，劳动者事后反悔并主张用人单位为其补办社会保险手续或缴纳社会保险费，如用人单位未在社保机构指定期限内办理，劳动者以此为由解除劳动合同并请求用人单位支付经济补偿金的，人民法院应予支持。"

综上所述，依法缴纳社保是用人单位和劳动者的法定义务，双方无权就此协商而通过协议方式免除义务。所以企业不要心存侥幸，按时足额为员工缴纳社保才是合规之道。

三、到达退休年龄，但社保未缴满 15 年，应该怎么办

依照相关规定，当员工到达法定退休年龄，且基本养老保险的个人累计缴费年限满 15 年，就可以领取基本养老金了。但是在现实中，经常会遇到这样的情况：某职工马上就要到达法定退休年龄了，可是他的基本养老保险没有缴满 15 年，不符合领取基本养老金的条件，退休后无法按月领取养老金。本部分探讨此类情况的几种解决方案。

（一）延长缴费至满 15 年

《社会保险法》第十六条第二款规定：“参加基本养老保险的个人，达到法定退休年龄时累计缴费不足十五年的，可以缴费至满十五年，按月领取基本养老金。”《实施〈中华人民共和国社会保险法〉若干规定》（以下简称《实施社保法若干规定》）第二条规定：“参加职工基本养老保险的个人达到法定退休年龄时，累计缴费不足十五年的，可以延长缴费至满十五年。社会保险法实施前参保、延长缴费五年后仍不足十五年的，可以一次性缴费至满十五年。”

以上内容涉及的延缴地点应该在待遇领取地。关于延缴方式，是逐月缴交，还是每半年一缴或者每年一缴，并没有具体规定。根据全国人大常委会法工委等部门编写的《社会保险法释义》一书的解释，法律之所以没有规定延缴的具体方式，是因为各地差别较大，所以把此项权力赋予了地方。读者可以自行查询待遇领取地的政策规定。

（二）先延缴再一次性缴费至满 15 年

有不少人希望在退休时通过一次性缴纳养老保险费达到 15 年的缴费年限，在退休时领取养老金。需要注意的是，一次性缴费是有条件限制的。

一是参保人员在《社会保险法》实施之前，即 2011 年 7 月 1 日前已参保。

二是达到法定退休年龄后延长缴费 5 年，仍不足 15 年的。

举例如下。

1. 张师傅今年 60 周岁，2011 年 7 月 1 日之前交了 5 年的养老保险，那么他延长缴费 5 年至 65 岁，还没有缴够 15 年，这时他可以一次性再缴 5 年，缴满 15 年，65 岁之后，就可以按月领取养老金了。

2. 李师傅今年 60 周岁，2011 年 7 月 1 日之后才缴了 5 年的养老保险，那么他不能一次性补缴，要一直延缴到 70 岁满 15 年后，才可以按月领取养老金。

（三）一次性补缴至满 15 年

如果员工养老保险没有缴满 15 年的原因是企业未依法缴纳社保造成的，可以申请补缴。《社会保险法》第六十三条第一款规定："用人单位未按时足额缴纳社会保险费的，由社会保险费征收机构责令其限期缴纳或者补足。"《最高人民法院关于审理劳动争议案件适用法律若干问题的解释（三）》第一条规定："劳动者以用人单位未为其办理社会保险手续，且社会保险经办机构不能补办导致其无法享受社会保险待遇为由，要求用人单位赔偿损失而发生争议的，人民法院应予受理。"

一般情况下，职工可依法主张补缴 2 年以内的社保。《劳动保障监察条例》第二十条第一款规定："违反劳动保障法律、法规或者规章的行为在 2 年内未被劳动保障行政部门发现，也未被举报、投诉的，劳动保障行政部门不再查处。"《人力资源社会保障部对十二届全国人大五次会议第 5063 号建议的答复》（人社建字〔2017〕105 号）指出，为维护参保人员社会保险权益，强化征缴清欠工作，经办机构接到超过 2 年的追诉期投诉后，一般也按程序进行受理，对能够提供佐证材料的，尽量满足参保者诉求，予以解决。

根据以上文件精神，在现实中，同时满足以下条件的，有可能实现一次性补缴养老保险至满 15 年。

一是补缴社保的期间必须是双方劳动关系存续期间。

二是需经用人单位和职工协商一致同意，任何一方不同意补缴，均无法补缴。

三是要加收应缴未缴社保费的滞纳金。

四是要经社保行政部门审查通过。

（四）转入城乡居民养老保险享受养老金

如果觉得继续缴纳城镇职工养老保险费用较高，可以将城镇职工养老保险转为城乡居民养老保险，按年缴费，至交满 15 年时办理退休，领居民养老保险养老金。

1. 关于选择。

城乡居民养老保险缴费标准虽然较低，但相应的退休后领取养老金也较少，建议大家谨慎选择。

《社会保险法》第十六条第二款规定："参加基本养老保险的个人，达到法定退休年龄时累计缴费不足十五年的，……也可以转入新型农村社会养老保险或者城镇居民社会养老保险，按照国务院规定享受相应的养老保险待遇。"《城乡养老保险制度衔接暂行办法》（人社部发〔2014〕17 号，以下简称"人社部 17 号文"）第三条规定："……城镇职工养老保险缴费年限不足 15 年的，可以申请从城镇职工养老保险转入城乡居民养老保险，待达到城乡居民养老保险规定的领取条件时，按照城乡居民养老保险办法计发相应待遇。"

2. 关于转入后的储存额和缴费年限计算。

人社部 17 号文第六条规定："参保人员从城镇职工养老保险转入城乡居民养老保险的，城镇职工养老保险个人账户全部储存额并入城乡居民养老保险个人账户，参加城镇职工养老保险的缴费年限合并计算为城乡居民养老保险的缴费年限。"

3. 关于转入地的确定。

人社部 17 号文第四条第二款规定："参保人员申请办理制度衔接手续时，……从城镇职工养老保险转入城乡居民养老保险的，在转入城乡居民养老保险待遇领取地提出申请办理。"

（五）一次性提取个人账户储存额

如果既不想继续缴纳城镇职工养老保险，也不打算转为城乡居民养老保险，那么可以将养老保险个人账户储存额全部提取出来，然后终结养老保险关系。《实施中华人民共和国保险法若干规定》第三条第二款规定："参加职工基本养老保险的个人达到法定退休年龄后，累计缴费不足十五年（含依照第二条规定延长缴费），且未转入新型农村社会养老保险或者城镇居民社会养老保险的，个人可以书面申请终止职工基本养老保险关系。社会保险经办机构收到申请后，应当书面告知其转入新型农村社会养老保险或者城镇居民社会养老保险的权利以及终止职工基本养老保险关系的后果，经本人书面确认后，终止其职工基本养老保险关系，并将个人账户储存额一次性支付给本人。"

注意，一次性提取个人账户储存额也意味着放弃统筹部分，不再享有领取退休金的权利，建议大家不要做这样的选择。

四、女职工的退休年龄应该是多少岁

按照我国的现行规定，我国女性职工的法定退休年龄有两种：如果是女工人，那么年满 50 周岁可正常办理退休；如果是女干部，则要到 55 周岁才可以正常办理退休。

（一）规则的变迁

《劳动合同法实施条例》二十一条规定："劳动者达到法定退休年龄的，劳动合同终止。"《劳动和社会保障部办公厅 关于企业职工"法定退休年龄"含义的复函》（劳社厅函〔2001〕第 125 号）、《国务院关于工人退休、退职的暂行办法》（国发〔78〕104 号）、《国务院办公厅关于进一步做好国有企业下岗职工基本生活保障和企业离退休人员养老金发放工作有关问题的通知》（国办发〔1999〕10 号）及《关于制止和纠正违反国家规定办理企业职工提前退休有关问题的通知》（劳社部发〔1999〕8 号）等文件中均对劳动者法定退休年龄的界定为"男 60 周岁，女职工 50 周岁，女干部 55 周岁"。

但是自 20 世纪 90 年代初，全国开始实行企业全员劳动合同制，取消了干部、工人身份界限，统称为企业员工。实行劳动合同制后，企业打破干部与工人身份，企业内部实行管理岗位与非管理岗位或技术岗位制度，企业可以根据生产经营需要设置岗位。

《国家经济贸易委员会、人事部、劳动和社会保障部关于深化国有企业内部人事、劳动、分配制度改革的意见》（国经贸企改〔2001〕230 号）规定："（二）取消企业行政级别。企业不再套用政府机关的行政级别，不再比照国家机关公务员确定管理人员的行政级别。打破‘干部’和‘工人’的界限，变身份管理为岗位管理。在管理岗位工作的即为管理人员。岗位发生变动后，其收入和其他待遇要按照新的岗位相应调整。”

（二）现实情况

在现实中，企业应通过区分女职工所在岗位为管理岗位（专业技术岗位）还是非管理岗位，来判定女职工的退休年龄。各地的规定大致相同，均以上述标准认定女职工的退休年龄。

《关于进一步加强基础管理规范退休核准工作有关问题的通知》（京人社养发〔2011〕49号）附件1《北京市基本养老保险退休核准工作流程告知书》规定，正常退休条件为：男年满60岁，女管理和专业技术岗位年满55岁，女非管理岗位年满50岁，缴费年限（含视同缴费年限）累计满15年。正常退休基本材料为职工档案、《北京市基本养老保险待遇核准表》等。按非管理岗位办理退休的女职工需提供本人退休申请及劳动合同书、岗位协议等其他相关证据材料。

《关于审核本市企业职工办理退休退职手续若干问题的规定》（沪社保业〔1996〕76号）规定：“……女职工年满50周岁（从事管理和技术岗位工作的年满55周岁），并已符合退休（职）条件的（下同），可按有关规定办理退休、退职手续……”

在司法实践中，女职工退休年龄涉及岗位性质的，其是否从事管理、技术岗位由用人单位确认，并承担举证责任。经报社会保险机构备案，符合条件的劳动者可延长退休年龄，延长期间按未达到退休年龄处理。

参考案例：北京市PG公司与崔某劳动争议再审案

案号：（2022）京民申1286号

法院：北京市高级人民法院

判决要点：

依据目前实践中的做法，判断女职工的退休年龄，应根据退休前最后一份劳动合同的约定，区分管理岗位（专业技术岗位）和非管理岗位，管理岗位或专业技术岗位55岁达到法定退休年龄，非管理岗位50岁达到法定退休年龄。

目前，国家各类规范性文件中针对退休条件中所指“管理岗位与非管理岗位”没有准确定义或列举式定义，用人单位和劳动者可以在劳动合同中对劳动者从事岗位是否具有管理性质进行约定，用人单位的规章制度、岗位架构等文件中也可以做出规定，既无约定也无规章制度规定，则由用人单位与劳动者协商确定岗位性质。

在本案中，公司主张免去崔某管理岗位并无书面通知，亦未明确崔某身份转变为工人身份，双方未就退休时间问题达成书面协议，公司主张免去工会主席即恢复工人身份于法无据，驳回PG公司的再审申请。

（三）操作要点

如果企业能够提供证据（包括劳动合同、规章制度、岗位协议及组织结构图等）证明女职工退休前从事的岗位为非管理岗位，那么司法实践中有可能获得50岁达到法定退休年龄的认可。

参考案例：孟某与北京ZJ公司劳动争议二审案

案号：（2022）京03民终12895号

法院：北京市第三中级人民法院

判决要点：

ZJ公司提交了以下证据：1. 业绩评价表，其中填写工作岗位为专业课长；2. ZJ公司发出了职务一览表，其中专任课长属于专门职，不属于管理职，管理职最低一级为课长；3. 就业规则（2020年10月修订），其中规定管理者为课长以上职位；4. 组织结构图，记载孟某为专任课长，上级为课长。

本院认为，本案现有证据不足以证明孟某在ZJ公司的工作岗位属于管理岗，一审法院认定双方劳动关系因孟某达到50岁法定退休年龄而终止，并无不当。

（四）灵活就业女性的退休年龄

灵活就业的女性应按照哪个年龄办理退休？

女性以灵活就业身份参加城镇职工社保的退休年龄分为以下几种情况。

（1）如果女性从建立社保关系开始，一直是以灵活就业身份参加社保的，从来都没有以职工身份参加过社保，那么其通常需要年满55周岁才可以退休，但是也有部分地区允许灵活就业女性50周岁办理退休手续，具体以当地政策为准。

（2）如果灵活就业女性曾经在单位缴纳过社保，属于女工人或非管理非技术岗位，并且在单位工作达到一定年限（各地可能不一样），后来因为下岗等原因导致自己以灵活就业身份继续参加社保，那么其可以按照女工人的法定退休年龄50周岁办理退休手续。

（3）如果灵活就业女性曾经在单位缴纳过社保，工作达到了一定年限，曾在单位的身份属于女干部或者管理岗位，在此之后以灵活就业身份参加了社保，其应该按照55周岁的年龄办理退休。

关于灵活就业女性的退休年龄，不同地区的政策可能不同，具体还要以当地的政策规定为准。

《江苏省企业职工基本养老保险实施办法》

第十三条　参保人员的退休年龄按以下办法确定：

（一）男满60周岁，女干部满55周岁，女工人满50周岁，女灵活就业人员满55周岁。以下情形从其特殊规定：

1. 女工人，50周岁时在管理技术岗位上工作，或者在管理技术岗位上工作累计满5年且45周岁后在管理技术岗位上工作过的，按照女干部退休年龄执行；

2. 女灵活就业参保人员和女失业人员，曾为原固定工的，或者原在国有企业工人岗位上工作且在原劳动保障部劳社部发〔2001〕20号文件下发之前依法解除劳动关系的，或者50周岁时其曾在用人单位工人岗位上的视同缴费年限和实际缴费年限合计满15年的，按照女工人退休年龄执行。不符合上述规定的女失业人员，退休年龄按55周岁执行。

……

目前，全国大部分地区的女灵活就业人员退休年龄为55周岁，但是也有例外，如青海、四川、青岛等省、市的女性灵活就业人员的退休年龄是50周岁。

五、退休返聘人员发生工伤事故，企业需按工伤保险待遇赔付吗

随着当前我国老龄化程度的不断加深，退休返聘成为较为常见的用工模式。本部分将结合相关法律规定与案例分析企业是否需要承担退休返聘人员工伤责任的问题。

（一）退休返聘人员关系认定

退休返聘是指达到法定退休年龄的人员被用工单位聘用，重返劳动岗位。退休返聘人员与用工单位之间的法律关系判断是认定工伤责任承担与否的前提。简单来说，退休返聘人员与用工单位之间究竟是劳务关系还是劳动关系，决定了企业是否需要承担工伤责任。

1. 第一种情况：达到法定退休年龄并享受养老保险待遇人员通常认定为与用工单位是劳务关系。

《劳动合同法》第四十四条第二款规定，劳动者开始依法享受基本养老保险待遇时，劳动合同终止。

《最高人民法院关于审理劳动争议案件适用法律问题的解释（一）》第三十二条第一款规定，已经依法享受养老保险待遇或领取退休金的人员发生用工争议按劳务关系处理。

所以第一种情况，达到法定退休年龄并依法享受养老保险待遇的人员与用工单位认定为劳务关系在司法实践中没有什么争议。既然不认定为劳动关系，那么用工

单位无须承担工伤赔偿责任，而应根据过错原则承担相应的责任。

《民法典》第一千一百九十二条规定："……提供劳务一方因劳务受到损害的，根据双方各自的过错承担相应的责任。"

2. 第二种情况：达到法定退休年龄但未享受养老保险待遇人员与用工单位间的法律关系认定。

（1）司法实践中有不同的观点，有的地区仍按劳务关系认定。

劳动者达到法定退休年龄，已不具备劳动合同关系的主体资格，意味着法律角度劳动能力的丧失，纵使其未享受养老保险待遇，仍可采取补缴等方式弥补。因此，用工单位聘用达到法定退休年龄但未享受养老保险待遇的劳动者，双方应按劳务关系处理。

参考案例：曹某与上海 GK 公司劳动合同纠纷二审案

案号：（2021）沪 01 民终 11607 号

法院：上海市第一中级人民法院

判决要点：

曹某 2016 年 5 月入职 GK 公司之时，已到达法定退休年龄，亦未有证据证明 GK 公司与曹某存在建立劳动关系的意思，故原审确认曹某与 GK 公司之间建立的系劳务关系，并据此对曹某基于劳动关系提出的本案诉讼请求未予支持，认定事实、适用法律并无不当，本院予以确认。曹某主张其虽已超过法定退休年龄，但因其未享受过养老保险待遇，故其仍具备劳动关系的主体资格，缺乏法律依据，本院不予支持。

（2）因原用工单位原因或其他客观原因无法办理退休的，部分地区支持按照劳动关系处理，如广东、天津。

①广东。

《广东省高级人民法院、广东省劳动争议仲裁委员会关于适用〈劳动争议调解仲裁法〉〈劳动合同法〉若干问题的指导意见》第十七条规定："用人单位招用已达法定退休年龄但未享受养老保险待遇或退休金的人员，双方形成的用工关系可按劳动关系处理。"

②天津。

《天津法院劳动争议案件审理指南》第 10 项规定："因用人单位原因致使已经达到法定退休年龄的劳动者尚未享受基本养老保险待遇或者尚未领取退休金，劳动者与原用人单位之间形成实际用工关系的，按照劳动关系处理。"

（3）达到或超过法定退休年龄，未办理退休手续或未领取退休金，有的地区按照特殊劳动关系处理，如上海、江苏。

《上海市劳动和社会保障局关于特殊劳动关系有关问题的通知》（沪劳保关发〔2003〕24 号）规定：

"一、本通知所称特殊劳动关系是现行劳动法律调整的标准劳动关系和民事法律调整的民事劳务关系以外的一种用工关系，其劳动者一方在用人单位从事有偿劳动、接受管理，但与另一用人单位存有劳动合同关系或不符合劳动法律规定的主体条件。

二、用人单位使用下列人员之一的形成特殊劳动关系：

……

5. 退休人员；"

（二）退休返聘的可能结果

结合以上不同情况，与用人单位返聘退休人员有关的工伤保险赔付问题可能会出现以下几种不同的结果。

1. 原单位导致员工不能正常退休领取退休金 ，而继续用工的，由单位承担工伤相关责任。

《人力资源社会保障部关于执行〈工伤保险条例〉若干问题的意见（二）》（人社部发〔2016〕29 号）规定："达到或超过法定退休年龄，但未办理退休手续或者未依法享受城镇职工基本养老保险待遇，继续在原用人单位工作期间受到事故伤害或患职业病的，用人单位依法承担工伤保险责任。"

参考案例：上海 CY 厂与周某劳动合同纠纷二审案

案号：（2022）沪 02 民终 4010 号

法院：上海市第二中级人民法院

判决要点：

本院认为，对于劳动者达到法定退休年龄，用人单位未与其解除劳动合同继续留用，未办理退休手续的，双方之间仍应为劳动关系。在本案中，周某达到退休年龄后，虽然双方签订了劳务合同，但CY厂未为周某办理退休手续，继续留用周某并缴纳社会保险。CY厂称继续留用周某系为其代缴社会保险以满足退休条件。但在周某受伤后，CY厂申请工伤认定，并由工伤保险基金支付了周某相应工伤保险待遇，而非基于双方之间存在劳务关系承担雇主责任，CY厂的上述行为可以推定其确认周某系基于双方之间存在劳动关系而享受工伤保险待遇。故对于CY厂认为在周某年满退休年龄后双方之间为劳务关系的主张，本院不予采纳。

2. 新单位为返聘职工缴纳单项工伤保险的，适用《工伤保险条例》。

《人力资源社会保障部关于执行〈工伤保险条例〉若干问题的意见（二）》（人社部发〔2016〕29号）规定："用人单位招用已经达到、超过法定退休年龄或已经领取城镇职工基本养老保险待遇的人员，在用工期间因工作原因受到事故伤害或患职业病的，如招用单位已按项目参保等方式为其缴纳工伤保险费的，应适用《工伤保险条例》。"

自2020年以来，各地在解决退休返聘及其他特定人员的工伤保险问题上提供了新思路，以广东省、浙江省为例，两省均发文明确规定在从业单位工作的超龄人员可以通过参保特定人员工伤保险的方式获得工伤保险待遇保障。因此，在用工单位为退休返聘人员缴纳单项工伤保险的情形下，无论是否享受养老保险待遇，均不影响工伤保险待遇的享受。

《广东省人力资源和社会保障厅 广东省财政厅
国家税务总局广东省税务局关于单位从业的超过法定退休年龄劳动者等
特定人员参加工伤保险的办法（试行）》（粤人社规〔2020〕55号）

第二条　在我省行政区域内的各类企业、国家机关、事业单位、社会团体、民办非企业单位、基金会、律师事务所、会计师事务所等组织和以单位形式参保的个体工商户（以下简称“从业单位”）可按照本办法的规定为其使用的本条第二款规定的特定人员单项参加工伤保险、缴纳工伤保险费……

本办法所指的特定人员主要包括在从业单位工作的超过法定退休年龄人员（包括已享受和未享受机关事业单位或者城镇职工基本养老保险待遇人员）……

第十三条 从业单位按照本办法的规定自愿选择为其所使用的从业人员单项参加工伤保险的，不作为确认双方存在劳动关系的依据。双方对是否存在劳动关系发生争议的，按照处理劳动争议的有关规定处理。

3. 用人单位聘用超过法定退休年龄的务工农民的，用人单位承担工伤责任。

《最高人民法院行政审判庭关于超过法定退休年龄的进城务工农民因工伤亡的，应否适用〈工伤保险条例〉请示的答复》（行他字〔2010〕10号）规定：“用人单位聘用的超过法定退休年龄的务工农民，在工作期间内、因工作原因伤亡的，应当适用《工伤保险条例》的有关规定进行工伤认定。”

综上所述，企业在返聘退休人员，特别是未享受养老保险待遇的退休人员时，有较高的工伤责任承担风险。

合规建议

1. 尽量聘用已办理退休手续，并实际领取退休金的退休人员。

2. 如果当地允许企业缴纳特殊人员的工伤保险，企业聘用退休人员（包括其他实习生、见习人员、临时工等多种灵活就业人员）时，应当主动为员工购买及申报工伤保险，避免在后续用工过程中因工伤导致高额追责赔偿。

3. 如不能缴纳单项工伤保险，建议企业尽量与退休返聘人员订立劳务合同，并通过缴纳意外伤害保险、雇主责任险等方式降低用工风险。

六、企业使用实习生、小时工、兼职工、临时工，应该缴纳社保吗

社保是针对单位职工强制缴纳的基本保险，根据国家相关规定缴纳社保，对象必须是和单位签订劳动合同并形成劳动关系的职工。没有与单位签订劳动合同的人员不属于单位职工，单位无法为其缴纳社保。

企业是否应该为实习生、小时工、兼职工和临时工缴纳社保取决于是否应该建立或者是否建立了劳动关系。

（一）实习生

实习生是指无经验学习人员，泛指某一专业的高年级或者刚毕业的学生，属于非正式雇佣的人员。

《关于贯彻执行〈中华人民共和国劳动法〉若干问题的意见》规定：“在校大学生利用业余时间勤工俭学，不视为就业，未建立劳动关系，可以不签订劳动合同。”

在校学习的学生尚不具有劳动主体的资格，其勤工俭学期间与用人单位之间不存在劳动关系，因此不适用劳动法律规定。在这种情况下，用人单位无须为实习生缴纳社保。

但是，实践中也存在在校大学生实习，能够认定与用人单位建立劳动关系的情形。

《关于劳动争议案件审理中疑难问题的解答》给出了即将毕业的大中专院校学生与用人单位建立劳动关系的前提条件：

“一是双方以建立长期、稳定的劳动关系为目的，劳动者接受管理，遵守规章制度，从事工作，有明确的工作岗位，用人单位支付劳动报酬。如果仅是短期、不定期提供劳务，或者仅仅是参与社会实践，没有工资报酬的实习，就不是劳动关系。二是劳动者应聘时如实陈述了自己的情况，用人单位自愿接受劳动者，与之建立劳动关系，没有欺诈行为影响合同效力。三是不存在附生效条件劳动合同条件未成就的情况（比如领取毕业证后成立劳动关系）。四是符合法律规定的其他条件，如属于合法用工、双方主体资格符合法律规定等。”

又或者，即使双方没有签订书面劳动合同，但符合《关于确立劳动关系有关事项的通知》的规定：“用人单位招用劳动者未订立书面劳动合同，但同时具备下列情形的，劳动关系成立……”

从以上规定可知，在符合法定情形之时，实习大学生与用人单位形成事实劳动关系，即成为劳动法意义上的劳动者。

出现以上情况，用人单位必须为实习生缴纳社保。

（二）小时工、兼职工和临时工

对于小时工、兼职工和临时工，企业是否应为其缴纳社保的逻辑是一样的。如果双方存在劳动关系，那么企业应为其发放工资并代扣代缴社保和个税。如果双方不存在长期的雇佣，仅是临时的劳务关系，企业按次结算薪酬，则双方没有劳动关系，企业并没有缴纳社保义务。

虽然国家并不强制为以上几类劳务用工人员缴纳社保，但为了规避工伤和其他意外风险，建议企业购买灵活就业人员工伤保险或商业保险，降低劳务用工风险。

七、企业社保缴费基数的合规要求是什么

大家都知道企业应该按照员工工资为其缴纳社保，但是社保缴费基数是什么、如何计算、法律法规的具体要求是什么，估计很多人都没有清晰的概念。本部分主要分析企业社保缴费基数的合规要求，让企业在社保缴费时做到心中有数。

（一）明确社保缴费基数

《社会保险法》规定的单位社保缴费基数是单位的工资总额，而个人的基数是本人工资。

《社会保险法》

第十二条　用人单位应当按照国家规定的本单位职工工资总额的比例缴纳基本养老保险费，记入基本养老保险统筹基金。

职工应当按照国家规定的本人工资的比例缴纳基本养老保险费，记入个人账户。

如果从以上法律规定的字面理解，单位和个人的缴费基数很有可能不同，出现“双基数”的情况。对此，劳动部（旧称）专门进行了解释。

《关于规范社会保险缴费基数有关问题的通知》（劳社险中心函〔2006〕60号）规定：

“五、关于统一缴费基数问题

（一）参保单位缴纳基本养老保险费的基数可以为职工工资总额，也可以为本

单位职工个人缴费工资基数之和，但在全省区市范围内应统一为一种核定办法。

单位职工本人缴纳基本养老保险费的基数原则上以上一年度本人月平均工资为基础，在当地职工平均工资的60%～300%的范围内进行核定。”

目前，各地的操作均倾向于按“单基数”法核定单位缴费基数，即单位和个人的基数一致，本单位职工个人缴费工资基数之和即为单位缴费基数。人社部也专门通过复函的形式予以肯定。

《人力资源社会保障部对十三届全国人大二次会议第4447号建议的答复》(人社建字〔2019〕219号)规定：“目前，各省份确定单位缴费基数有三种方法：一是按单位职工缴费工资基数之和确定，即“单基数”法；二是单位基数按单位职工工资总额确定，职工个人基数按本人工资确定，即“双基数”法；三是按两者当中数值较高者确定单位基数，即实行“双基数对比”法。缴费基数政策的不统一，造成了不同地区间企业缴费负担的差异，影响了制度的公平和统一。下一步我们将结合改革完善养老保险制度，研究统一规范单位缴费工资基数核定办法，推动各省份实行“单基数”法核定单位缴费基数。”

(二)明确员工缴费工资的取值

在确定了以员工的缴费工资作为企业缴费基数后，还要明确员工缴费工资该如何取值。

《职工基本养老保险个人账户管理暂行办法》(劳办发〔1997〕116号)规定：“职工本人一般以上一年度本人月平均工资为个人缴费工资基数(有条件的地区也可以本人上月工资收入为个人缴费工资基数，下同)。月平均工资按国家统计局规定列入工资总额统计的项目计算，包括工资、奖金、津贴、补贴等收入。本人月平均工资低于当地职工平均工资60%的，按当地职工月平均工资的60%缴费；超过当地职工平均工资300%的，按当地职工月平均工资的300%缴费，超过部分不记入缴费工资基数，也不记入计发养老金的基数。”

此处员工个人缴费工资又出现了两个不同的口径：上一年度本人月平均工资；本人上月工资收入。

1. 目前，全国大多数地方均以上一年度本人月平均工资为个人社保缴费的工资基数。

《浙江省职工基本养老保险条例》第九条规定："职工个人每月按照本人上一年度月平均工资（以下称缴费工资）的百分之八缴纳基本养老保险费。"

《广东省社会养老保险条例》第十条规定："被保险人按本人上年度月平均工资的一定比例缴纳养老保险费，缴费比例由省人民政府根据职工工资收入水平和个人账户积累的情况决定。"

2. 国内部分地区，如深圳，以本人上月工资收入作为个人社保缴费的工资基数。

《深圳经济特区社会养老保险条例》第十条规定："职工每月缴纳基本养老保险费的缴费基数为其上月工资总额；……"

其中要注意以下要点。

（1）此处工资是指应发工资或者说应得工资，是劳动者应得的全部的劳动报酬，包括计时计件工资、奖金、津贴和补贴、加班加点工资、特殊情况下支付的工资等。《劳动合同法实施条例》第二十七条规定："劳动合同法第四十七条规定的经济补偿的月工资按照劳动者应得工资计算，包括计时工资或者计件工资以及奖金、津贴和补贴等货币性收入。"

（2）新入职员工（包括研究生、大学生、大中专毕业生等）以起薪当月工资收入作为缴费工资基数；从第二年起，按上一年实发工资的月平均工资作为缴费工资基数。

（3）无雇工的个体工商户、未在用人单位参加基本养老保险的非全日制从业人员及其他灵活就业人员可以自行缴纳社保，缴费基数在当地上年度社会平均工资的60%～300%范围内自行选择。

八、社保未足额缴纳的合规风险有哪些

这个问题和前文提到的员工签署放弃缴纳社保承诺书的情况类似，但前面是企业不缴纳社保，此处是企业缴纳了社保但并没有按实际工资缴纳。接下来，将通过政策和案例分析企业未足额缴纳社保的合规风险有哪些。

（一）工伤补差风险

各地的规定基本一致，如果由用人单位未足额缴纳工伤保险费造成待遇降低的，由该用人单位负责补足。

《北京市实施〈工伤保险条例〉若干规定》第二十七条规定："用人单位未足额缴纳工伤保险费，造成工伤职工享受的工伤保险待遇降低的，降低部分由该用人单位支付。"

《重庆市工伤保险实施办法》第五十三条规定："用人单位因少报、瞒报缴费基数，造成工伤职工享受的工伤保险待遇降低的，差额部分由用人单位补足。"

《广东省工伤保险条例》第五十六条规定："用人单位少报职工工资，未足额缴纳工伤保险费，造成工伤职工享受的工伤保险待遇降低的，工伤保险待遇差额部分由用人单位向工伤职工补足。"

《浙江省工伤保险条例》第三十三条规定："用人单位未依法参加工伤保险或者未足额缴纳工伤保险费，其职工发生工伤的，由用人单位按照国家和省规定的工伤保险待遇项目和标准支付费用或者支付差额部分费用。"

《江苏省实施〈工伤保险条例〉办法》没有对工伤保险待遇差额问题进行规定，

但《常州市工伤保险实施细则》(常政法〔2006〕32号)第二十七条规定:“用人单位少报职工工资,未足额缴纳工伤保险费,造成工伤职工享受的工伤保险待遇降低的,差额部分由用人单位补足。”

在实际操作流程上,各地司法实践中有两种不同观点。

(1)工伤保险缴费基数争议,先由社会保险行政部门处理,不属于人民法院受案范围。如果对行政部门处理不服的,可再向法院诉讼解决。

(2)劳动者享受工伤保险待遇存在差额补足的问题可以由法院直接受理,并由用人单位承担差额补足责任。

以上只是操作流程上的区别,不管流程如何,工伤待遇的差额部分应由用人单位补足是明确的。

(二)社保补缴及滞纳金风险

依法缴纳社保是用人单位和劳动者的法定义务,如果员工在职期间要求企业足额按照实际工资基数缴纳社保,企业应当补缴并自此足额缴纳社保。

《实施〈中华人民共和国社会保险法〉若干规定》第二十条规定:“职工应当缴纳的社会保险费由用人单位代扣代缴。用人单位未依法代扣代缴的,由社会保险费征收机构责令用人单位限期代缴,并自欠缴之日起向用人单位按日加收万分之五的滞纳金。用人单位不得要求职工承担滞纳金。”

如果员工已离职,根据目前的法律法规,社保补缴主要有三种方式。

(1)申请劳动仲裁。

目前,全国大部分的劳动人事争议仲裁委员会和法院都不受理此类纠纷。

(2)向劳动保障行政部门申请劳动监察。

《劳动保障监察条例》第二十条规定:“劳动监察的追溯时效是2年,如2年内未被劳动保障行政部门发现,也未被举报、投诉的,将不再查处;但是违法行为有连续或者继续状态的,自行为终了之日起计算。”因此,采取劳动监察方式的,有2年的时效限制。

(3)向劳动保障行政部门申请社保稽核与征缴。

《人力资源社会保障部对十二届全国人大五次会议第5063号建议的答复》(人

社建字〔2017〕105号）规定："但《社会保险费征缴暂行条例》和《社会保险稽核办法》（劳动保障部令第16号）均未对清缴企业欠费问题设置追诉期。因此，地方劳动保障监察执法实践中，对用人单位未及时、足额为劳动者办理社会保险，缴纳社会保险费的违法行为，一般按照《劳动保障监察条例》第二十条规定进行追缴和处罚，而地方经办机构追缴历史欠费并未限定追诉期。"

员工通过地方社保经办机构追缴社保，并不受时效限制。

在下面的案例中，企业主张2年的追缴时效，未获得法院的支持。

参考案例：青岛HT公司、青岛市社保中心行政诉讼案

案号：（2021）鲁02行终230号

法院：山东省青岛市中级人民法院

判决要点：

青岛市社会保险事业中心系依据《社会保险法》《社会保险稽核办法》做出涉案处理决定，上述法律和部门规章对社会保险经办机构稽核用人单位未按时足额缴纳社会保险费并未设置时效限制。

《最高人民法院行政法官专业会议纪要（七）（工伤保险领域）》第六条规定"劳动保障行政部门依据《劳动保障监察条例》第二十条规定，以企业未依法缴纳社会保险费行为在2年内未被发现，也未被举报、投诉为由不再查处的，人民法院不予支持；当事人请求履行上述查处职责，且能够提供相应材料初步证明企业存在未依法缴纳社会保险费用的，人民法院应当判决责令有关劳动保障行政部门履行相应职责。"该纪要对查处时效也给出了明确的指导性意见，对查处时效予以放宽。

综上所述，青岛市社保中心受理于某投诉并做出处理并无不当，HT公司该项主张不能成立。

（三）员工主张被迫解除劳动合同的经济补偿金风险

目前，全国大部分地区（除深圳外）的司法实践认为，如果用人单位已为劳动者建立社保账户且险种齐全，只是存在缴纳年限不足、缴费基数低等问题的，劳动

者的社保权益可通过用人单位补缴或社保管理部门强制征缴的方式实现。在此情形下，劳动者以此为由主张解除劳动合同经济补偿的，人民法院一般不予支持。

参考案例：何某某与广州BMK公司劳动争议案

案号：（2022）粤01民终989号

法院：广东省广州市中级人民法院

判决要点：

BMK公司于2020年4月起为何某某购买社保，已为何某某建立社会保险关系。对于A公司存在部分时间未缴纳社保的情况，何某某可以向社保部门进行投诉、要求追缴。而被迫解除劳动关系是《劳动法》赋予劳动者最后的救济手段，该权利的行使需体现用人单位违法之严重性，故在A公司已为何某某建立社会保险关系的情况下，何某某以A公司未购买社保为由请求解除劳动合同并支付经济补偿，不符合法律规定。

深圳地区的司法实践有所不同。不论未缴纳还是未足额缴纳社保，劳动者要求解除劳动合同，并要求用人单位支付经济补偿金的前提是“已提前通知用人单位缴纳，用人单位未在一个月内缴纳”。劳动者未通知或虽通知但未满一个月而直接仲裁的，其请求不予支持。

《深圳经济特区和谐劳动关系促进条例》

第十五条　用人单位和劳动者应当依法参加社会保险。

用人单位未依法为劳动者缴纳社会保险费的，劳动者应当依法要求用人单位缴纳；用人单位未在一个月内按规定缴纳的，劳动者可以解除劳动合同，用人单位应当依法支付经济补偿。

综上所述，企业未足额缴纳社保有一定的合规风险，建议企业按照法律规定及时足额为员工缴纳社保，如出现未足额缴纳情形的，在收到员工补缴社保的请求后应在一个月内按规定补缴。

九、企业使用“社保代理”的合规风险有哪些

社保代理是指个人与某单位之间并不存在劳动关系，却由该单位为其缴纳社保的行为。以发起方的不同为区别，社保代理主要有两种情形。

（1）用人单位所在地与劳动合同实际履行地不一致的情况下，由用人单位委托第三方代理机构在非用人单位所在地的异地以第三方机构的名义为其员工缴纳社保。

（2）灵活就业人员委托与其没有劳动关系的单位为自己缴纳社保。

本部分通过对法律法规和实践中相关案例的解读，分析当前全国各地对社保代理严厉打击的形势下，社保代理的相关法律风险及企业该如何合规缴纳社保。

社保代理的主要风险如下。

1. 劳动者以用人单位未缴纳社保为由，提出被迫解除劳动合同并主张经济补偿。

如果代缴社保行为不被司法机关所认可，认定该种情况视为未依法为劳动者缴交社保，那么劳动者以此为由提出被迫解除劳动合同并主张经济补偿，有可能会得到支持。但该问题在司法实践中有争议，部分地区观点认为，如代缴是劳动者申请或经过劳动者同意确认的，则不会支持劳动者获取被迫解除劳动合同的经济补偿；但也有地区明确支持劳动者，如广州。

《广州市劳动人事争议仲裁委员会、广州市中级人民法院民事审判庭关于劳动争议案件座谈会的意见综述》（2015）中有相关释疑：

“12. 用人单位与劳动者签订劳动合同并建立劳动关系，但委托其他单位以其他单位名义代劳动者缴纳社会保险，是否合法？若劳动者以用人单位未依法缴纳社会

保险费为由主张解除劳动合同，用人单位是否需向劳动者支付经济补偿金？

不合法，用人单位违反了《社会保险法》第四条‘用人单位和个人依法缴纳社会保险费’和第十条‘职工应当参加基本养老保险，由用人单位和职工共同缴纳基本养老保险费’的规定，若劳动者据此主张被迫解除劳动合同的，用人单位应当向劳动者支付经济补偿金。”

其他地区也有案例支持用人单位支付解除劳动关系经济补偿金。

参考案例：陈某某与北京YHT公司劳动争议二审案

案号：（2021）京03民终219号

法院：北京市第三中级人民法院

判决要点：

首先，陈某某自2010年已入职，但根据YHT公司提交的证据可以明确其自2018年12月起才委托案外公司深圳市JFY园林生态科技工程有限公司在深圳给陈某某缴纳社保。陈某某系在北京朝阳区为YHT公司提供劳动，陈某某社会保险缴纳情况与陈某某的实际劳动关系情况不符，YHT公司委托第三人为陈某某缴纳社会保险不符合相关法律的规定。其次，YHT公司亦认可其委托深圳市JFY园林生态科技工程有限公司在深圳给陈某某缴纳社保未经过陈某某同意，仅通知过陈某某，陈某某对此不予认可，YHT公司就此并未举证证明。本案YHT公司存在未依法为陈某某缴纳社会保险费的情况，造成陈某某相关社保权益受损，考虑本案的实际情况，陈某某以此为由提出解除劳动合同并要求YHT公司支付解除劳动关系经济补偿金，本院对此予以支持。

2.社保部门拒绝支付社保待遇，导致用人单位赔偿劳动者社保待遇损失。

该风险主要发生在劳动者出现工伤申领工伤保险待遇时，部分地区社保行政部门在用人单位主体和社保缴纳主体不一致、第三方代缴机构与劳动者不存在真实劳动关系的情况下，不认可用人单位代缴社保的行为，遂不予支付劳动者相应工伤保险待遇，此时劳动者的工伤保险待遇损失将由用人单位承担。

那么用人单位最终将面临三笔费用的承担：①已支付的社保费用成本；②工伤责任中用人单位应该自行承担的部分；③工伤责任中工伤基金应该承担的

部分。

参考案例：乔某、武汉GD公司劳动争议二审案

案号：（2018）鄂01民终3245号

法院：武汉市中级人民法院

判决要点：

一般而言，劳动者享受社会保险待遇的前提应当是与参保单位存在劳动关系。而在社会保险代缴的情形下，用人单位所在地与社会保险缴纳地、社会保险缴纳主体与实际工作单位均存在不一致。代缴是直接以社保代缴公司的名义为职工缴纳社保，此种情形不是代理而是代替。由于社保涉及人身性质，代缴公司虽代替用人单位缴纳社保费用，但不能代替用人单位为劳动者申请工伤待遇，而在账户名义上，却又显示用人单位并未为其职工缴纳工伤保险，根据《社会保险法》第四十一条的规定"职工所在用人单位未依法缴纳工伤保险费，发生工伤事故的，由用人单位支付工伤保险待遇"，因此应由用人单位承担职工应享受的所有工伤保险待遇。就本案而言，GD公司委托YB公司为其职工乔某代缴工伤保险，而社保代缴单位所在地社保经办机构未向乔某支付工伤保险待遇，乔某所享受的工伤保险待遇损失应由用人单位GD公司承担。

3. 社保部门不认可社保代理，用人单位被责令为劳动者补缴社保。

如社保相关部门不认同用人单位代缴社保的行为，则有可能依法责令用人单位在其注册地为劳动者补缴社保。

在下面的案例中，在员工向用人单位所在地的社保中心提出投诉的情况下，当地法院认定异地代缴不能取代用人单位在所在地应承担的社保缴费义务，故用人单位仍应予以补缴。

参考案例：DG公司与北京市朝阳区人社局行政复议案

案号：（2021）京03行终368号

法院：北京市第三中级人民法院

判决要点：

根据《社会保险法》第五十七条第一款的规定，用人单位应当向当地社会

保险经办机构申请办理社会保险登记。《社会保险费征缴暂行条例》《社会保险稽核办法》规定，缴费单位必须向当地社会保险经办机构办理社会保险登记，参加社会保险。缴费单位、缴费个人应当按时足额缴纳社会保险费，社会保险经办机构在发现被稽核对象在缴纳社会保险费方面存在违法行为的，应据实写出稽核意见书，被稽核对象应在限定期限内予以改正。本案中，胡某向朝阳区社保中心提出投诉，反映DG公司未为其缴纳2009年8月至2018年8月的社会保险。DG公司未依法在其社会保险登记地北京市朝阳区为胡某缴纳该期间的社会保险，违反《社会保险法》《社会保险费征缴暂行条例》《社会保险稽核办法》等法律规范规定的用人单位应为职工足额缴纳社会保险费的法定义务，DG公司委托其他单位为胡某在山东省济南市缴纳社会保险，不能取代其在社会保险登记地依法应当承担的社会保险费缴纳义务。朝阳区社保中心在查明上述事实的基础上，做出《稽核整改意见书》，认定事实清楚，依据正确。

4. 受到行政处罚、被列入社保失信人员名单进行联合惩戒的风险。

假如社保代理被定性为通过虚构劳动关系，提供虚假证明材料等手段骗取社保待遇，则应根据相关规定处以行政处罚。

同时，对于应缴纳社保拒不缴纳，以及以欺诈、伪造等手段参加、申报社保和骗取社保待遇的，将被列入社会保险严重失信人名单，受到多部门的联合惩戒。

《社会保险基金行政监督办法》（人力资源社会保障部令第48号）第三十二条规定：“用人单位、个人有下列行为之一，以欺诈、伪造证明材料或者其他手段骗取社会保险待遇的，按照《中华人民共和国社会保险法》第八十八条的规定处理：

（一）通过虚构个人信息、劳动关系，使用伪造、变造或者盗用他人可用于证明身份的证件，提供虚假证明材料等手段虚构社会保险参保条件、违规补缴，骗取社会保险待遇的；”

《社会保险法》第八十八条规定：“以欺诈、伪造证明材料或者其他手段骗取社会保险待遇的，由社会保险行政部门责令退回骗取的社会保险金，处骗取金额二倍以上五倍以下的罚款。”

《社会保险领域严重失信人名单管理暂行办法》第五条规定：“用人单位、社会保险服务机构及其有关人员、参保及待遇领取人员等，有下列情形之一的，县级以上地方人力资源社会保障部门将其列入社会保险严重失信人名单：……（二）以欺诈、伪造证明材料或者其他手段违规参加社会保险，违规办理社会保险业务超过20人次或从中牟利超过2万元的……”

“用人单位未按相关规定参加社会保险且拒不整改的”“用人单位未如实申报社会保险缴费基数且拒不整改的”等社会保险领域严重失信、失范行为将会受到惩戒，届时不仅用人单位的社保缴纳和社保稽核频次会受到影响，在政府采购、融资贷款、优惠政策、评优评先等方面也将受到限制。另外，用人单位的直接责任人还可能会受到限高消费、交通出行等方面的限制。

部分地区的社保行政部门也加大了对第三方代缴机构社保代理行为的查处和处罚力度。图 5-1 和图 5-2 为深圳的相关处罚信息。

决定书（通知书）文号	深人社（市）监罚决〔2021〕A005 号
违法依据	违反了《广东省社会保险基金监督条例》第二十一条第二款第（二）项，根据《深圳经济特区社会养老保险条例》第四十条、《深圳经济特区失业保险若干规定》第十一条第二款之规定，应当处罚
违法事实	用人单位存在以欺诈、伪造证明材料或者其他手段（接受其他单位委托）为与用人单位不存在劳动关系的人员办理养老保险参保手续、失业保险参保手续的行为，涉及人数16人，过程中存在过错（经责令，现已停止该违法行为）
处罚依据	《深圳经济特区社会养老保险条例》第四十条、《深圳经济特区失业保险若干规定》第十一条第二款之规定、《深圳市社会保险行政处罚自由裁量标准》第八条、第九条标准
处罚类别	罚款
处罚内容	对深圳市[illegible]以欺诈、伪造证明材料或者其他手段（接受其他单位委托）为不具有劳动关系的 16 名人员办理养老保险、失业保险参保手续的行为，处以人民币玖万陆仟元整（￥96 000 元）的罚款
罚款金额	96 000 元
处罚决定日期	2021年10月11日

图 5-1　深圳的相关处罚信息（1）

决定书(通知书)名称	行政处罚决定书
决定书(通知书)文号	深人社（市）监罚决〔2021〕A006号
违法依据	违反了《广东省社会保险基金监督条例》第二十一条第二款第（二）项，根据《深圳经济特区社会养老保险条例》第四十条、《深圳经济特区失业保险若干规定》第十一条第二款之规定，应当处罚
违法事实	用人单位存在以欺诈、伪造证明材料或者其他手段（接受其他单位委托）为与用人单位不存在劳动关系的人员办理养老保险参保手续、失业保险参保手续的行为，涉及人数27人，过程中存在过错（经责令，现已停止该违法行为）
处罚依据	《深圳经济特区社会养老保险条例》第四十条、《深圳经济特区失业保险若干规定》第十一条第二款之规定、《深圳市社会保险行政处罚自由裁量标准》第八条、第九条标准
处罚类别	罚款
处罚内容	对深圳市■■人力资源管理有限公司以欺诈、伪造证明材料或者其他手段（接受其他单位委托）为不具有劳动关系的27名人员办理养老保险、失业保险参保手续的行为，处以人民币壹拾陆万贰仟元整（￥162 000元）的罚款
罚款金额	162 000元
处罚决定日期	2021年10月11日

图 5-2　深圳的相关处罚信息（2）

5. 涉嫌骗保的刑事风险等。

一旦被定性为以欺诈、伪造证明材料或者其他手段骗取社保金或者其他社保待遇的，公安机关将有可能立案处理，劳动者、用人单位与代缴机构均面临被依法追究刑事责任的风险。

在下面的案例中，代缴机构负责人被认定为骗取社保待遇，构成诈骗罪。

参考案例：胡某、刘某诈骗案

案号：（2018）粤0404刑初40号

法院：广东省珠海市金湾区人民法院

判决要点：

高某（另案处理）因怀孕无工作，且非珠海市户籍，不符合购买珠海市社保（包括生育保险）的条件，为购买珠海市社保，在产假期间获得生育医疗费用、生育津贴等费用，找到胡某、刘某夫妇二人，提出挂靠被告人刘某成立的珠海市 XSM 公司参保。被告人胡某、刘某同意后，高某交付人民币 12 000 元给被告人胡某作为参保一年的费用。

被告人胡某、刘某伪造了高某在 XSM 公司担任副总经理、月工资为人民币 105 000 元的虚假劳动合同、工资表等证明材料，并告诉高某为其虚拟的在公司的任职、薪酬待遇及业务工作等情况应对社保局的询问。

胡某和刘某最终通过伪造虚假劳动合同、工资表等证明材料骗取生育医疗及生育津贴费用共计人民币 345 964.16 元。

本院认为，被告人胡某、刘某以非法占有为目的，虚构事实，骗取生育津贴和生育医疗费用共计人民币345 964.16元，数额巨大，其行为已构成诈骗罪。

合规建议

1. 用人单位与社保缴纳主体统一，在企业注册地为员工缴纳社保。

2. 在员工所在地注册成立新企业，为员工缴纳社保。

3. 通过劳务派遣将员工的劳动合同与社保缴纳等事项交由人力资源企业负责。

4. 通过业务外包的方式，将员工的劳动关系、人员管理、风险承担等事项全部交由外包企业负责，由外包企业为员工在当地缴纳社保。

国家及各地严厉打击虚构用工关系代缴社保，建议企业综合考虑以上的建议，找到适合自身的解决方案，合规缴纳社保。

十、两地缴纳社保该如何处理

现代社会人员流动是非常普遍的现象，也存在人员多处就业、多处缴纳社保的情况。本部分主要解答个人多处缴纳养老保险和工伤保险的相关问题。

（一）个人如在多地都缴纳过养老保险，应该在哪里办理退休并领取退休金

原则是：户籍地优先，从长、从后计算。如果个人的参保地和户籍地是一致的，那么退休地肯定是户籍地，也就是享受参保地领取养老保险待遇。如果不一致，那么按照缴费满10年的地方来确定个人的待遇领取地。如果有多个缴费满10年的地方，就按最后一个满10年的地方来确定个人的待遇领取地。如果个人在所有地方缴费都不到10年，个人养老保险关系和相关资金将转回户籍地，由户籍地负责养老金待遇。

《城镇企业职工基本养老保险关系转移接续暂行办法》

（国办发〔2009〕66号）

第六条　跨省流动就业的参保人员达到待遇领取条件时，按下列规定确定其待遇领取地：

（一）基本养老保险关系在户籍所在地的，由户籍所在地负责办理待遇领取手续，享受基本养老保险待遇；

（二）基本养老保险关系不在户籍所在地，而在其基本养老保险关系所在地累计缴费年限满10年的，在该地办理待遇领取手续，享受当地基本养老保险待遇；

（三）基本养老保险关系不在户籍所在地，且在其基本养老保险关系所在地累计缴费年限不满10年的，将其基本养老保险关系转回上一个缴费年限满10年的原参保地办理待遇领取手续，享受基本养老保险待遇；

（四）基本养老保险关系不在户籍所在地，且在每个参保地的累计缴费年限均不满10年的，将其基本养老保险关系及相应资金归集到户籍所在地，由户籍所在地按规定办理待遇领取手续，享受基本养老保险待遇。

（二）在新参保地缴费不到10年退休，可否补缴至10年在当地办理退休

答案：不可以。距离法定退休年龄10年以内，在新参保地建立的是临时基本养老保险缴费账户。临时基本养老保险缴费账户转移时，是全额转移，即补缴进临时缴费账户的单位缴费，与当期的单位缴费一并全额转移。即使记录在临时缴费账户的缴费年限加上补缴年限后满10年，也不能在新参保地领取待遇。

（三）在两地同时缴纳基本养老保险，其缴费年限可以合并计算吗

答案：不可以。个人只能拥有一个养老保险缴费账户，对于多余的缴费账户会给予清除。员工可以选择一个社保缴纳地作为正式缴纳地，按照“先转后清”的原则，由转入接受地社会保险经办机构负责按规定清理。将其中一个账户转移到另一个账户中，以实现账户的合并。一般转入接受地社会保险经办机构会与本人协商，确定保留其中一个基本养老保险关系和个人账户，同期其他关系予以清理。账户转移合并后，缴费年限不可叠加，但可退回重复缴纳的个人部分的保险金，企业部分的保险金则上缴国库。

需要注意的是，按照广东省统一部署，自2021年4月1日起，参保人在省内流动就业参保的，不再办理省内养老保险关系转移接续手续。省内同一时段有重复养老保险缴费记录的暂不办理退费，待办理退休、延（趸）缴结算等业务时统一归集处理。目前，全国多个省份与广东省类似，都已取消了省内关系转移手续。

（四）员工同时在两个单位工作，发生工伤，应该由哪个单位承担工伤保险责任

员工同时在两个单位工作，同时与两个用人单位保持劳动关系，那么两个单位都应当为职工缴纳工伤保险费。职工发生工伤的，由职工受伤时工作的单位依法承担工伤保险责任。

《实施〈中华人民共和国社会保险法〉若干规定》第九条规定："职工（包括非全日制从业人员）在两个或者两个以上用人单位同时就业的，各用人单位应当分别为职工缴纳工伤保险费。职工发生工伤，由职工受到伤害时工作的单位依法承担工伤保险责任。"

第六章 个税合规实务

个税管理既是企业薪税合规管理中非常重要的一部分内容，也与员工个人利益息息相关。本章是本书中内容最多、涉及人群最广泛、合规要点最复杂的章节。本章从企业发放工资薪金的个税处理到员工个人的个税申报，再到外籍及港澳台人士的个税管理等逐一进行介绍。

一、员工年中入职，如何累计预扣个税

当前企业员工的工资薪金个税扣缴采取的是累计预扣法，累计预扣法是一个连续累计计算的概念。本部分讨论年中入职的员工如何扣缴个税。

（一）关于累计预扣法

关于累计预扣法的政策如下。

《个人所得税扣缴申报管理办法（试行）》（国家税务总局公告2018年第61号）第六条规定："……累计预扣法，是指扣缴义务人在一个纳税年度内预扣预缴税款时，以纳税人在本单位截至当前月份工资、薪金所得累计收入减除累计免税收入、累计减除费用、累计专项扣除、累计专项附加扣除和累计依法确定的其他扣除后的余额为累计预扣预缴应纳税所得额，适用个人所得税预扣率表一（见附件），计算累计应预扣预缴税额，再减除累计减免税额和累计已预扣预缴税额，其余额为本期应预扣预缴税额。……"

提醒大家注意，企业办税人员只需要负责本单位的累计预扣。累计减除费用，按照5000元/月乘以纳税人当年截至本月在本单位的任职受雇月份数计算。纳税人如果5月入职，那么扣缴义务人发放5月工资扣缴税款时，减除费用按5000元计算；6月发工资扣缴税款时，减除费用按10 000元计算；依此类推。也就是说，员工入职的当月按5000元的扣除额扣除，入职多少个月就扣多少个5000元。

如果员工年中变换工作，那么有可能会出现同一个月两家单位同时为其扣除了5000元，导致员工一年的扣除额大于6万元的情况；也有可能员工入职本单位前有月份没有进行扣除，从而年度扣除额小于6万元。当前工资薪金属于综合所得，不管出现以上哪种情形，都无须担心，员工可以自行通过来年的综合所得汇算清缴进行多退少补。

（二）应届毕业生或者当年从未取得工资的新入职员工的个税扣缴方法有所不同吗

答案：不同。根据《国家税务总局关于完善调整部分纳税人个人所得税预扣预缴方法的公告》（国家税务总局公告2020年第13号，以下简称“13号公告”），税务部门对年度中间首次取得工资、薪金所得人员的预扣预缴有专门的规定。

一、对一个纳税年度内首次取得工资、薪金所得的居民个人，扣缴义务人在预扣预缴个人所得税时，可按照5000元/月乘以纳税人当年截至本月月份数计算累计减除费用。

……

四、本公告所称首次取得工资、薪金所得的居民个人，是指自纳税年度首月起至新入职时，未取得工资、薪金所得或者未按照累计预扣法预扣预缴过连续性劳务报酬所得个人所得税的居民个人。

举例：大学生小王2023年5月毕业后进入公司工作，公司发放5月工资、计算当期应预扣预缴的个人所得税时，可减除费用25 000（5×5000）元。

（三）应届毕业生个税扣缴操作步骤

第一步：人员信息采集。

在个税扣缴端人员信息采集模块登记人员信息，选择任职受雇从业类型为“雇员”，并根据实际情况选择入职年度就业情形，如图6-1所示。

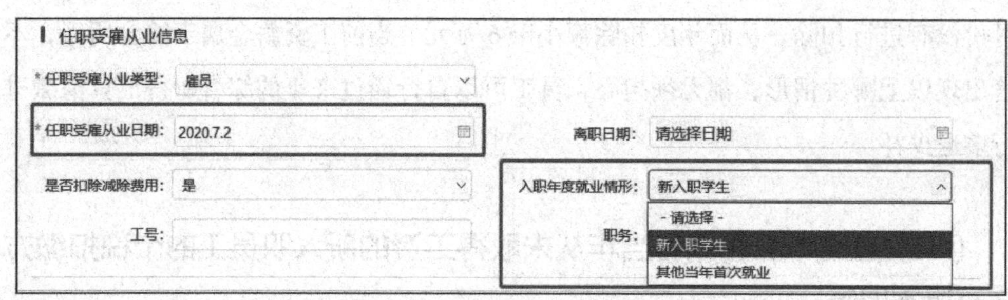

图 6-1　新入职学生信息采集

第二步：办理扣缴申报。

系统会自动按照当年度的累计月份数计算累计减除费用，如图 6-2 所示。

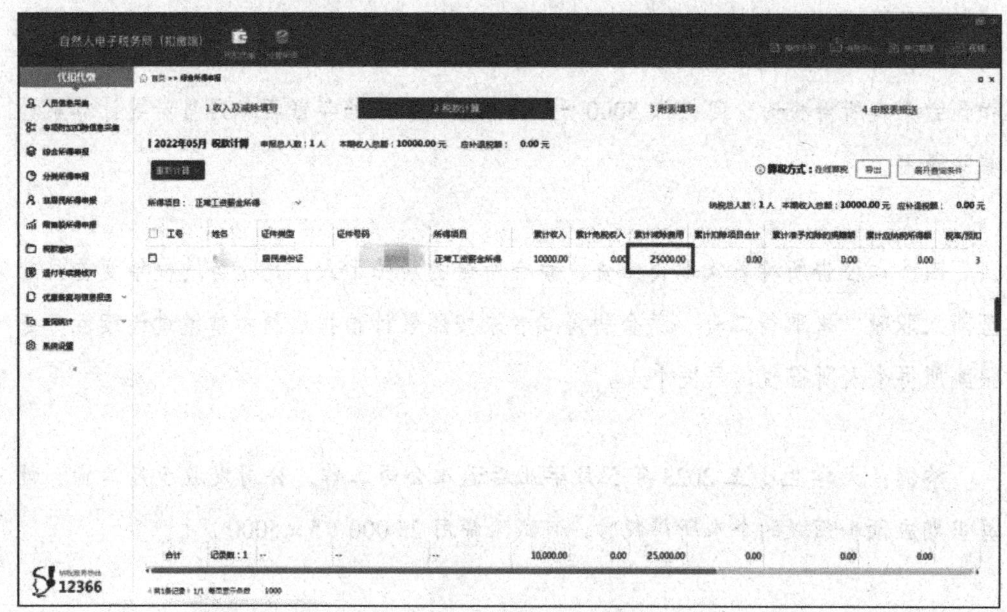

图 6-2　新入职学生扣缴申报

按照以上方法操作，当年首次入职的员工一年的减除费用刚好是 6 万元，如果该员工没有其他收入，其预扣预缴的税额等于应纳税额，从而无须再通过综合所得汇算清缴补税或者退税。总结起来就是，13 号公告显著减少了新员工进行汇算清缴的可能性，是一项便民举措。

二、个人什么情况下需要做综合所得汇算清缴

（一）什么是综合所得汇算清缴

此处汇算是指年度终了后，纳税人汇总工资薪金、劳务报酬、稿酬和特许权使用费等四项综合所得的全年收入额，减去全年的费用和扣除，得出应纳税所得额并按照综合所得年度税率表，计算全年应纳个人所得税，再减去年度内已经预缴的税款，向税务机关办理年度纳税申报并结清应退或应补税款的过程。简单来说就是，汇总纳税、多退少补。

计算公式如下。

应退或应补税额 =（综合所得收入额 – 60 000 –“三险一金”等专项扣除 – 子女教育等专项附加扣除 – 依法确定的其他扣除 – 符合条件的公益慈善事业捐赠）× 适用税率 – 速算扣除数 – 已预缴税额

（二）做汇算清缴的情形

对综合所得汇算清缴有一个基础了解后，就知道做汇算清缴不外乎两种情形：一是退税，二是补税。

如果出现了通过汇算清缴退税的情形，退税乃个人的权利，纳税人可以选择做汇算清缴取得退税，当然也可以选择放弃，不做汇算清缴。所以，退税不是必然要做汇算清缴的情形。

那么必然要做综合所得汇算清缴的情形就只有补税了，可以分为两种情形。

1. 年度当中出现漏报、错报、误报等情形，未足额申报综合所得的情形。

总的来说就是，有错要改、必做汇算的意思。此处的“错”既包括扣缴义务人方面的错误，也包括纳税人方面的错误。

2. 年度当中正常申报纳税，但还是出现了需要补税的情形。

此种情形有以下几种可能性。

（1）纳税人在两个以上单位任职受雇并领取工资薪金，预缴税款时被重复扣除了基本减除费用（5000 元 / 月）。

（2）除工资薪金外，纳税人还有劳务报酬、稿酬、特许权使用费所得，各项综合所得的收入加总后，导致适用综合所得税率高于预扣率。

（3）预扣预缴时多扣除了不该扣除的项目或者金额，年度汇算合并计税时因调减扣除额导致应纳税所得额增加，产生应补缴税款。

（4）纳税人年度中间更换工作单位，在预扣预缴时分别使用了较低税率，年度汇算时合并计算后导致综合所得税率高于预扣预缴税率。

（5）非居民个人由于居住时间的延长需要按照居民个人办理汇算清缴补税的。

（6）其他年中已正常缴纳税款，仍需要补税的情形。

出现以上第 2 种情形的，如果纳税人年度收入不足 12 万元或者需要补税金额不超过 400 元的，可以豁免申报，无须办理汇算清缴，如图 6-3 所示。

《国家税务总局关于办理 2022 年度个人所得税综合所得汇算清缴事项的公告》

（国家税务总局公告 2023 年第 3 号）

符合下列情形之一的，纳税人需办理汇算：

（一）已预缴税额大于汇算应纳税额且申请退税的；

（二）2022 年取得的综合所得收入超过 12 万元且汇算需要补税金额超过 400 元的。

因适用所得项目错误或者扣缴义务人未依法履行扣缴义务，造成 2022 年少申报或者未申报综合所得的，纳税人应当依法据实办理汇算。

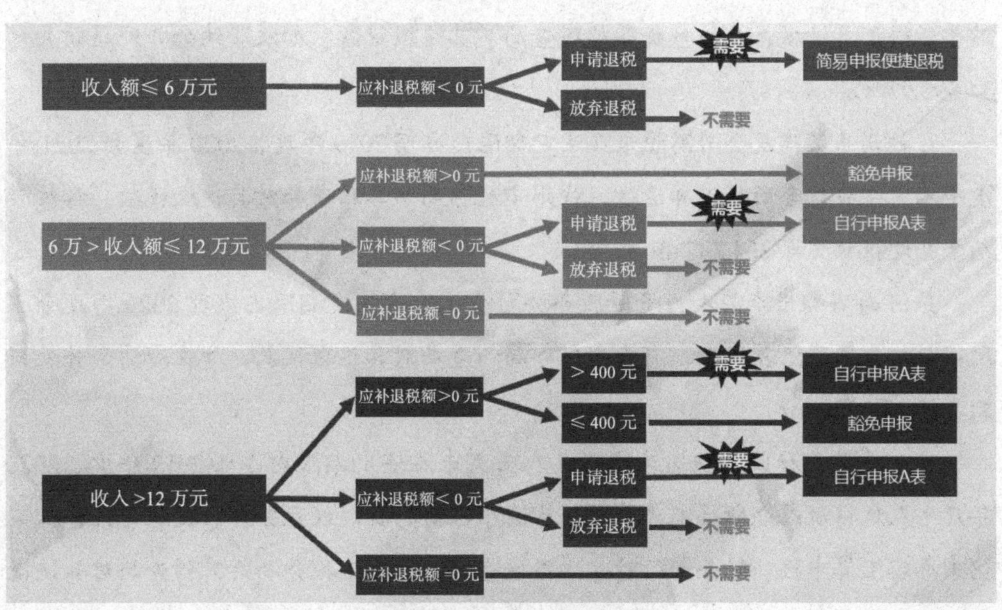

图 6-3 汇算清缴情形图解

（三）相关法律风险

此处需要提醒的是，按规定进行年度汇算清缴是一项法定责任，如不履行，需承担相应后果。

《税收征收管理法》规定：“纳税人未按照规定的期限办理纳税申报和报送纳税资料的，由税务机关责令限期改正，可以处二千元以下的罚款；情节严重的，可以处二千元以上一万元以下的罚款。纳税人未按照规定期限缴纳税款的，税务机关除责令限期缴纳外，从滞纳税款之日起，按日加收滞纳税款万分之五的滞纳金。”

还有，切勿听信网络等各类小道消息，避免虚假填报影响纳税信用。税务部门会同公安、教育、卫生健康等部门定期会对纳税人填报专项附加扣除涉及的家庭成员身份信息进行核验。对虚假填报收入、扣除等申请退税的，税务机关除了不予退税、追缴税款及滞纳金外，还将纳入税收监管重点人员名单，对其以后3个纳税年度申报情况加强审核，情节严重的，将依法进行处罚。

以下为国家税务总局披露的几起典型的汇算清缴违规案件，以警示大家。

1. 湖南某房地产开发有限公司员工未在法定期限内办理2021年度个人所得税

综合所得汇算清缴，长沙市税务局稽查局对其追缴税款、加收滞纳金并处罚款共计34 598.97元。

2. 杭州市某建筑公司高管未在法定期限内办理2019年度、2020年度和2021年度个人所得税综合所得汇算清缴，杭州市税务局第二稽查局对其追缴税款、加收滞纳金并处罚款共计264 287.49元。

3. 河南省郑州市某人力资源服务公司员工未在法定期限内办理2020年度个人所得税综合所得汇算清缴，河南省税务局稽查局对其追缴税款、加收滞纳金并处罚款共计58 222.19元。

4. 北京某设计服务公司法定代表人王某未在法定期限内办理2019年度、2020年度个人所得税综合所得汇算清缴，少缴个人所得税。经税务部门提醒督促，王某仍未办理汇算申报。税务部门对其立案检查后，北京市税务局第三稽查局对其追缴税款、加收滞纳金并处罚款共计210 254.26元。

5. 重庆市某代理公司员工刘某未在法定期限内办理2021年度个人所得税综合所得汇算清缴，少缴个人所得税。经税务部门提醒督促，刘某仍进行了虚假申报。在税务部门对其立案检查后，刘某更正申报并补缴了税款。重庆市税务局第七稽查局对刘某追缴税款、加收滞纳金并处罚款共计8.9万元。

三、企业会知道员工的哪些专项附加扣除信息

个人的专项附加扣除大多数通过企业进行扣缴，很多人会担心自己的隐私信息被企业知道，到底企业会知道多少相关信息呢？本部分给出答案。

（一）大病医疗

大病医疗专项附加扣除是个人通过汇算清缴自行扣除的，和企业无关，所以不用担心隐私问题。

（二）婴幼儿照护费用

关于婴幼儿照护费用，企业自然人电子税务局扣缴端会显示子女姓名、出生日期、国籍（地区），子女身份证号码只显示部分，不显示全部，如图 6-4 所示。

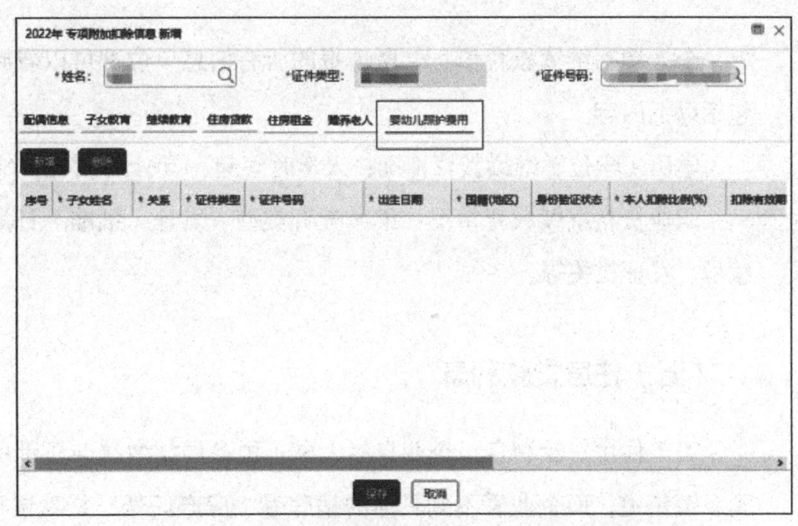

图 6-4 自然人电子税务局扣缴端——婴幼儿照护费用

（三）子女教育

关于子女教育，扣缴端会显示子女姓名、出生日期、国籍（地区）、当前受教育阶段、受教育起止日期，子女身份证号码只显示部分，不显示全部，如图6-5所示。

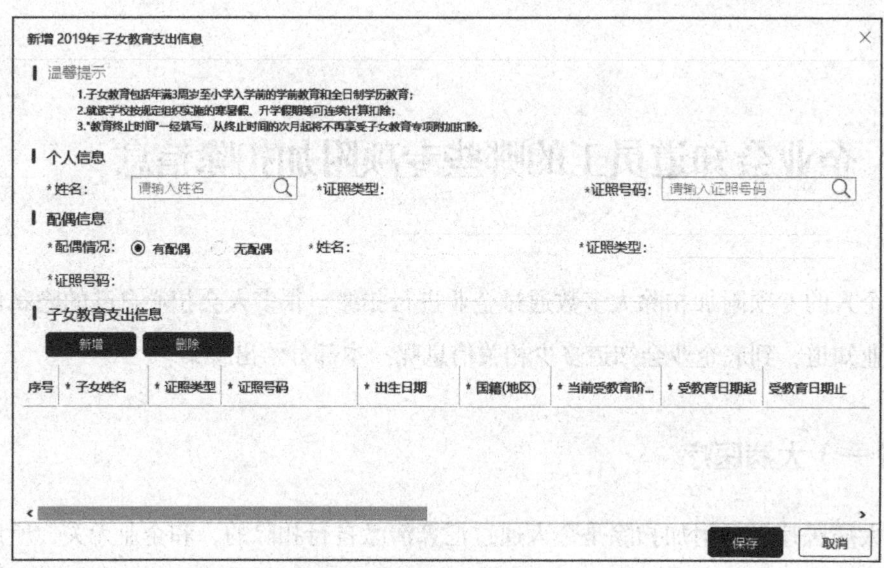

图6-5　自然人电子税务局扣缴端——子女教育

（四）继续教育

个人填写继续教育信息，所填报的所有信息单位都可以看到（见图6-6），具体包括以下内容。

学历（学位）继续教育情况：入学时间起、（预计）毕业时间、教育阶段等。

职业资格继续教育情况：继续教育类型、发证（批准）日期、证书名称、证书编号、发证机关等。

（五）住房贷款利息

关于住房贷款利息，企业自然人电子税务局扣缴端会显示房屋坐落地址，详细到乡镇街道，而企业看不到具体的楼牌号、房产证号、贷款银行；还会显示“是否婚前各自首套贷款，且婚后分别扣除50%”、首次还款日期、贷款期限（月数）等。

以上信息见图 6-7。

新增 2019年 继续教育支出信息

温馨提示

1. 一个纳税年度内，学历（学位）继续教育支出和职业资格继续教育支出可同时享受扣除。
2. 一个纳税年度内，参加多项学历教育的不得叠加享受，取得多本职业资格继续教育证书的不得叠加享受。

纳税人信息

*姓名：请输入姓名 *证照类型： *证照号码：请输入证照号码

学历(学位)继续教育情况

新增 删除

序号	* 入学时间起	* (预计)毕业时间	* 教育阶段	* 扣除有效期起	* 扣除有效期止	采集来源	状态

职业资格继续教育情况

新增 删除

序号	* 继续教育类型	* 发证(批准)日期	* 证书名称	* 证书编号	* 发证机关	* 扣除有效期起	* 扣除有效期止	采集来源

保存 取消

图 6-6 自然人电子税务局扣缴端——继续教育

新增 2019年 住房贷款支出信息

温馨提示：

住房租金支出专项附加扣除和房贷利息支出专项附加扣除不得同时享受。

个人信息

*姓名：请输入姓名 *证照类型：居民身份证 *证照号码：请输入证照号码

配偶信息

*配偶情况：○有配偶 ◉无配偶 姓名： 证照类型：

证照号码：

住房信息

房屋坐落地址：- 请选择 - *房屋楼牌号：

*证书类型： *房屋证书号：

*本人是否借款人：◉是 ○否 更新日期：2018.12.16

*是否婚前各自首套贷款，且婚后分别扣除50% ○是 ◉否

公积金贷款信息

*贷款合同编号： *首次还款日期：请选择日期 *贷款期限(月数)：0

贷款银行： *扣除有效期起：2019.1.1 *扣除有效期止：2019.1.31

商业贷款信息

*贷款合同编号： *首次还款日期：请选择日期 *贷款期限(月数)：0

贷款银行： *扣除有效期起：2019.1.1 *扣除有效期止：2019.1.31

保存 取消

图 6-7 自然人电子税务局扣缴端——住房贷款利息

（六）住房租金

关于住房租金，企业只能看到房屋坐落地址，看不到具体的房屋门牌号，能看到出租方（单位）证照号码的前几位数字，以及租赁日期起止时间等，如图 6-8 所示。

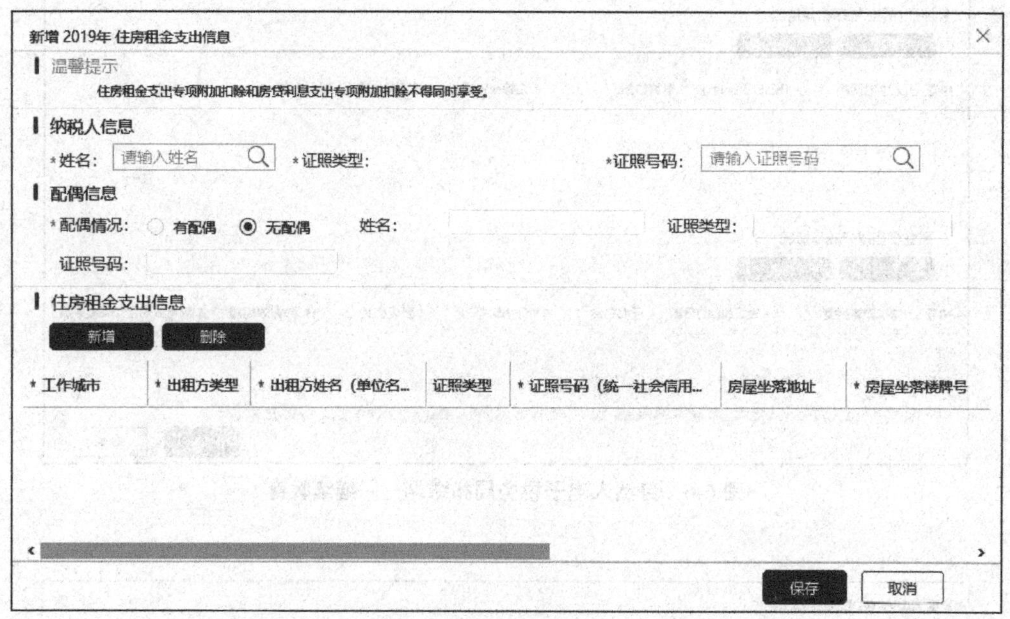

图 6-8　自然人电子税务局扣缴端——住房租金

（七）赡养老人

关于赡养老人，扣缴端会显示被赡养人的姓名、关系、出生日期等，身份证号码只显示前 6 位，还会显示共同赡养人的相关信息，如图 6-9 所示。

在实操中，员工可以选择两种报送专项附加扣除信息的方式：一是自行报送，二是由扣缴义务人代为报送。

员工如果担心隐私问题，可以采用个人自行办理的方式申报扣除。

《个人所得税专项附加扣除操作办法（试行）》（国家税务总局公告 2022 年第 7 号，以下简称“7 号公告”）第二十二条明确，纳税人既可以通过远程办税端报送专项附加扣除信息，也可以将电子或者纸质《扣除信息表》（一式两份）报送给汇缴地

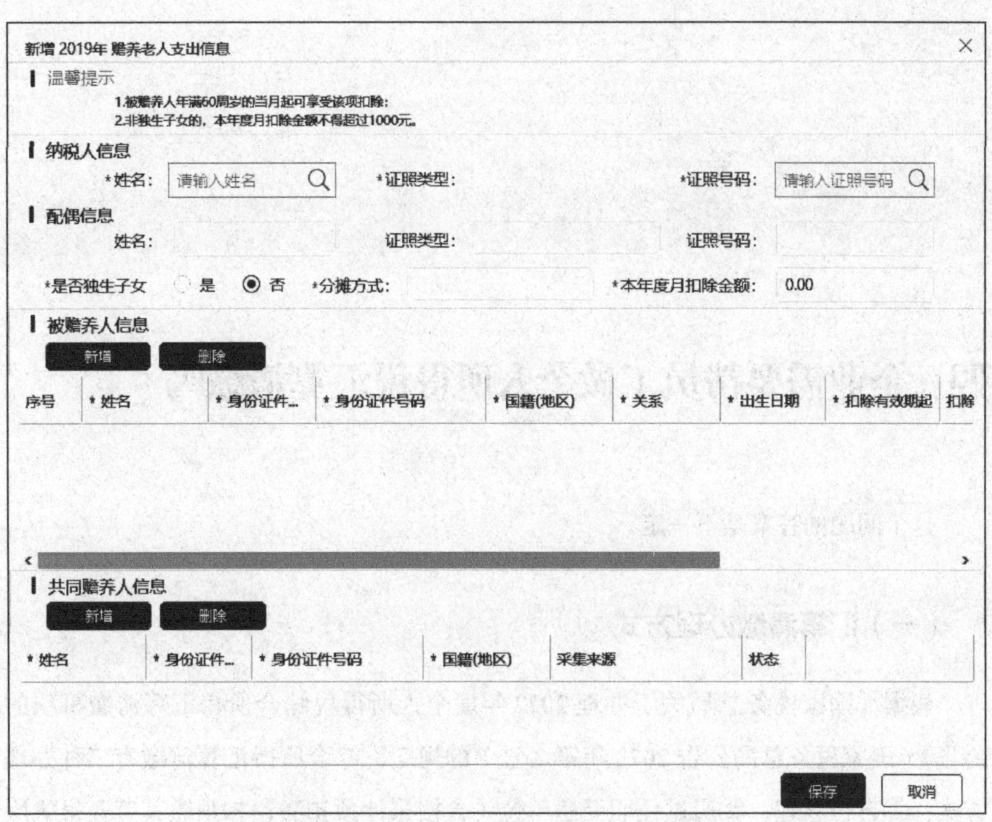

图 6-9 自然人电子税务局扣缴端——赡养老人

主管税务机关。报送电子《扣除信息表》的，主管税务机关受理打印，交由纳税人签字后，一份由纳税人留存备查，一份由税务机关留存；报送纸质《扣除信息表》的，纳税人签字确认、主管税务机关受理签章后，一份退还纳税人留存备查，一份由税务机关留存。

此处还要提醒企业，如果员工选择通过企业进行专项附加扣除，企业是无权拒绝的，而且对相关信息负有保密义务。

7 号公告第二十五条规定：“纳税人向扣缴义务人提供专项附加扣除信息的，扣缴义务人应当按照规定予以扣除，不得拒绝。与此同时，扣缴义务人应当为纳税人报送的专项附加扣除信息保密。”

四、企业需要帮员工做个人所得税汇算清缴吗

这个问题的答案是不一定。

（一）汇算清缴办理方式

根据《国家税务总局关于办理2022年度个人所得税综合所得汇算清缴事项的公告》（国家税务总局公告2023年第3号）的规定，综合所得汇算清缴有三种办理方式：①自行办理；②通过任职受雇单位（含按累计预扣法预扣预缴其劳务报酬所得个人所得税的单位）代为办理；③委托受托人（含涉税专业服务机构或其他单位及个人）办理。

（二）企业办理的相关规定

通过任职受雇单位代为办理的规定如下。

纳税人提出代办要求的，单位应当代为办理，或者培训、辅导纳税人完成汇算申报和退（补）税。

由单位代为办理的，纳税人应在2023年4月30日前与单位以书面或者电子等方式进行确认，补充提供2022年在本单位以外取得的综合所得收入、相关扣除、享受税收优惠等信息资料，并对所提交信息的真实性、准确性、完整性负责。纳税人未与单位确认请其代为办理的，单位不得代办。

也就是说，只有员工在时限内提出代办要求并进行确认后，企业才需要履行代

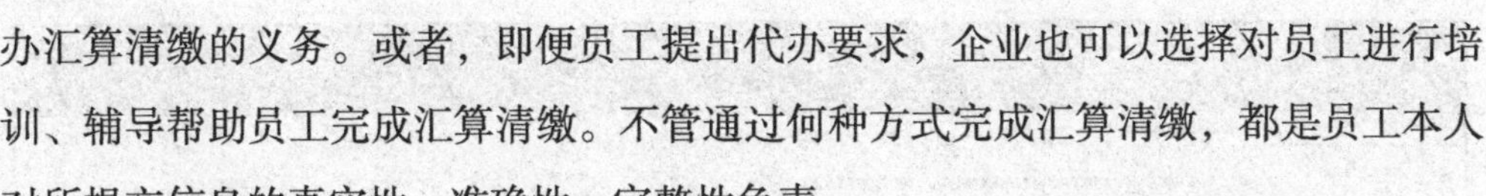
办汇算清缴的义务。或者，即便员工提出代办要求，企业也可以选择对员工进行培训、辅导帮助员工完成汇算清缴。不管通过何种方式完成汇算清缴，都是员工本人对所提交信息的真实性、准确性、完整性负责。

（三）办理实操流程

接下来讲解两个问题：①单位如何得知哪些人员尚未办理个税汇算清缴；②单位如何代员工集中办理汇算清缴。

第一个问题，单位查询本单位个税汇算未办理人员步骤如下。

（1）进入自然人电子税务局扣缴端，单击【人员信息采集】模块后，执行【导出】—【全部人员】命令，如图 6-10 所示。

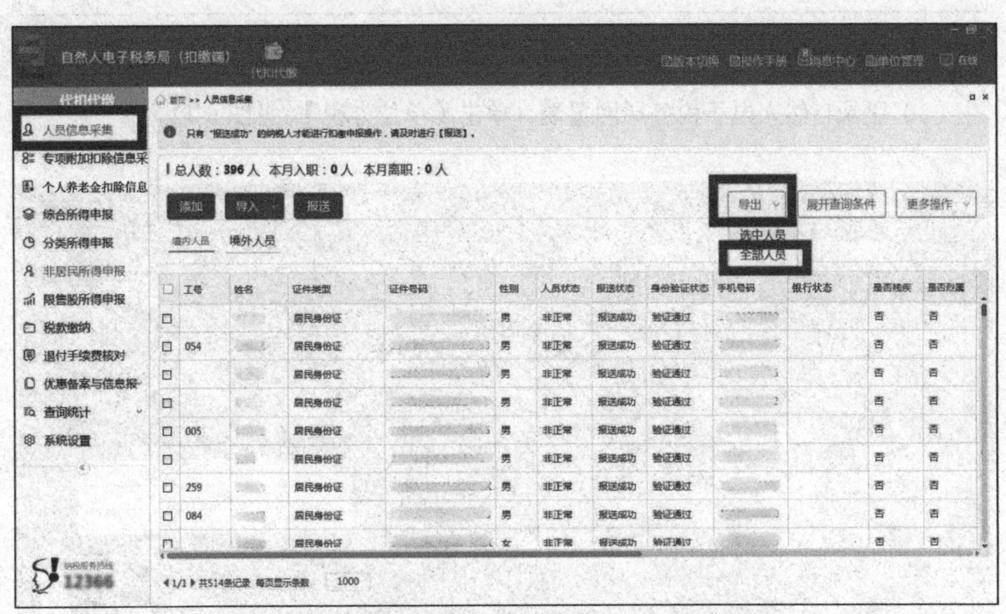

图 6-10 自然人电子税务局扣缴端——人员信息采集

（2）在打开的对话框中选中【集中申报自动计算名单表】（见图 6-11），导出名单。

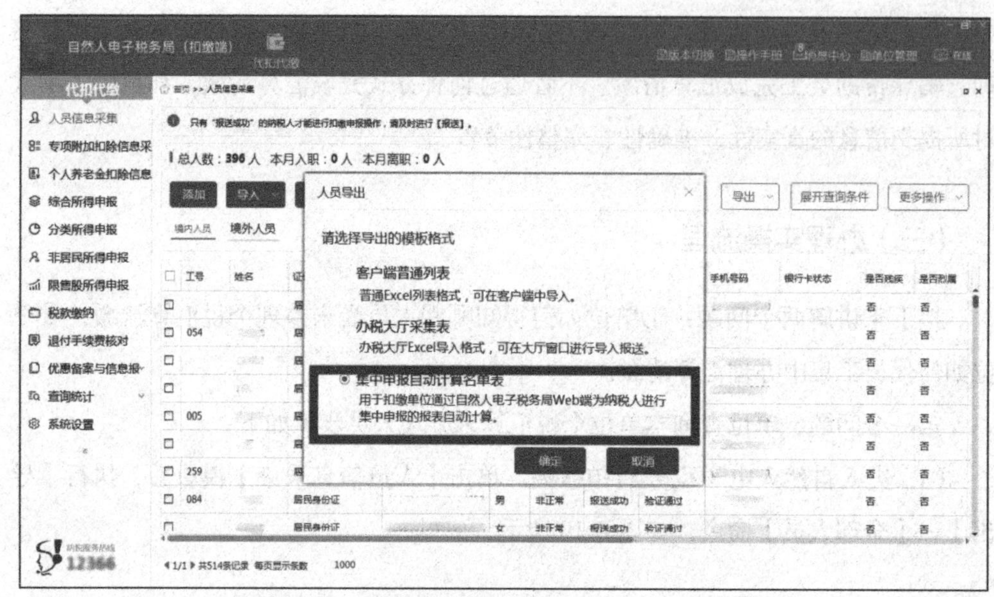

图 6-11　自然人电子税务局扣缴端——导出名单

（3）登录自然人电子税务局网页端，单击【单位办税】（见图 6-12）。

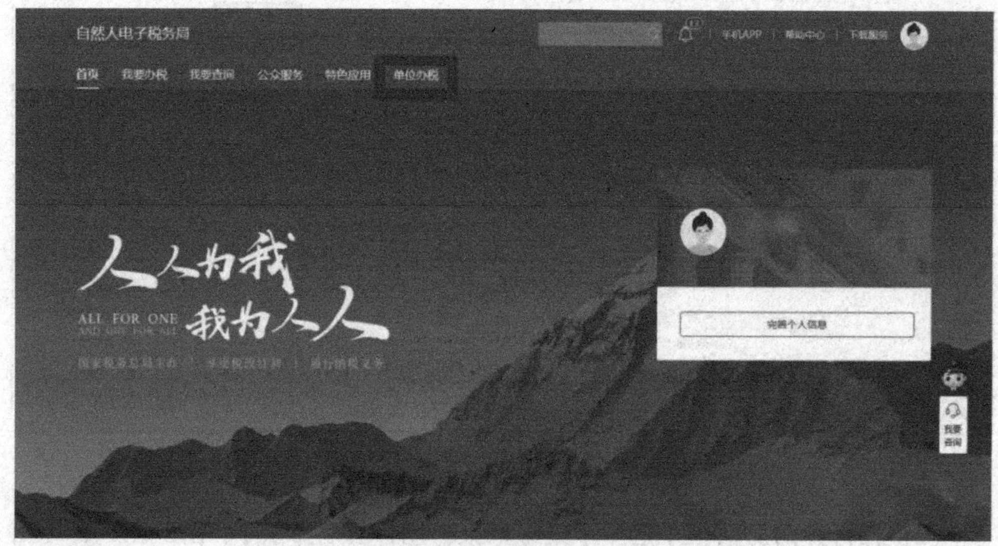

图 6-12　自然人电子税务局网页端——单位办税

（4）进入对应单位，执行【集中申报】—【报表填报】命令（见图 6-13）。

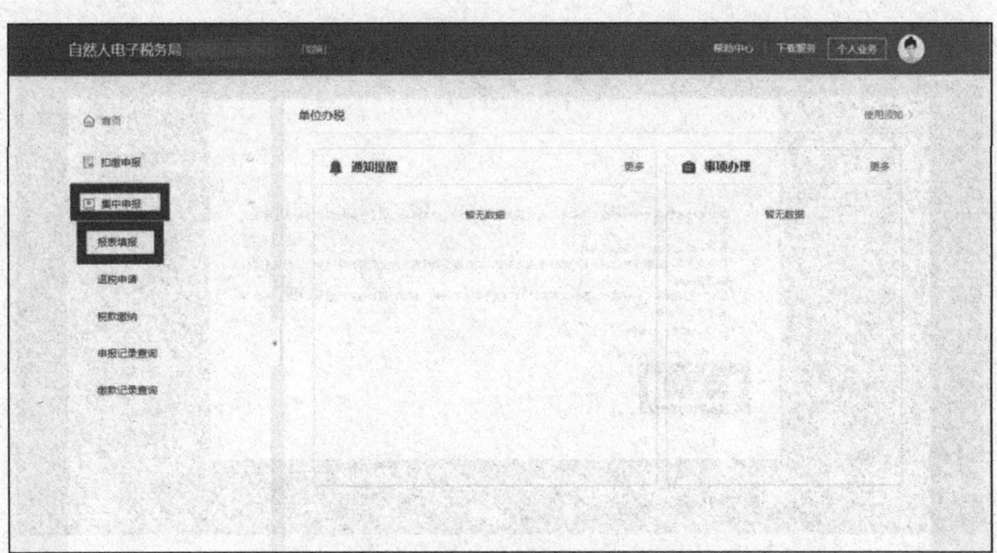

图 6-13　自然人电子税务局网页端——报表填报

（5）执行【导入】—【名单生成报表】命令（见图 6-14）。

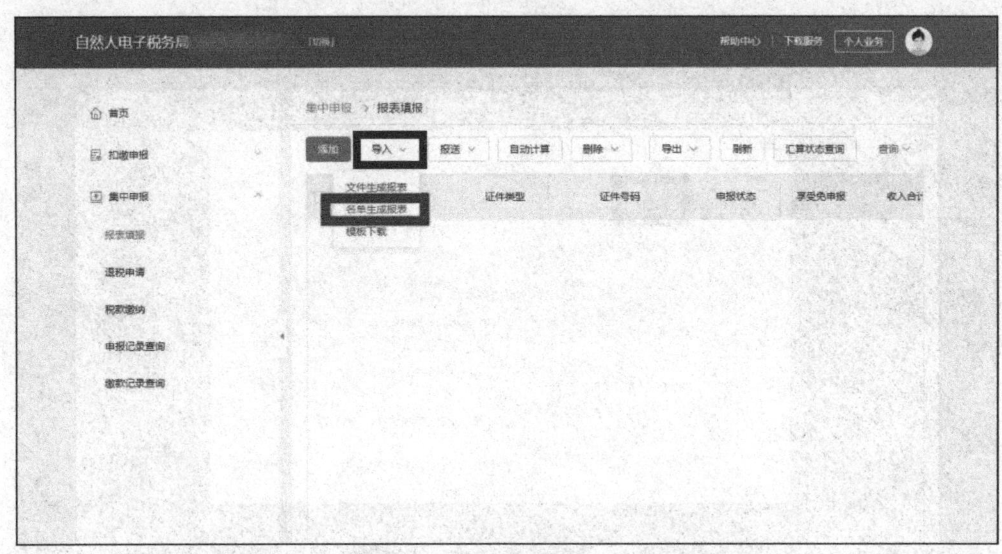

图 6-14　自然人电子税务局网页端——名单生成报表

（6）根据实际情况选择是否将全年一次性奖金并入综合所得申报，单击【选择文件】（见图 6-15），选择之前在扣缴端下载的集中申报自动计算名单表。

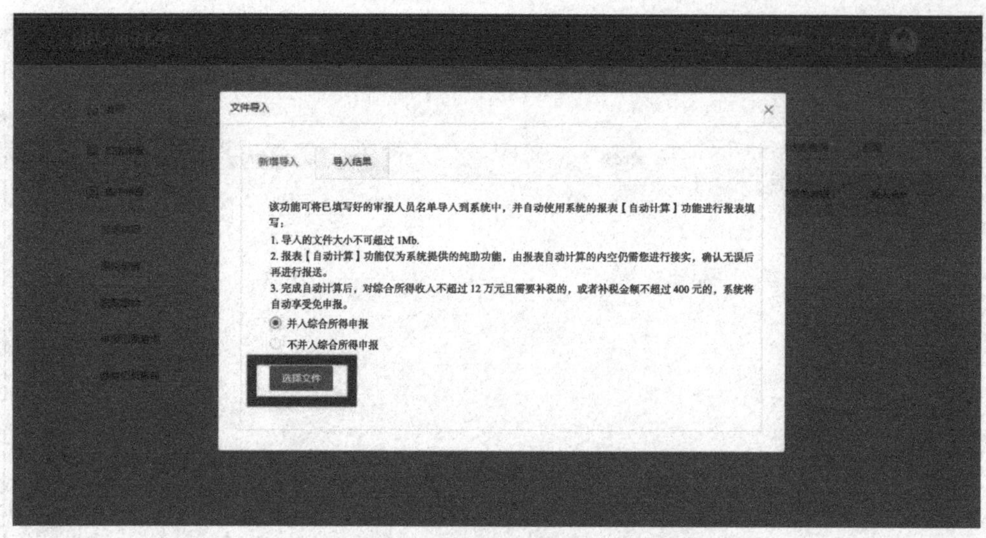

图 6-15　自然人电子税务局网页端——选择文件

（7）完成导入后，在【导入结果】选项卡中查看结果，显示“成功”字样则导入成功；显示“存在失败 / 全部失败”则可查看失败原因，如图 6-16 所示。

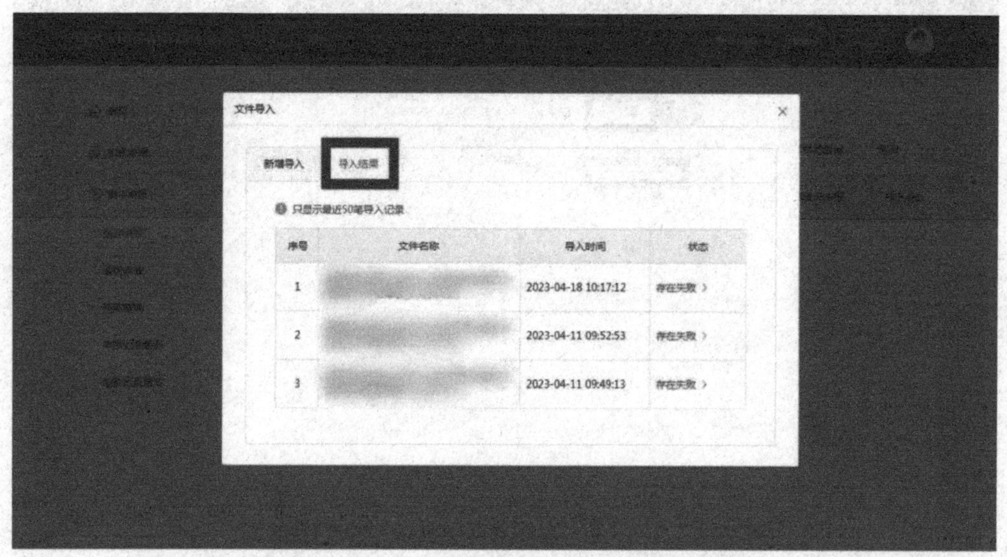

图 6-16　自然人电子税务局网页端——导入结果

若纳税人已经完成本年度汇算申报，则会导入失败，如图 6-17 所示。

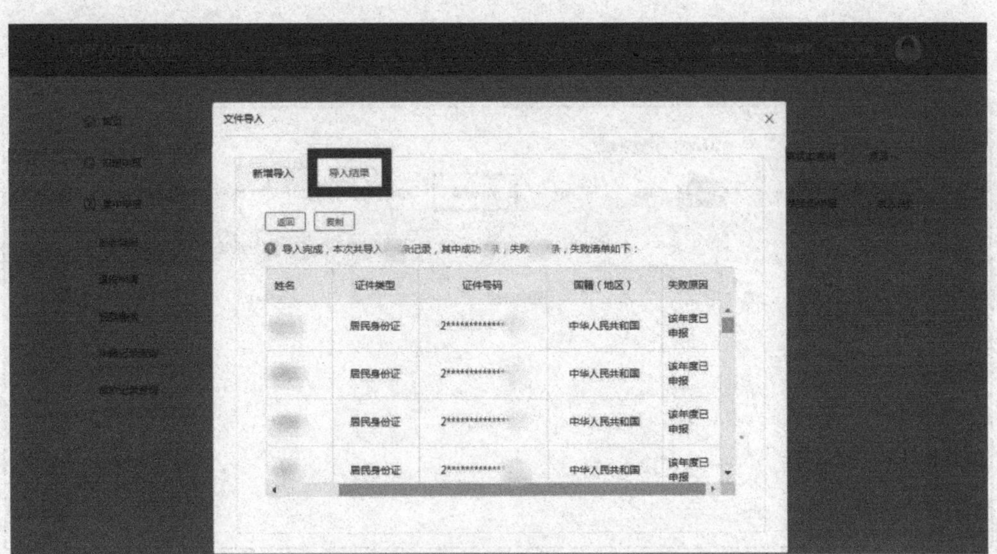

图 6-17　自然人电子税务局网页端——已申报人员显示

回到报表填报页面，导入成功的人员即为未汇算且需要汇算的人员，如图 6-18 所示。

图 6-18　自然人电子税务局网页端——未申报人员显示

第二个问题，受雇单位代员工办理个税汇算清缴步骤如下。

（1）在报表填报页面（见图 6-18），勾选需要自动计算的人员，单击【自动计算】（见图 6-19），仔细阅读提示内容后，根据实际情况选择是否将全年一次性奖金等并入综合所得（见图 6-20），单击【确定】即可进行申报表的自动计算。

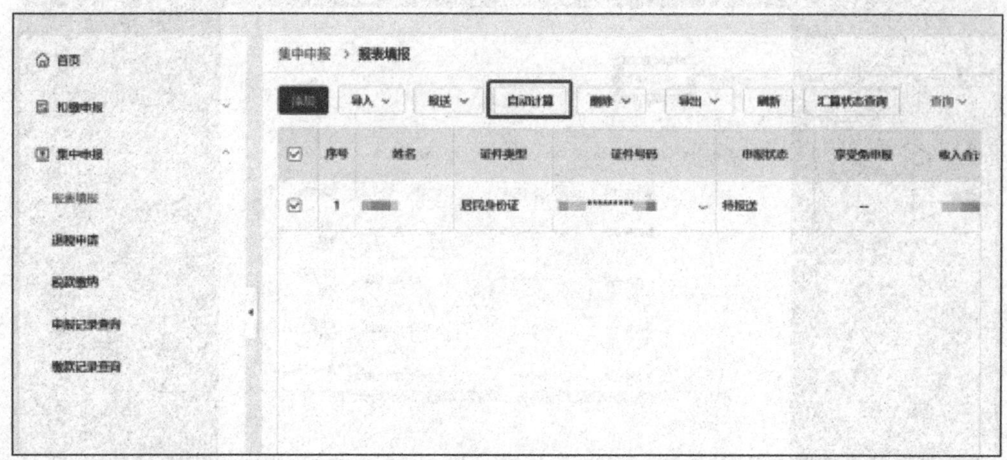

图 6-19　自然人电子税务局网页端——自动计算

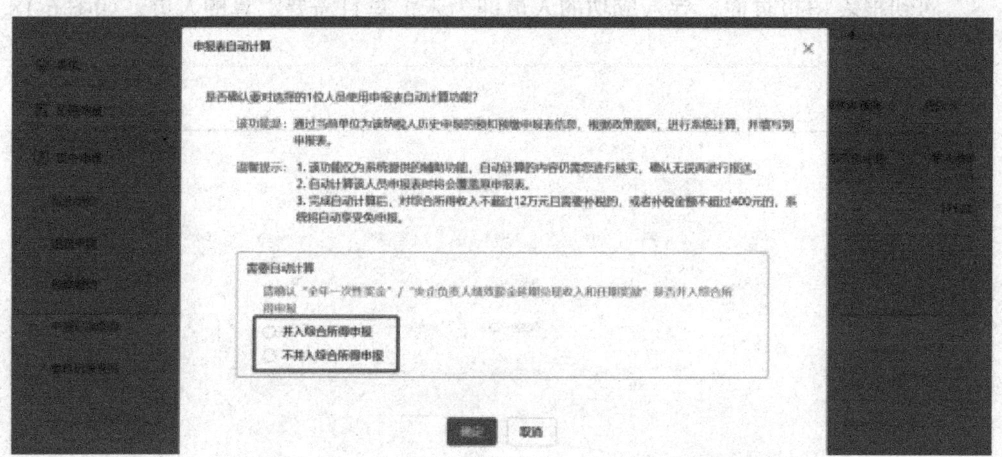

图 6-20　自然人电子税务局网页端——申报表自动计算

其中要注意以下要点。

① 使用过非居民申报表的纳税人，采用名单模板只能生成空白申报表，建议采用申报表模板。

② 系统自动计算获取的收入合计等数据，仅为纳税人 2022 年度在本单位取得的工资、薪金等综合所得相关数据。如有本单位以外的综合所得收入及扣除等，纳税人需主动提供相关信息，并由单位逐个修改录入。

（2）如已和员工确认取得有本单位以外的综合所得收入的，还需要单独修改。

在申报表中单击纳税人的姓名，进行报表数据编辑。

如果有应退税额，银行账号为必填项，同时系统会进行校验，确认填写的是纳税人本人正确的银行卡号（I类银行卡），确认无误后再保存修改。

（3）申报状态为“待报送”和“申报失败”的可以进行申报表报送，可以单选或批量勾选，单击【报送】（见图6-21）进行申报。

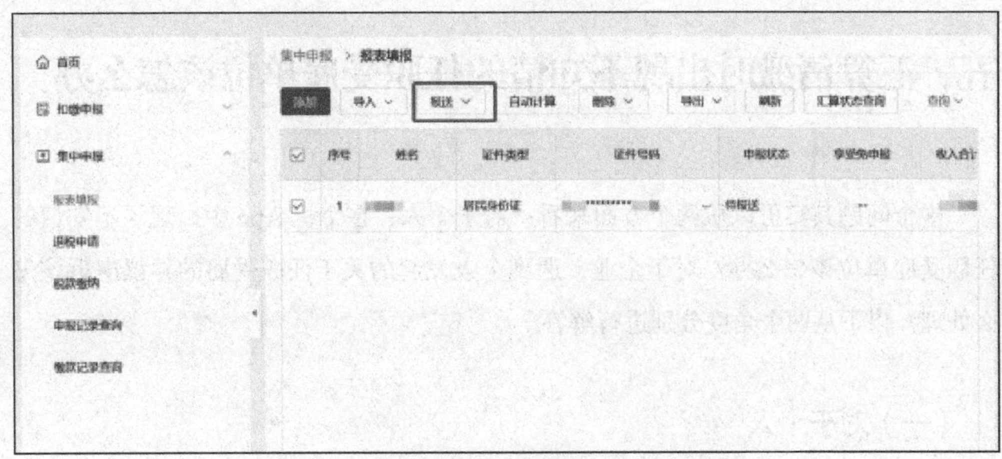

图6-21　自然人电子税务局网页端——报表报送

（4）勾选【所有“待报送”的申报表，我都已确认无误】，单击【确定】（见图6-22），完成申报。

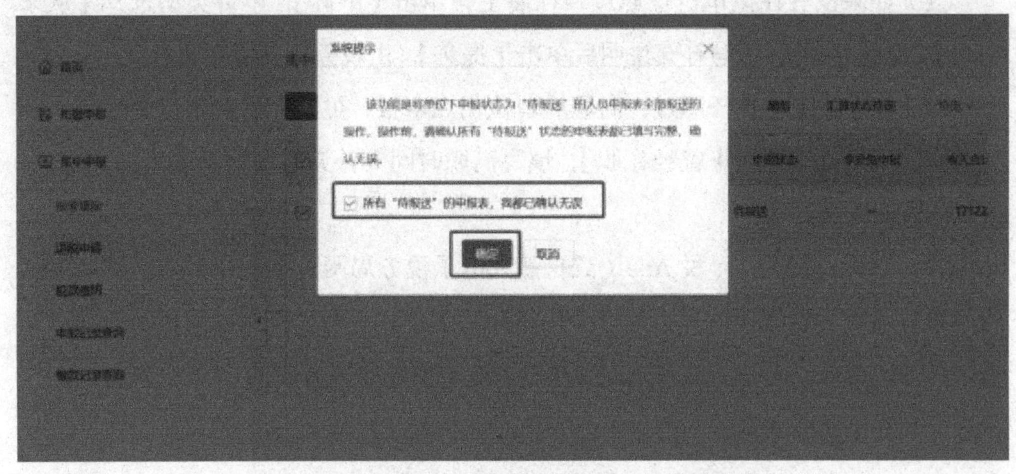

图6-22　自然人电子税务局网页端——完成申报

五、汇算清缴时出现不知情的任职受雇单位该怎么办

这个问题其实可以从两个方面来看：对于个人，在个税 App 中出现了不知情的任职受雇单位该怎么办？对于企业，遇到个人发起的关于任职受雇的异议申诉该怎么处理？以下从两个角度分别进行解答。

（一）对于个人

一般来说，出现不知情的任职受雇单位有两种情况：一是从未在该单位任职或者之前任职过，二是现在已经离职了。不管是哪种情况，都可以在个税 App 里进行申诉处理。

（1）如果没有在该单位任职过，在右上角单击【申诉】，申诉类型选择【从未在职】（见图 6-23），填写补充说明后单击【提交】，由税务机关展开调查。

（2）如果在该单位任职过，离职后单位仍在申报，可以先联系单位协商。协商无果后，申诉类型选择【曾经在职】，填写离职时间等补充说明后单击【提交】，申诉状态将变为已处理。

（3）申诉提交后，个税 App（或自然人电子税务局网页端）相关任职受雇信息将不再显示。后续处理结果会通过个税 App（或自然人电子税务局网页端）的消息提醒反馈，也可以通过个税 App（或自然人电子税务局网页端）【异议处理查询】模板进行查看（见图 6-24）。

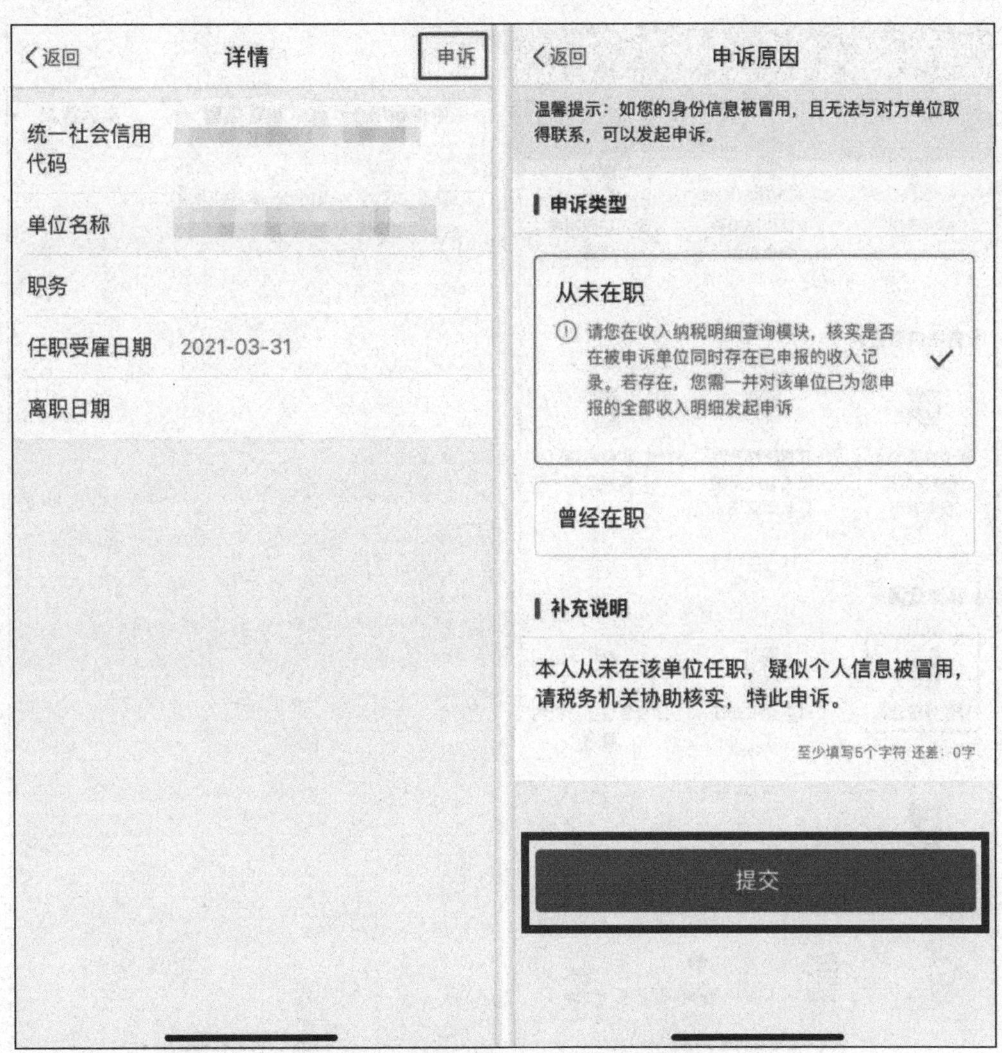

图 6-23 个税 App——任职受雇申诉

（二）对于企业

个税 App 的申诉功能支持在该申诉被受理前撤回申诉，因此企业可以先尝试联系该人员进行协商撤回。如果申诉已经受理便不能在个税 App 中撤销，税务机关将对被申诉企业启动核查程序。

对于以上来自个人不同的两类申诉，系统处理的情形也是不同的。

1. 曾经在职的申诉

对于个人发起的“被任职”（曾经在职）的申诉，系统会直接推送给被申诉的

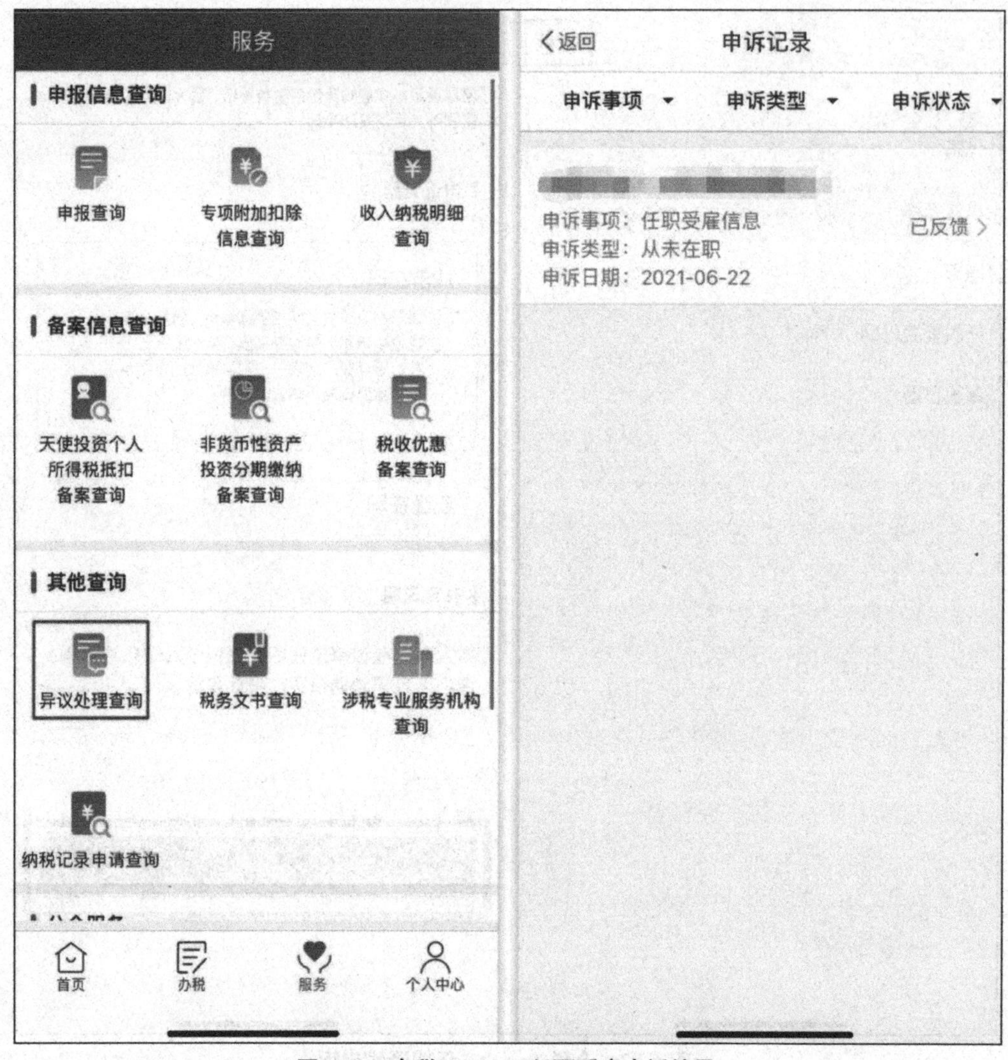

图 6-24 个税 App——任职受雇申诉结果

企业进行核实处理。

企业可以通过自然人电子税务局扣缴端的“消息中心”或“待处理事项”查看收到的异议申诉，如果核实申诉属实，确认为员工已离职，需要在自然人电子税务局扣缴端做离职、非正常处理，如图 6-25 所示；如果有对该人员离职后继续进行个人所得税扣缴申报，那么还需要删除申报信息。完成以上操作后应及时填写反馈说明、反馈人、反馈人联系电话等信息后提交。

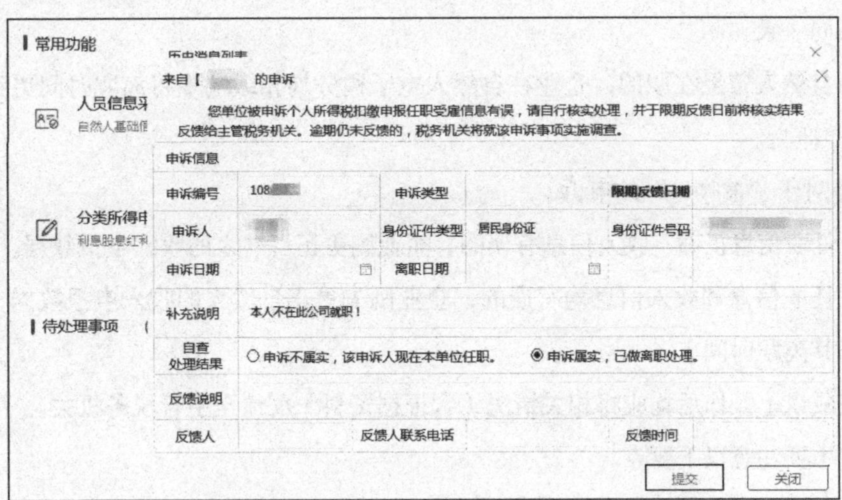

图 6-25　自然人电子税务局扣缴端——曾经在职申诉处理

2. 从未在职的申诉

对于个人发起的从未在职的申诉，系统将推送至被申诉企业主管税务机关处理，企业收到主管税务机关的异议申诉风险提示后应及时核实申诉人情况，并将核实处理结果反馈至主管税务机关。

企业应根据自然人申诉的事项，查看该自然人任职时间、离职时间、收入数据等信息。

（1）若确认以上信息均申报无误，则自然人异议申诉不属实。

如果税务机关核查结果是任职受雇及金额发放信息真实无误，那么税务机关有可能会做出“申诉不成立”的结论，如图 6-26 所示。

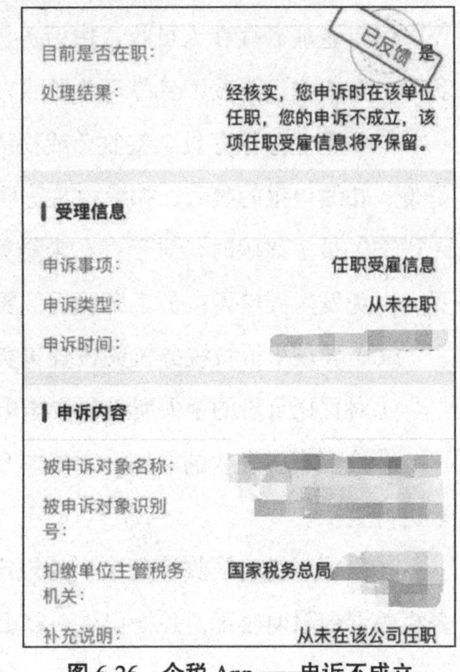

图 6-26　个税 App——申诉不成立

（2）企业若确认以上信息申报有误，则自然人异议申诉属实，按以下步骤处理。

① 对于“被任职（无收入）”的申诉

a. 自然人从未在职的，企业在自然人电子税务局扣缴端中修改离职时间和任职时间为同一天。

b. 自然人曾经在职的，企业在自然人电子税务局扣缴端中将离职时间更正为实际离职时间。

② 对于“被收入”的申诉

a. 任职信息正确、收入信息有误的，企业则更正自然人的收入申报数据。

b. 任职信息和收入信息均有误的，企业则先更正自然人的收入申报数据，然后再更正其离职时间。

完成以上操作后均应将相关情况（含证据资料）反馈至主管税务机关。

其中要注意以下要点。

（1）按照真实发生的雇佣情形与在职人员信息申报工资并扣缴个税。

（2）出现滞后申诉、无效申诉、虚假申诉的情形也是有可能的，企业可以提供情况说明、离职证明、劳动合同、工资单、银行流水等资料至税务机关配合核查。

（3）企业若存在人员收入由劳务派遣公司代发及申报、税务登记名称与常用名称不一致或曾经更改过名称等情形的，应及时向员工解释告知。

（4）企业应保存员工签收（或视同签收）的工资条，其中应列明扣缴义务人的身份、扣缴申报的收入、扣缴税款等明细数据。

（5）员工离职时，对于存在未结算收入，要一并告知，以便和员工达成一致意见，以免发生误申诉；员工离职后，要及时更新人员状态。

（6）异议申诉被税务机关核查属实的，企业应进行下列处理并会受到处罚。

①对冒用身份的个人所得税扣缴申报明细进行更正，消除对申诉人的影响。

②按照真实发生的原则，对成本费用中包含的虚列工资薪金的企业所得税申报表进行更正。

③根据《税收征收管理法》的规定，依照编造虚假计税依据的处罚规定，由税务机关责令限期改正，并处罚款，以上行为构成偷税的，按照相关程序办理。

第六十四条　纳税人、扣缴义务人编造虚假计税依据的，由税务机关责令限期改正，并处五万元以下的罚款。纳税人不进行纳税申报，不缴或者少缴应纳税款的，由税务机关追缴其不缴或者少缴的税款、滞纳金，并处不缴或者少缴的税款百分之五十以上五倍以下的罚款。

六、夫妻双方享受子女教育专项附加扣除的合规要点有哪些

本部分讲解子女教育专项附加扣除的相关细节，以及疑点、难点和易错点，帮助大家做好合规管理。

（一）子女教育专项附加扣除信息表

子女教育专项附加扣除信息表如表 6-1 所示。

表 6-1　子女教育专项附加扣除信息表

扣除范围	学前教育支出	学历教育支出
	满 3 岁至小学入学前（不包括 0 ~ 3 岁阶段）	义务教育（小学、初中教育）、高中阶段教育（普通高中、中等职业、技工教育）、高等教育（大学专科、大学本科、硕士研究生、博士研究生教育）
扣除方式	定额扣除	定额扣除
扣除标准	每个子女 2000 元 / 月	
扣除主体	父母（法定监护人）各扣除 50%	
	父母（法定监护人）选择一方全额扣除	
注意事项	1. 子女在境内学校或境外学校接受教育，在公办学校或民办学校接受教育均可享受 2. 子女已经不再接受全日制学历教育的不可以填报子女教育专项附加扣除 3. 具体扣除方式在一个纳税年度内不能变更 4. 纳税人子女在中国境外接受教育的，纳税人应当留存境外学校录取通知书、留学签证等相关教育的证明资料备查	

（二）疑难与易错问题整理

1. 两个或两个以上子女的怎么扣除？

答：有多子女的父母，可以对不同的子女选择不同的扣除方式。以两个子女的父母为例，父母之间合计共扣 4000 元，那么除了一人扣 2000 元，或者一人不扣另一人扣 4000 元之外，还有一个选项是一人扣 1000 元另一人扣 3000 元。所以就是以 1000 元为最小单元，两个人之间自由分配。

2. 残障儿童接受的特殊教育，父母是否可以享受子女教育专项附加扣除？

答：特殊教育属于义务教育，同时拥有学籍，因此父母可以享受扣除。

3. 子女大学期间参军，学校保留学籍，父母是否可以继续享受子女教育扣除？

答：服兵役是公民的义务，大学期间参军是积极响应国家的号召，参军保留学籍期间，属于高等教育阶段，其父母可以享受子女教育专项附加扣除。

4. 需要填写教育终止时间吗？

答：已确定子女因就业或其他原因不再继续接受全日制学历教育时填写。当前受教育阶段毕业，但还会继续接受全日制学历教育的无须填写。

5. 寒暑假期间可以继续享受吗？

答：可以。只要纳税人不填写终止受教育时间，当年一经采集，全年不中断享受。

6. 是否必须在子女满 3 周岁之后才能填写？

答：本扣除年度内子女即将年满 3 周岁的，可以在子女满 3 周岁之前提前填写报送相关信息，子女满 3 周岁的当月即可享受子女教育专项附加扣除，无须等待子女实际年满 3 周岁才填报。

7. 对存在离异重组等情况的家庭而言，如何享受子女教育扣除政策？

答：具体扣除方法由父母双方协商决定，一个孩子扣除总额不能超过每月 2000 元，扣除主体不能超过两人。

七、继续教育专项附加扣除的合规要点有哪些

继续教育专项附加扣除包含学历（学位）继续教育、技能人员职业资格继续教育和专业技术人员职业资格继续教育。

（一）继续教育专项附加扣除信息表

继续教育专项附加扣除信息表如表6-2所示。

表6-2　继续教育专项附加扣除信息表

<table>
<tr><td rowspan="2">扣除范围</td><td>学历继续教育支出</td><td>技能人员职业资格继续教育支出</td><td>专业技术人员职业资格继续教育支出</td></tr>
<tr><td>境内学历（学位）教育期间</td><td colspan="2">取得证书的年度</td></tr>
<tr><td>扣除方式</td><td>定额扣除</td><td colspan="2">定额扣除</td></tr>
<tr><td>扣除标准</td><td>400元/月
最长不超过48个月</td><td colspan="2">3600元</td></tr>
<tr><td rowspan="2">扣除主体</td><td>本人扣除</td><td rowspan="2" colspan="2">本人扣除</td></tr>
<tr><td>个人接受本科（含）以下学历（学位）继续教育，可以选择由其父母（子女教育）扣除</td></tr>
<tr><td>注意事项</td><td colspan="3">1. 对同时接受多个学历继续教育，或者同时取得多个职业资格证书的，只需填报其中一个。但如果同时存在学历继续教育、职业资格继续教育两类继续教育情形，那么每一种情形都要填写
2. 技能人员职业资格、专业技术人员职业资格应参见人力资源和社会保障部门发布的《国家职业资格目录》</td></tr>
</table>

（续表）

注意事项	3. 纳税人接受技能人员职业资格继续教育、专业技术人员职业资格继续教育的，应当留存相关证书等资料备查

（二）疑难与易错问题整理

1. 继续教育专项附加扣除该如何申报？

答：对技能人员职业资格和专业技术人员职业资格继续教育，采取凭证书信息定额扣除方式。纳税人在取得证书后向扣缴义务人提供姓名、纳税识别号、证书编号等信息，由扣缴义务人在预扣预缴环节扣除，也可通过汇算清缴享受扣除。

对学历继续教育，采取凭学籍、考籍信息定额扣除方式。纳税人向扣缴义务人提供姓名、纳税识别号、学籍、考籍等信息，由扣缴义务人在预扣预缴环节扣除，也可通过汇算清缴享受扣除。

2. 学历（学位）继续教育支出可在多长期限内扣除？

答：在中国境内接受学历（学位）继续教育入学的当月至学历（学位）继续教育结束的当月，但同一学历（学位）继续教育的扣除期限最长不得超过 48 个月。

3. 纳税人享受继续教育专项附加扣除是否需要保存资料？

答：不一定。纳税人接受学历继续教育，不需保存相关资料。纳税人接受技能人员职业资格继续教育、专业技术人员职业资格继续教育的，应当留存相关证书等资料备查。

4. 纳税人享受继续教育扣除时，如果因病因故等原因休学且学籍继续保留期间，以及寒暑假期间是否连续计算？

答：学历（学位）继续教育的扣除期限最长不得超过 48 个月，48 个月包括纳税人因病、因故等原因休学且学籍继续保留的休学期间，以及施教机构按规定组织实施的寒暑假期间。

5. 参加自学考试，纳税人应当如何享受扣除？

答：按照《高等教育自学考试暂行条例》的有关规定，高等教育自学考试应考者取得一门课程的单科合格证书后，教育部门即为其建立考籍管理档案。具有考籍管理档案的考生，可以按规定享受继续教育专项附加扣除。

6. 纳税人参加夜大、函授、现代远程教育、广播电视大学等学习，是否可以享受继续教育扣除？

答：纳税人参加夜大、函授、现代远程教育、广播电视大学等学习，所读学校为其建立学籍档案的，可以享受学历（学位）继续教育扣除。

7. 如果在国外进行的学历继续教育，或者拿到了国外颁发的技能证书，能否享受继续教育扣除？

答：根据《专项附加扣除暂行办法》的规定，纳税人在中国境内接受的学历（学位）继续教育支出，以及接受技能人员职业资格继续教育、专业技术人员职业资格继续教育支出，可以按规定享受扣除。对于纳税人在国外接受的学历继续教育和国外颁发的技能证书，不符合“中国境内”的规定，不能享受继续教育专项附加扣除。

8. 如果纳税人在接受学历继续教育的同时取得技能人员职业资格证书或者专业技术人员职业资格证书，可以同时扣除吗？

答：可以。纳税人接受学历继续教育，可以按照每月 400 元的标准扣除，全年共计 4800 元；在同年又取得技能人员职业资格证书或者专业技术人员职业资格证书，且符合扣除条件的，全年可按照 3600 元的标准定额扣除。因此，对同时符合两类情形的纳税人，该年度可叠加享受扣除，即当年其继续教育最多可扣除 8400 元。

9. 参加培训班的培训费用可扣除吗？

答：不行。继续教育专项附加扣除的范围限定学历继续教育、技能人员职业资格继续教育和专业技术人员职业资格继续教育的支出，参加培训班的培训费用不在扣除范围内。

10. 纳税人终止继续教育是否需要报告？

答：纳税人终止学历继续教育的，应当将相关变化信息告知扣缴义务人或税务机关。

11. 参加了学历（学位）教育，最后没有取得学历（学位）证书，是否可以享受继续教育扣除？

答：参加学历（学位）继续教育，按照实际受教育时间，享受每月 400 元的扣除，最多扣除 48 个月。不考察最终是否取得证书。

12. 同时接受多个学历继续教育或者取得多个专业技术人员职业资格证书，是否均需要填写？

答：对同时接受多个学历继续教育，或者同时取得多个职业资格证书的，只需填报其中一个。但如果同时存在学历继续教育、职业资格继续教育两种继续教育情形的，则每一种情形都要填写。

13. 如果可以，48 个月后，换一个专业就读（属于第二次继续教育），还可以继续扣 48 个月？

答：纳税人 48 个月后，换一个新的专业学习，可以重新按第二次参加学历（学位）继续教育扣除，还可以继续扣 48 个月。

14. 纳税人接受继续教育的学历证书在今年领取，学位证明年领取，那么如何填报教育起止时间？哪个时间段可以按照接受继续教育进行专项附加扣除？

答：根据《国家税务总局关于修订发布〈个人所得税专项附加扣除操作办法（试行）〉的公告》（国家税务总局公告 2022 年第 7 号）第三条中关于纳税人享受符合规定的继续教育专项附加扣除的计算时间分别为：学历（学位）继续教育，为在中国境内接受学历（学位）继续教育入学的当月至学历（学位）继续教育结束的当月，同一学历（学位）继续教育的扣除期限最长不得超过 48 个月；技能人员职业资格继续教育、专业技术人员职业资格继续教育，为取得相关证书的当年。

由于文件表述为“学历（学位）”，因此只要满足学历或学位任一条件，均可进行继续教育专项附加扣除，纳税人可按范围较长的时间进行填报，但最长不可超过 48 个月。题目中纳税人在不超过 48 个月的前提下，可按学位证领取时间确定继续教育截止时间。

15. 国家职业资格目录是动态调整的，报名考试时报考项目还在目录里，领证时已移出目录，应按照哪个时点确认能否享受继续教育专项附加扣除？

答：以证书上载明的发证时间或批准时间为时点，如该时点该职业资格仍在国家职业资格目录中，则可以正常享受继续教育专项附加扣除。

16. 纳税人在本硕博连读的博士阶段，父母已经申报享受了子女教育专项附加扣除，纳税人如果在博士读书时取得律师资格证书，可以申报继续教育扣除吗？

答：可以。在取得证书的当年，可以享受职业资格继续教育扣除。

八、赡养老人专项附加扣除的合规要点有哪些

赡养老人专项附加扣除的相关细节如下。

（一）赡养老人专项附加扣除信息表

赡养老人专项附加扣除信息表如表 6-3 所示。

表 6-3 赡养老人专项附加扣除信息表

扣除范围	纳税人赡养一位及一位以上被赡养人的赡养支出	
	被赡养人是指年满 60 岁的父母，以及子女均已去世的年满 60 岁的祖父母、外祖父母	
	独生子女	非独生子女
扣除方式	定额扣除	定额扣除
扣除标准	3000 元 / 月	每人不超过 1500 元 / 月（分摊每月 3000 元的扣除额度）
扣除主体	本人扣除	平均分摊：赡养人平均分摊
		约定分摊：赡养人自行约定分摊比例
		指定分摊：由被赡养人指定分摊比例
注意事项	1. 指定分摊及约定分摊必须签订书面协议 2. 指定分摊优先于约定分摊 3. 具体分摊方式和额度在一个纳税年度内不能变更	

（二）疑难与易错问题整理

1. 双胞胎是否可以按照独生子女的标准享受扣除？

答：双胞胎不可以按照独生子女的标准享受扣除。双胞胎兄弟姐妹需要共同赡养父母，双胞胎中任何一方都不是父母的唯一赡养人，因此每个子女不能独自享受每月 3000 元的扣除额度。

2. 非独生子女，父母指定或兄弟协商，能否以某位子女按每月 3000 元扣除？

答：不可以。按照规定，纳税人为非独生子女的，在兄弟姐妹之间分摊每月 3000 元的扣除额度，每人分摊额度不能超过每月 1500 元。

3. 父母均要满 60 岁还是只要一位满 60 岁即可享受扣除？

答：父母中有一位年满 60 周岁，纳税人就可以按照规定标准享受赡养老人专项附加扣除。

4. 独生子女家庭，父母离异后再婚，如何享受赡养老人扣除？

答：对于独生子女家庭，父母离异后重新组建家庭，在新组建的两个家庭中，只要父母中一方没有纳税人以外的其他子女，那么纳税人可以按照独生子女标准享受每月 3000 元赡养老人专项附加扣除。除上述情形外，不能按照独生子女享受扣除。

5. 两个子女中的一个无赡养父母的能力，是否可以由余下那个子女享受 3000 元扣除标准？

答：不可以。按照专项附加扣除暂行办法规定，纳税人为非独生子女的，在兄弟姐妹之间分摊 3000 元 / 月的扣除额度，每人分摊的额度不能超过每月 1500 元，不能由其中一人单独享受全部扣除。

6. 由于纳税人的叔叔伯伯无子女，纳税人实际承担对叔叔伯伯的赡养义务，是否可以扣除赡养老人支出？

答：不可以。被赡养人是指年满 60 岁的父母，以及子女均已去世的年满 60 岁的祖父母、外祖父母。

7. 赡养岳父岳母或公婆的费用是否可以享受个人所得税附加扣除？

答：不可以。解答同上个问题。

8. 非独生子女的兄弟姐妹都已去世，是否可以按独生子女赡养老人扣除 3000 元 / 月？

答：一个纳税年度内，如纳税人的其他兄弟姐妹均已去世，其可在第二年按照独生子女赡养老人标准 3000 元 / 月扣除。如纳税人的兄弟姐妹在 2019 年 1 月 1 日以前均已去世，则选择按“独生子女”身份享受赡养老人扣除标准；如纳税人已按“非独生子女”身份填报，可修改已申报信息，1 月按非独生子女身份扣除少享受的部分，可以在下个月领工资时补扣除。

9. 子女均已去世的年满 60 岁的祖父母、外祖父母，孙子女、外孙子女能否按照独生子女扣除，如何判断?

答：只要祖父母、外祖父母中的任何一方，没有纳税人以外的其他孙子女、外孙子女共同赡养，那么纳税人可以按照独生子女扣除。如果还有其他的孙子女、外孙子女与纳税人共同赡养祖父母、外祖父母，那么纳税人不能按照独生子女扣除。

九、员工及其配偶的住房贷款利息专项附加扣除的合规要点有哪些

住房贷款利息专项附加扣除与住房租金专项附加扣除不可同时享受，以下为相关细节。

（一）住房贷款利息专项附加扣除信息表

住房贷款利息专项附加扣除信息表如表 6-4 所示。

表 6-4　住房贷款利息专项附加扣除信息表

扣除范围	纳税人本人或其配偶单独或共同使用商业银行或住房公积金个人住房贷款为本人或其配偶购买中国境内住房，发生的首套住房贷款利息支出
	实际发生贷款利息的年度（不超过 240 个月）
扣除方式	定额扣除
扣除标准	1000 元 / 月
扣除主体	经夫妻双方约定，可以选择由其中一方扣除，具体扣除方式在一个纳税年度内不能变更
	夫妻双方婚前分别购买住房发生的首套住房贷款利息，婚后可选择其中一套房，由购买方按扣除标准的 100% 扣除，或对各自购买住房分别按扣除标准的 50% 扣除，具体扣除方式在一个纳税年度内不能变更
注意事项	1. 所称首套住房贷款是指购买住房享受首套住房贷款利率的住房贷款 2. 纳税人应当留存住房贷款合同、贷款还款支出凭证备查 3. 纳税人及其配偶在一个纳税年度内不能同时分别享受住房贷款利息和住房租金专项附加扣除

（二）疑难与易错问题整理

1. 首套房的贷款还清后，贷款购买第二套房屋时，银行仍旧按照首套房贷款利率发放贷款，首套房没有享受过扣除，第二套房屋是否可以享受住房贷款利息扣除？

答：可以。根据相关规定，如纳税人此前未享受过住房贷款利息扣除，那么其按照首套住房贷款利率贷款购买的第二套住房，可以享受住房贷款利息扣除。

2. 丈夫婚前购买的首套住房，婚后由丈夫还贷，首套住房利息是否只能由丈夫扣除？妻子是否可以扣除？

答：可以。按照专项附加扣除暂行办法规定，经夫妻双方约定，可以选择由夫妻中一方扣除，具体扣除方式在一个纳税年度内不能变更。

3. 父母和子女共同购房，房屋产权证明、贷款合同均登记为父母和子女，可以同时享受住房贷款利息专项附加扣除吗？

答：不可以。父母和子女共同购买一套房子，不能既由父母扣除，又由子女扣除，应该由主贷款人扣除。如主贷款人为子女的，由子女享受贷款利息专项附加扣除；主贷款人为父母中一方的，由父母任一方享受贷款利息扣除。

4. 父母为我购买了房产，房屋在我名下，贷款人是父母，我是否可以享受住房贷款利息的专项附加扣除？

答：不可以。只有纳税人本人或者配偶使用住房贷款为本人或者其配偶购买中国境内住房，发生的首套住房贷款利息支出可以扣除。如果房产是父母购买的，即使在子女名下也不符合扣除的规定，子女不可以享受住房贷款利息扣除。

5. 之前购买的房产只享受过 2 年的住房贷款利息专项附加扣除，现在把这套房产卖了，之后又购买一套新的住房，是否可以继续享受住房贷款利息专项附加扣除？

答：不可以。只要申报扣除过一套住房贷款利息，在系统中就存有扣除住房贷款利息的记录，无论扣除时间长短，也无论该住房的产权归属情况，纳税人不得再就其他房屋享受住房贷款利息扣除。

6. 刚办的房贷期限是 20 年，我可以选择现在先不扣除住房贷款利息，过 2 年再开始办理扣除吗？

答：可以。住房贷款利息专项附加扣除的扣除范围是纳税人本人或其配偶单独或共同使用商业银行或住房公积金个人住房贷款为本人或其配偶购买中国境内住房，发生的首套住房贷款利息支出。纳税人的住房贷款利息扣除期限最长不能超过240个月。对于还处在还款期的，只要符合条件，就可以扣除。

7. 我和丈夫在婚后共同购买的住房发生的住房贷款利息支出扣除方式是否可以选择双方各按50%扣除？

答：不可以。只有夫妻双方婚前分别购买住房发生的首套住房贷款可以由夫妻双方对各自购买的住房分别按扣除标准的50%扣除，如果是婚后共同购买的住房，只能选择由其中一方按标准的100%扣除，具体扣除方式在纳税年度内不能变更。

8. 我在农村自建的房屋，也有向银行申请贷款，是否可以享受住房贷款利息专项附加扣除？

答：不可以。只有纳税人本人或者配偶单独或者共同使用商业银行或者住房公积金个人住房贷款为本人或者其配偶购买中国境内住房，发生的首套住房贷款利息支出才允许扣除，自建的房屋不属于购买住房，不能享受住房贷款利息专项附加扣除。

9. 我向集团公司购买的房产，并直接向集团贷款，并未通过商业银行贷款，是否可以享受住房贷款利息专项附加扣除？

答：不可以。只有纳税人本人或者配偶单独或者共同使用商业银行或者住房公积金个人住房贷款为本人或者其配偶购买中国境内住房发生的首套住房贷款利息支出才允许扣除，向集团贷款不属于使用商业银行或者住房公积金个人住房贷款，不能享受住房贷款利息专项附加扣除。

十、员工及其配偶的住房租金专项附加扣除的合规要点有哪些

住房租金专项附加扣除的具体金额与所在城市有关，以下为相关细节。

（一）住房租金专项附加扣除信息表

住房租金专项附加扣除信息表如表 6-5 所示。

表 6-5　住房租金专项附加扣除信息表

<table>
<tr><td rowspan="2">扣除范围</td><td colspan="3">纳税人及配偶在工作城市没有自有住房发生的住房租金支出</td></tr>
<tr><td>直辖市、省会（首府）城市、计划单列市及国务院确定城市</td><td>市辖区户籍人口＞100 万</td><td>市辖区户籍人口≤ 100 万</td></tr>
<tr><td>扣除方式</td><td colspan="3">定额扣除</td></tr>
<tr><td>扣除标准</td><td>1500 元 / 月</td><td>1100 元 / 月</td><td>800 元 / 月</td></tr>
<tr><td rowspan="3">扣除主体</td><td colspan="3">签订租赁合同的承租人</td></tr>
<tr><td colspan="3">夫妻双方主要工作城市相同：只能由一方（即承租人）扣除</td></tr>
<tr><td colspan="3">夫妻双方主要工作城市不同，且各自在其主要工作城市都没有住房的，可分别扣除</td></tr>
<tr><td>注意事项</td><td colspan="3">1. 纳税人及其配偶在一个纳税年度内不能同时分别享受住房贷款利息和住房租金专项附加扣除
2. 纳税人应当留存住房租赁合同、协议等有关资料备查</td></tr>
</table>

（二）疑难与易错问题整理

1. 享受住房租金专项附加扣除的时间是什么时候？

答：纳税人享受住房租金专项附加扣除的时间，为租赁合同（协议）约定的房屋租赁期开始的当月至租赁期结束的当月。提前终止合同（协议）的，以实际租赁期限为准。

2. 个人的工作城市与实际租赁房屋地不一致，是否符合条件扣除住房租赁支出？

答：纳税人在主要工作城市没有自有住房而实际租房发生的住房租金支出，可以按照实际工作地城市的标准定额扣除住房租金。

3. 合租住房可以分别享受扣除政策吗？

答：住房租金支出由签订租赁合同的承租人扣除。合租租房的个人（非夫妻关系），若都与出租方签署了规范租房合同，可根据租金定额标准各自扣除。

4. 某些行业员工流动性比较大，一年换几个城市租赁住房，或者当年度一直外派并在当地租房子，如何申报住房租金专项附加扣除？

答：对于为外派员工解决住宿问题的，不应扣除住房租金。对于外派员工自行解决租房问题的，如一年内多次变换工作地点，个人应及时向扣缴义务人或者税务机关更新专项附加扣除相关信息，允许一年内按照更换工作地点的情况分别进行扣除。

5. 公租房是公司与保障房公司签订的协议，但员工是需要付房租的，在这种情况下，员工是否可以享受专项附加扣除？

答：纳税人在主要工作城市没有自有住房而发生的住房租金支出，可以按照标准定额扣除。员工租用公司与保障房公司签订的保障房，并支付租金的，可以申报扣除住房租金专项附加扣除。纳税人应当留存与公司签订的公租房合同或协议等相关资料备查。

6. 住房租金专项附加扣除中的主要工作城市是如何定义的？

答：主要工作城市是指纳税人任职受雇的直辖市、计划单列市、副省级城市、地级市（地区、州、盟）全部行政区域范围。无任职受雇单位的，为综合所得汇算清缴地的税务机关所在城市。

7. 任职受雇单位在A城市，在A城市领取工资申报个税，但是被外派到B城市，租房扣除标准是按照A城市还是B城市？

答：按照实际工作地B城市适用租房扣除标准。

8. 如果住房租金实际支付不到扣除的定额，是按定额扣除还是按实际租金扣除？

答：按规定标准定额扣除。

十一、大病医疗专项附加扣除的合规要点有哪些

填报专项附加扣除是个人所得税汇算清缴中的关键事项，但现实中，个人多数由单位按月扣除，所以个人对自行在汇算时填报扣除还比较陌生，特别是大病医疗，是专项附加扣除中唯一一个必须在汇算清缴时填报的。此处回答常见问题并总结实操要点及流程。

（一）大病医疗专项附加扣除信息表

大病医疗专项附加扣除信息表如表 6-6 所示。

表 6-6　大病医疗专项附加扣除信息表

扣除范围	基本医保相关医药费除去医保报销后发生的支出
	个人负担（医保目录范围内的自付部分）累计超过 15 000 元的部分
扣除方式	限额内据实扣除
扣除标准	每年在 80 000 元限额内据实扣除
扣除主体	医药费用支出可以选择由本人或者其配偶扣除
	未成年子女发生的医药费用支出可以选择由其父母一方扣除
注意事项	1. 次年汇算清缴时享受扣除 2. 纳税人应当留存大病患者医药服务收费及医保报销相关票据原件或复印件，或者医疗保障部门出具的纳税年度医药费用清单等资料备查

（二）疑难与易错问题整理

1. 纳税人如何知道可以享受大病医疗扣除的自付金额？

答：国家医疗保障局已向公众提供互联网查询服务。参加基本医保的纳税人可以通过国家医保服务平台 App，查询年度纳税人发生的与基本医保相关的医药费用支出扣除医保报销后个人负担的累计金额。

2. 纳税人父母的大病医疗支出，是否可以在税前扣除？

答：目前未将纳税人父母的大病医疗支出纳入大病医疗扣除范围。

3. 在私立医院就诊是否可以享受大病医疗扣除？

答：对于纳入医疗保障结算系统的私立医院，只要纳税人看病的支出在医保系统可以体现和归集，那么纳税人发生的与基本医保相关的支出，可以按照规定享受大病医疗扣除。

4. 大病医疗专项附加扣除，是不是住院的医疗支出才能扣除，没住院的医疗支出不能作为专项附加扣除？

答：根据《专项附加扣除暂行办法》的规定，纳税人发生的与基本医保相关的医药费用支出，扣除医保报销后个人负担（指医保目录范围内的自付部分）累计超过 1.5 万元的部分，在 8 万元限额内据实扣除。也就是说，大病医疗支出只需满足上述条件，不考察纳税人是否住院治疗。

5. 大病医疗扣除中的自付部分是否包含医保报销的起付线下的自付部分？

答：大病医疗专项附加扣除政策中并未对医保报销起付线有所规定，因此只要属于医保目录范围内的自付部分即可。

（三）相关要点提醒

1. 目前所有的专项附加扣除都是定额扣除，跟实际发生金额无关，唯有大病医疗是在限额内据实扣除，扣除限额是 8 万元。

2. 虽说最多可以扣除 8 万元，但不是实际发生了 8 万元就扣除 8 万元的，此处的 8 万元是指超过起付线（1.5 万元）的 8 万元，也就是可扣除的实际发生额大于等于 9.5 万元，才有机会完全享受 8 万元的扣除。如果超过 1.5 万元起付线的部分，不足 8 万元，就发生多少具体扣除多少。如果实际发生额不足 1.5 万元，那么就不能享受大病医疗扣除。具体扣除限额如图 6-27 所示。

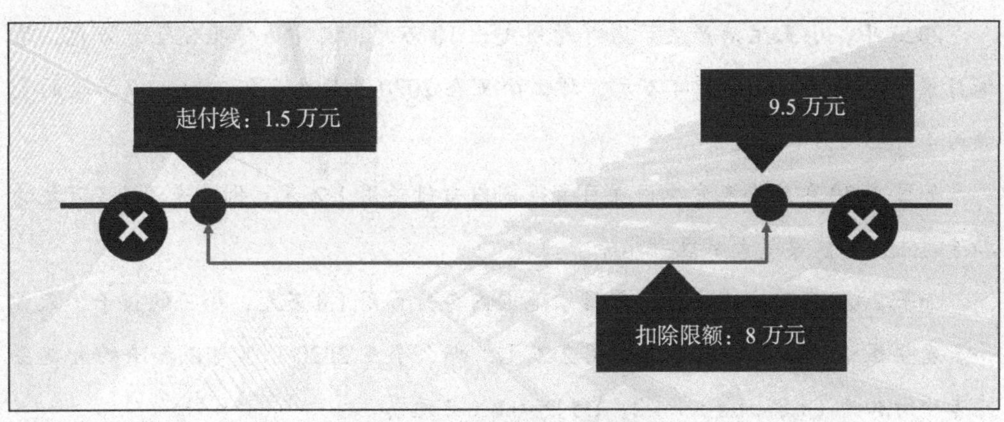

图 6-27 大病医疗扣除限额

3. 纳税人发生的大病医疗的费用，可以自己扣自己的，也可以替配偶和未成年子女扣。

《个人所得税专项附加扣除暂行办法》(国发〔2018〕41号)第十二条规定："纳税人发生的医药费用支出可以选择由本人或者其配偶扣除；未成年子女发生的医药费用支出可以选择由其父母一方扣除。"

也就是说，一个三口之家，父母任一方的扣除限额理论上最高可以达到24（8×3）万元。

4. 不是所有的医疗费用都可以计入大病医疗专项附加扣除的，只有医保目录范围内的自付部分才可以。

《个人所得税专项附加扣除暂行办法》第十一条规定："在一个纳税年度内，纳税人发生的与基本医保相关的医药费用支出，扣除医保报销后个人负担（指医保目录范围内的自付部分）累计超过15 000元的部分，由纳税人在办理年度汇算清缴时，在80 000元限额内据实扣除。"

请注意，是"自付"不是"自费"，两者是有区别的，如图6-28所示。

以深圳税务的例子帮助大家理解。

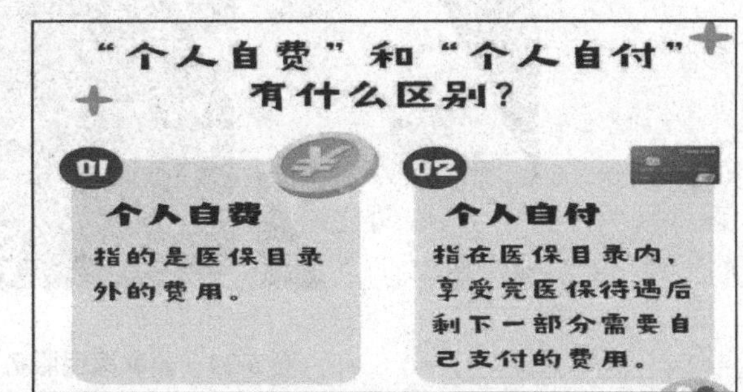

图 6-28 大病医疗自费与自付的区别

资料来源：深圳税务。

2020 年，小王生病产生了医疗费用支出 10 万元，其中医保报销了 6 万元，医保目录范围内自付部分为 4 万元，那么小王在 2020 年度个税汇算时可以扣除的金额为 4 – 1.5=2.5（万元）。

如果 2020 年度小王发生医保目录范围内自付费用 1 万元，因为未达 1.5 万元的扣除起点，不能享受大病医疗扣除。

如果 2020 年度小王发生医保目录范围内自付费用 1.8 万元，小王的孩子（未成年）发生医保目录范围内自付费用 2 万元，那么小王 2020 年度可以扣除的大病医疗专项附加为（1.8 – 1.5）+（2 – 1.5）=0.8（万元）。

5. 上一年具体发生了多少大病医疗的金额，可以扣除多少金额，大家可以在国家医保服务平台 App 查询（以下图片来源于深圳税务）。

（1）下载国家医保服务平台 App（见图 6-29）。

图 6-29　国家医保服务平台 App

（2）下载完成后，进行注册，并进行实名认证和人脸认证，如图 6-30 所示。

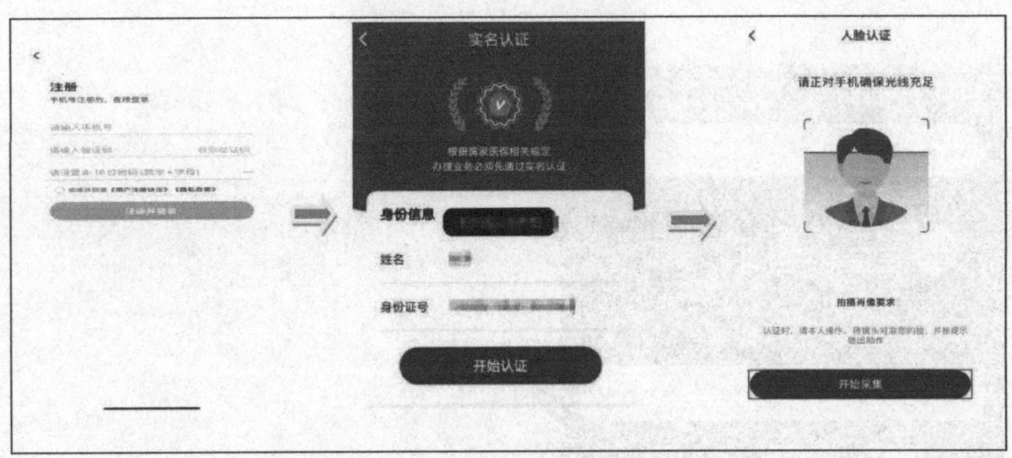

图 6-30 国家医保服务平台——注册和认证

（3）认证通过后，单击【医保电子凭证】，选择参保地，设置凭证密码，激活后领取医保电子凭证（见图 6-31）。目前，全国各地都已经开通医保电子凭证。

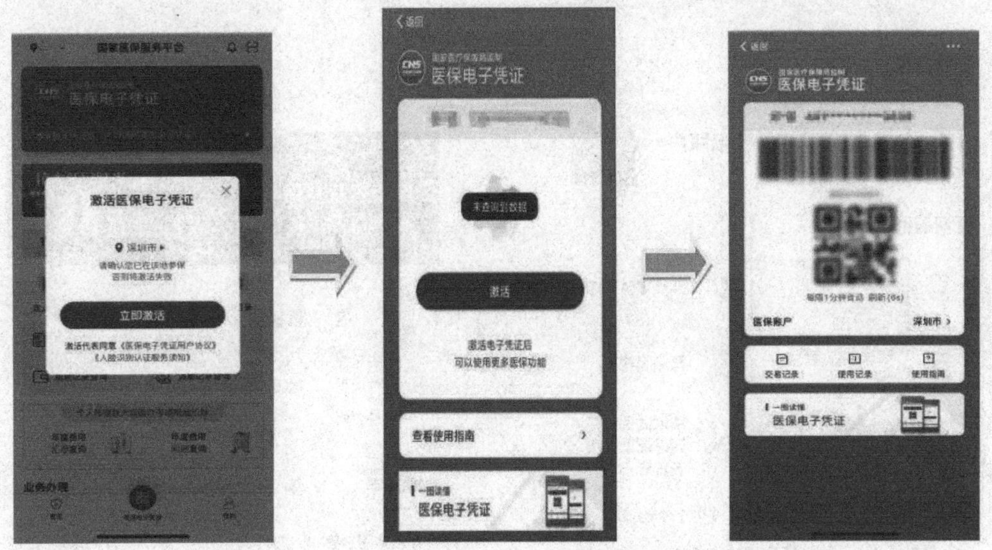

图 6-31 国家医保服务平台——开通医保电子凭证

（4）单击【年度费用汇总查询】即可查询到大病医疗专项附加扣除额，如图 6-32 和图 6-33 所示。

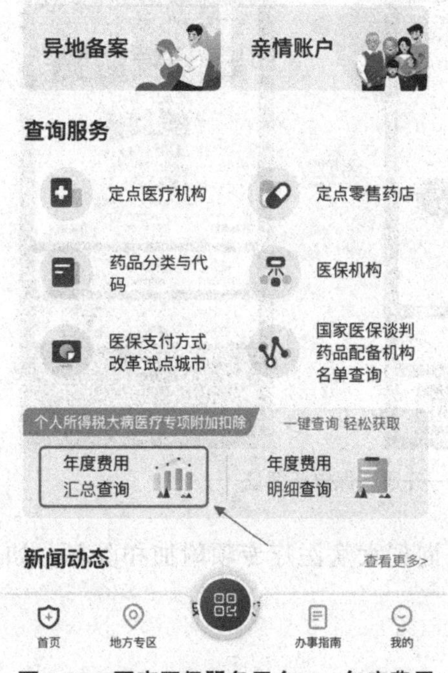

图 6-32　国家医保服务平台——年度费用汇总查询

图 6-33　国家医保服务平台——年度医疗费用结算汇总

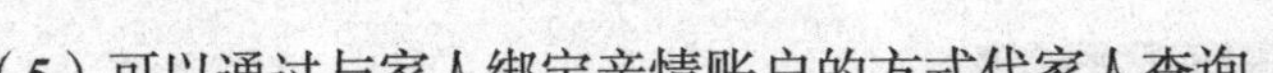
（5）可以通过与家人绑定亲情账户的方式代家人查询。

打开国家医保服务平台 App，单击【我的】，在页面中找到【我的家庭成员】，单击家庭成员头像（见图 6-34），进入家庭账户页面（见图 6-35）。

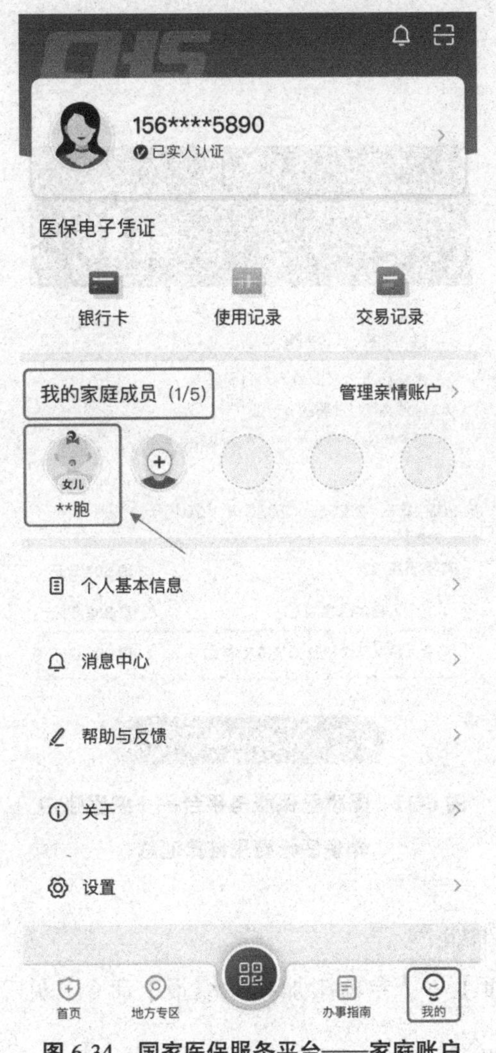

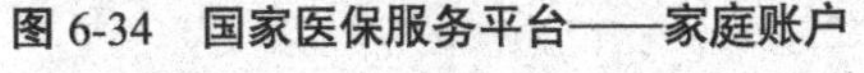
图 6-34　国家医保服务平台——家庭账户

图 6-35　国家医保服务平台——家庭账户详情

在家庭账户页面中，单击【年度费用汇总查询】（见图 6-36）即可查询家人 2022 年度符合大病医疗个税抵扣政策金额（见图 6-37）。

图 6-36 国家医保服务平台——家庭账户年度费用汇总查询

图 6-37 国家医保服务平台——家庭账户年度医疗费用结算汇总

6. 申报大病医疗专项附加扣除的操作步骤如下。

（1）打开个人所得税 App，执行【首页】—【专项附加扣除填报】命令（见图 6-38）；或从“我要办税”“办税”入口进入。

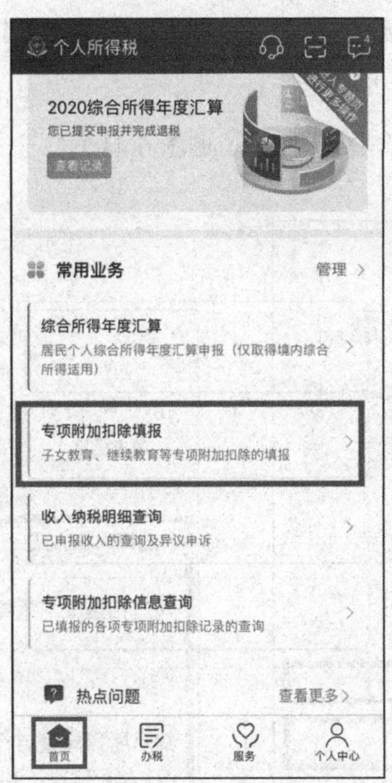

图 6-38 个税 App——专项附加扣除填报

（2）选择扣除年度，选择【大病医疗】，确认纳税人基本信息无误后单击【下一步】（见图 6-39）。

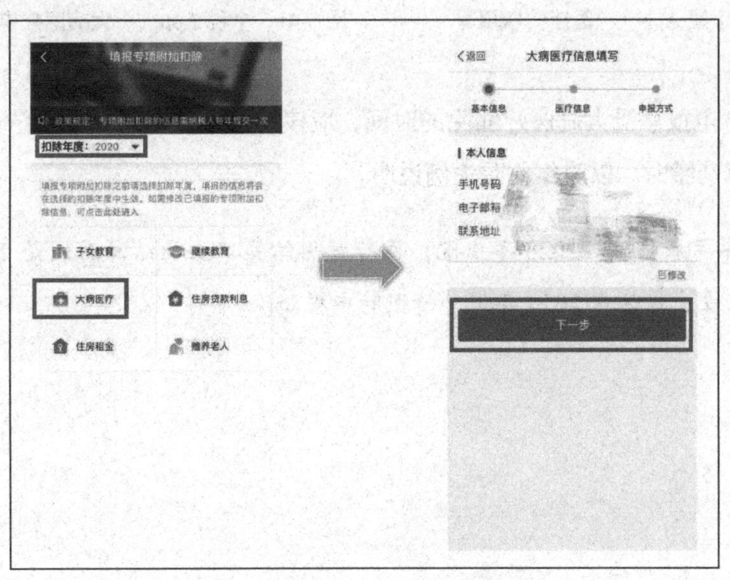

图 6-39 个税 App——本人信息填写

（3）依次填写与纳税人的关系、医疗费用总金额及个人负担金额，单击【下一步】，如图 6-40 所示。

（4）选择申报方式，单击【提交】（见图 6-41）。

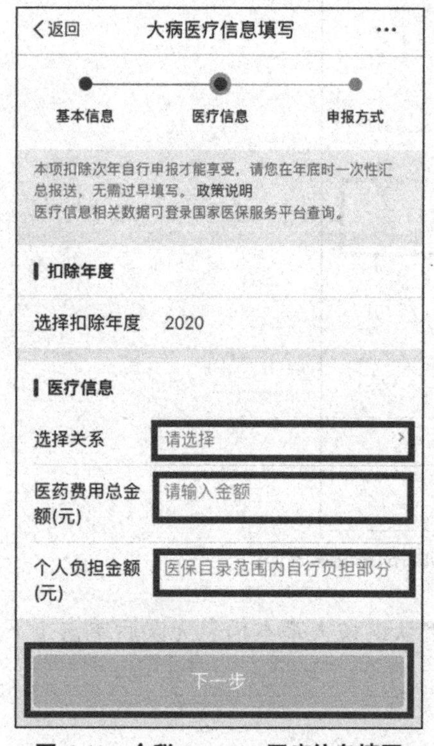

图 6-40　个税 App——医疗信息填写

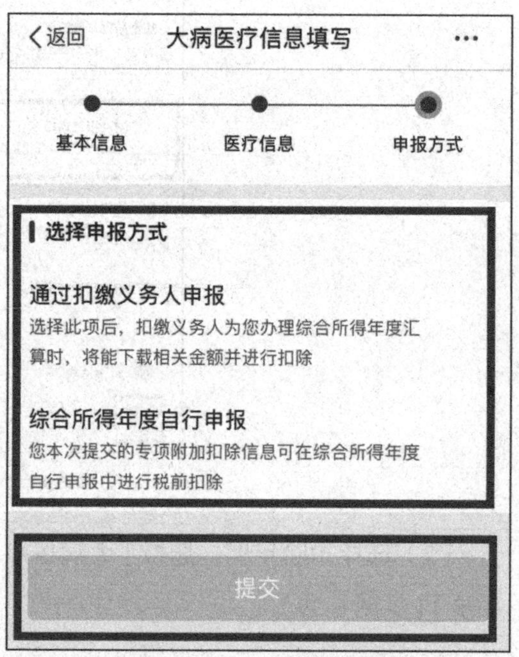

图 6-41　个税 App——大病医疗申报方式选择

7. 注意申报享受大病医疗扣除的时间，应该是医疗费用结算单上结算时间的下一年的汇算清缴时。以跨年住院为例说明。

2022 年年底住院，2023 年出院，医疗费用结算单上的结算时间是 2023 年，那么本次医疗支出应该在 2024 年汇算清缴时申报扣除。

十二、婴幼儿照护专项附加扣除的合规要点有哪些

婴幼儿照护专项附加扣除是国务院2022年推出的一项专项附加扣除，《国务院关于设立3岁以下婴幼儿照护个人所得税专项附加扣除的通知》（国发〔2022〕8号）详细地规划了本项扣除的要点。本部分以文件为依据，介绍婴幼儿照护专项附加扣除中的关键点。

（一）婴幼儿照护和子女教育专项附加扣除的关系

3岁以下婴幼儿照护和子女教育两者是首尾相连的。

婴幼儿出生的当月至年满3周岁的前一个月是婴幼儿照护专项附加扣除的时间，然后就进入子女教育专项附加扣除的时间。简单来说就是，生了一个孩子，父母每月共计可以扣除2000元，一直扣到正规学历教育结束。

（二）婴幼儿照护专项附加扣除信息表

婴幼儿照护专项附加扣除信息表如表6-7所示。

表6-7　婴幼儿照护专项附加扣除信息表

<table>
<tr><td rowspan="3">扣除范围</td><td colspan="2">纳税人照护3岁以下婴幼儿子女的相关支出</td></tr>
<tr><td colspan="2">婴幼儿出生的当月至年满3周岁的前一个月</td></tr>
<tr><td>独生子女</td><td>非独生子女</td></tr>
<tr><td>扣除方式</td><td colspan="2">定额扣除</td></tr>
<tr><td>扣除标准</td><td colspan="2">每孩2000元/月</td></tr>
</table>

（续表）

<table>
<tr><td rowspan="2">扣除主体</td><td rowspan="2">3 岁以下婴幼儿的监护人，包括生父母、继父母、养父母，父母之外的其他人担任未成年人的监护人的，可以比照执行</td><td>父母（监护人）可以选择由其中一方按扣除标准的 100% 扣除</td></tr>
<tr><td>父母（监护人）也可以选择由双方分别按扣除标准的 50% 扣除</td></tr>
<tr><td rowspan="4">注意事项</td><td colspan="2">1. 具体扣除方式在一个纳税年度内不能变更</td></tr>
<tr><td colspan="2">2. 纳税人需要留存子女的出生医学证明等资料备查</td></tr>
<tr><td colspan="2">3. 无论婴幼儿在国内还是国外出生，其父母都可以享受扣除</td></tr>
<tr><td colspan="2">4. 重组家庭具体扣除方法由父母双方协商决定，一个孩子扣除总额不能超过每月 2000 元，扣除主体不能超过两人</td></tr>
</table>

（三）疑难与易错问题整理

1. 婴幼儿的身份信息应当如何填报？

答：一般来讲，婴幼儿出生后，会获得载明其姓名、出生日期、父母姓名等信息的《出生医学证明》，纳税人通过个人所得税 App 或纸质《信息报告表》填报子女信息时，证件类型可选择“出生医学证明”，并填写相应编号和婴幼儿出生时间；婴幼儿已被赋予居民身份证号码的，证件类型可选择“居民身份证”，并填写身份证号码和婴幼儿出生时间；婴幼儿名下可证明身份的证件，均可作为填报证件。

2. 如果暂没有《出生医学证明》或居民身份证等可证明身份的证件，该如何填报婴幼儿身份信息？

答：纳税人暂未获取婴幼儿《出生医学证明》或居民身份证等可证明身份的证件的，可选择“其他个人证件”并在备注中如实填写相关情况，不影响纳税人享受扣除。后续纳税人取得婴幼儿的《出生医学证明》或者居民身份证的，及时补充更新即可。如税务机关联系纳税人核实有关情况，纳税人可通过个人所得税 App 将证件照片等证明资料推送给税务机关证明真实性，以便继续享受扣除。

3. 不是亲父母可以享受 3 岁以下婴幼儿照护专项附加扣除政策吗？

答：可以，但其必须是担任 3 岁以下婴幼儿监护人的人员。

4. 在国外出生的婴幼儿，其父母可以享受扣除吗？

答：可以。无论婴幼儿在国内出生还是在国外出生，其父母都可以享受扣除。

5. 对存在重组情况的家庭而言，如何享受 3 岁以下婴幼儿照护专项附加扣除？

答：具体扣除方法由父母双方协商决定，一个孩子扣除总额不能超过每月 2000 元，扣除主体不能超过两人。

6. 是否可以通过扣缴义务人扣除？

答：7 号公告明确，除了大病医疗外（汇算清缴时自行扣除），纳税人的其他的专项附加扣除可以向支付工资、薪金所得的扣缴义务人提供上述专项附加扣除有关信息，由扣缴义务人在预扣预缴税款时，按其在本单位本年可享受的累计扣除额办理扣除。

可以明确的是：纳税人领取工资、薪金的，可以通过扣缴义务人扣除；领取劳务报酬的，不能通过扣缴义务人扣除，自己做汇算清缴。

7. 在两处取得工资、薪金所得，怎么办？

答：参见 7 号公告第四条“纳税人同时从两处以上取得工资、薪金所得，并由扣缴义务人办理上述专项附加扣除的，对同一专项附加扣除项目，一个纳税年度内，纳税人只能选择从其中一处扣除”。

注意：同一专项附加扣除项目，只能选择一处扣除；不同的专项附加扣除可以选择不同处。

举个例子。老张在 A、B 两家公司工作领工资，老张老婆在 C 公司上班，那么他们可以选择住房租金在 A 公司进行专项附加扣除；3 岁以下婴幼儿照护费在 B 公司扣除一半，在 C 公司扣除一半。

十三、年终奖个税政策有哪些实操要点

不管在个税的学习还是在企业日常的薪税管理当中，年终奖（全年一次性奖金）政策都是一项非常重要但问题频发的板块。

本部分介绍年终奖合规与实操的内容，供大家学习参考。

（一）政策来源

1.《关于延续实施全年一次性奖金等个人所得税优惠政策的公告》（财政部 税务总局公告2021年第42号）规定："一、《财政部 税务总局关于个人所得税法修改后有关优惠政策衔接问题的通知》（财税〔2018〕164号）规定的全年一次性奖金单独计税优惠政策，执行期限延长至2023年12月31日；上市公司股权激励单独计税优惠政策，执行期限延长至2022年12月31日。"

2.《关于个人所得税法修改后有关优惠政策衔接问题的通知》（财税〔2018〕164号）规定：

"一、关于全年一次性奖金、中央企业负责人年度绩效薪金延期兑现收入和任期奖励的政策

（一）居民个人取得全年一次性奖金，符合《国家税务总局关于调整个人取得全年一次性奖金等计算征收个人所得税方法问题的通知》（国税发〔2005〕9号）规定的，在2021年12月31日前，不并入当年综合所得，以全年一次性奖金收入除以12个月得到的数额，按照本通知所附按月换算后的综合所得税率表（以下简称月度税率表），确定适用税率和速算扣除数，单独计算纳税。计算公式为：

应纳税额＝全年一次性奖金收入 × 适用税率—速算扣除数

居民个人取得全年一次性奖金，也可以选择并入当年综合所得计算纳税。

自 2022 年 1 月 1 日起，居民个人取得全年一次性奖金，应并入当年综合所得计算缴纳个人所得税。"

3.《国家税务总局关于调整个人取得全年一次性奖金等计算征收个人所得税方法问题的通知》（国税发〔2005〕9 号）规定：

"一、全年一次性奖金是指行政机关、企事业单位等扣缴义务人根据其全年经济效益和对雇员全年工作业绩的综合考核情况，向雇员发放的一次性奖金。

上述一次性奖金也包括年终加薪、实行年薪制和绩效工资办法的单位根据考核情况兑现的年薪和绩效工资。

……

三、在一个纳税年度内，对每一个纳税人，该计税办法只允许采用一次。

四、实行年薪制和绩效工资的单位，个人取得年终兑现的年薪和绩效工资按本通知第二条、第三条执行。

五、雇员取得除全年一次性奖金以外的其他各种名目奖金，如半年奖、季度奖、加班奖、先进奖、考勤奖等，一律与当月工资、薪金收入合并，按税法规定缴纳个人所得税。"

（二）税率

居民个人取得全年一次性奖金适用个人所得税税率表三（见表 6-8）。

表 6-8　个人所得税税率表三

级数	应纳税所得额	税率	速算扣除数
1	不超过 3000 元	3%	0
2	超过 3000 元至 12 000 元的部分	10%	210
3	超过 12 000 元至 25 000 元的部分	20%	1410
4	超过 25 000 元至 35 000 元的部分	25%	2660

（续表）

级数	应纳税所得额	税率	速算扣除数
5	超过 35 000 元至 55 000 元的部分	30%	4410
6	超过 55 000 元至 80 000 元的部分	35%	7160
7	超过 80 000 元的部分	45%	15 160

（三）政策中的关键点

（1）以全年一次性奖金收入先除以 12 个月得到数额，再适用月度税率表计算，注意表 6-8 是月度税率表。

（2）政策有效期已延至 2027 年 12 月 31 日。

（3）可以选择将年终奖并入当年综合所得计算纳税，一个纳税年度内，对每一个纳税人，该计税办法只允许采用一次。

（四）避免税率跳级

多发一元导致多交几万元个税的情况如表 6-9 所示。主要是因为奖金除以 12 之后，多发钱刚好使税率跳级。

表 6-9　全年一次性奖金税率跳级表

年终奖（元）	除以 12 的商数	适用税率	速算扣除数	应纳税额（元）	多发奖金数额（元）	增加税额（元）	税后数额（元）
36 000.00	3000.00	3%	0	1080.00	—	—	34 920.00
36 001.00	3000.08	10%	210	3390.10	1.00	2310.10	32 610.90
38 566.67	3213.89	10%	210	3646.67	2566.67	2566.67	34 920.00
144 000.00	12 000.00	10%	210	14 190.00	—	—	129 810.00
144 001.00	12 000.08	20%	1410	27 390.20	1.00	13 200.20	116 610.80
160 500.00	13 375.00	20%	1410	30 690.00	16 500.00	16 500.00	129 810.00
300 000.00	25 000.00	20%	1410	58 590.00	—	—	241 410.00
300 001.00	25 000.08	25%	2660	72 340.25	1.00	13 750.25	227 660.75
318 333.33	26 527.78	25%	2660	76 923.33	18 333.33	18 333.33	241 410.00
420 000.00	35 000.00	25%	2660	102 340.00	—	—	317 660.00

（续表）

年终奖（元）	除以12的商数	适用税率	速算扣除数	应纳税额（元）	多发奖金数额（元）	增加税额（元）	税后数额（元）
420 001.00	35 000.08	30%	4410	121 590.30	1.00	19 250.30	298 410.70
447 500.00	37 291.67	30%	4410	129 840.00	27 500.00	27 500.00	317 660.00
660 000.00	55 000.00	30%	4410	193 590.00	—	—	466 410.00
660 001.00	55 000.08	35%	7160	223 840.35	1.00	30 250.35	436 160.65
706 538.46	58 878.21	35%	7160	240 128.46	46 538.46	46 538.46	466 410.00
960 000.00	80 000.00	35%	7160	328 840.00	—	—	631 160.00
960 001.00	80 000.08	45%	15 160	416 840.45	1.00	88 000.45	543 160.55
1 120 000.00	93 333.33	45%	15 160	488 840.00	160 000.00	160 000.00	631 160.00

表6-10更直观地归纳了适用全年一次性奖金政策的几个无效区间。

表6-10　全年一次性奖金无效区间

序号	年终奖的6个无效区间（X）	多1元多交税
1	36 000 < X ≤ 38 567	2310.10
2	144 000 < X ≤ 160 500	13 200.20
3	300 000 < X ≤ 318 334	13 750.25
4	420 000 < X ≤ 447 500	19 250.30
5	660 000 < X ≤ 706 540	30 250.30
6	960 000 < X ≤ 1 120 000	88 000.45

（五）更改年终奖计税方式

1.企业在年中发放奖金的时候采用了全年一次性奖金税收优惠，员工能否反悔，即该笔奖金不享受税收优惠而是并入综合所得计税？

答：可以。

安徽税务解答："个人也可以选择不享受全年一次性奖金政策，将取得的全年一次性奖金并入综合所得征税。个人取得全年一次性奖金并已按全年一次性奖金政策单独计税的，可以在汇算清缴时重新选择是否适用全年一次性奖金政策。"

个人可以通过个人所得税App，在年度汇算清缴时进行选择：将该笔奖金继续适用全年一次性奖金政策，或者全部并入综合所得计税，如图 6-42 和图 6-43 所示。

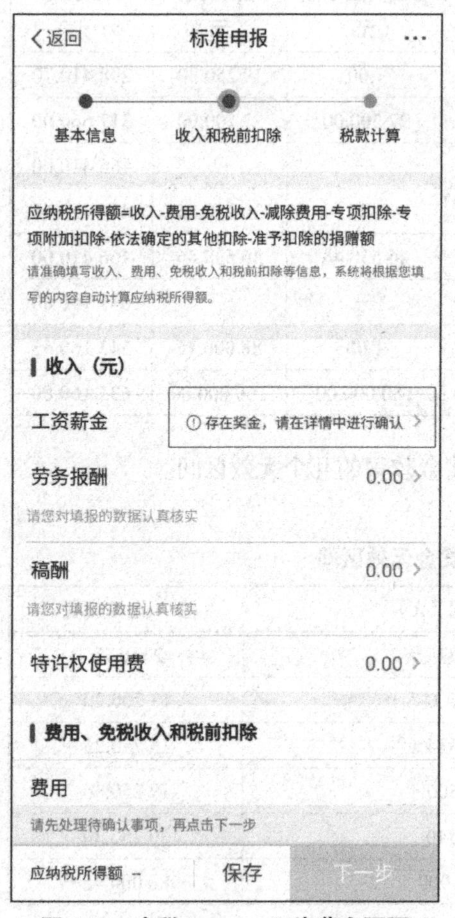

图 6-42　个税 App——工资薪金页面

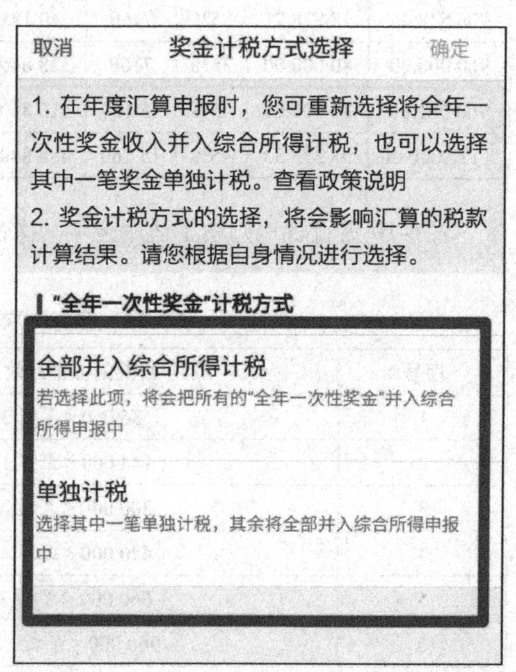

图 6-43　个税 App——全年一次性奖金计税方式选择

注意，不能这么选择：个人在个税汇算清缴时选择将部分奖金适用全年一次性奖金政策，部分并入综合所得计税。

也说就是，纳税人只有“并与不并”的选择，没有“部分并部分不并”的选择。

2. 针对上面的问题，单位发放奖金的时候没有选择适用全年一次性奖金政策，员工可不可以反悔，也是事后想将一笔并入综合所得计税的奖金改为适用全年一次性奖金政策单独计税？

答：可以这样做，但需要单位配合进行更正申报，员工不能自行通过个人所得税 App 实现。

个人取得全年一次性奖金，如果在预扣预缴环节单位并入综合所得申报的，是否不可以再进行更改?

安徽税务解答："居民个人取得全年一次性奖金收入，可以不并入综合所得，单独计算税款。如确实属于扣缴单位发放时合并到工资缴税的，建议联系扣缴单位进行更正申报。"

山东税务解答："根据《财政部 税务总局关于个人所得税法修改后有关优惠政策衔接问题的通知》（财税〔2018〕164号）的规定，居民个人取得全年一次性奖金收入，可以不并入综合所得，单独计算税款。如确实属于扣缴单位发放时合并到工资缴税的，建议联系扣缴单位进行更正申报。"

3. 自然人电子税务局扣缴端更正申报的操作流程（信息来源：上海税务微信公众号）如下。

（1）启动更正。

登录自然人电子税务局扣缴端，进入首页，选择需要更正的税款所属月份，单击【综合所得申报】（见图6-44），进入综合所得申报页面。

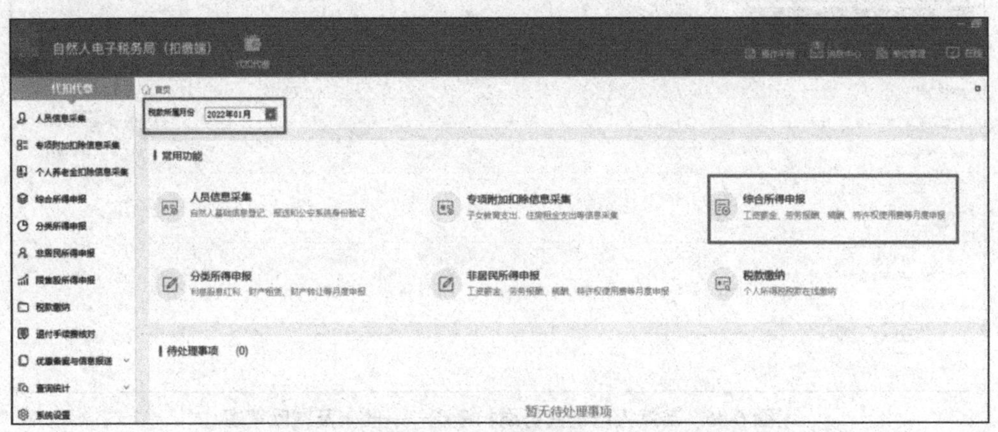

图6-44　自然人电子税务局扣缴端——综合所得申报

单击【4申报表报送】即可查看当前月份申报状态，只有申报状态为"申报成功"的情况下才允许启动更正申报，单击【更正申报】启动更正申报。系统将提示："您已对后面的税款所属期进行了综合所得申报，本期更正申报成功后，需对后面（所）属期进行逐月更正，否则将影响后面（所）属期申报表的算税和报送功能"，单击【确定】进入更正页面（见图6-45）。

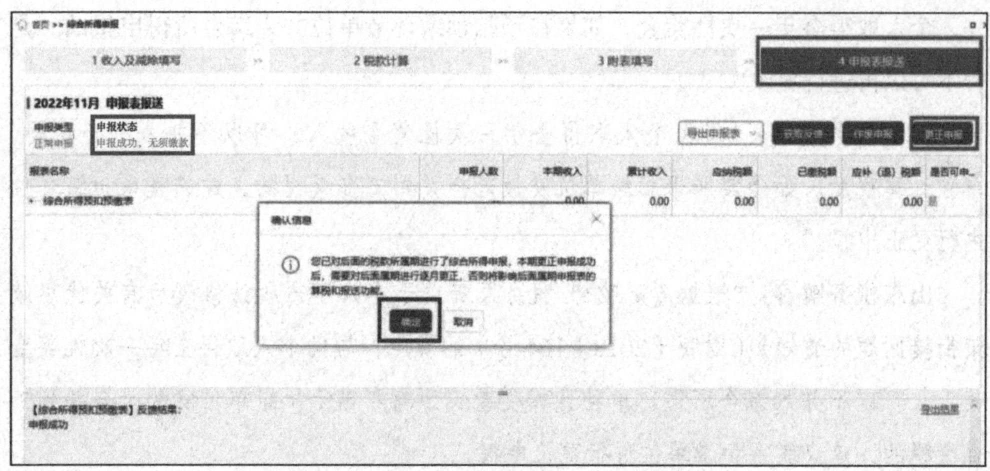

图 6-45　自然人电子税务局扣缴端——申报表报送

（2）报表填写。

单击【1 收入及减除填写】即可选择需要修改的所得项目，单击【填写】（见图 6-46）即可在相应页面对需要更正的错误信息进行修正。

首页 >> 综合所得申报

1 收入及减除填写 >> 2 税款计算 >> 3 附表填写 >> 4 申报表报送

2022年01月 综合所得预扣预缴表

所得项目名称	填写人数	收入合计	操作
正常工资薪金所得		2.00	填写 清除数据
全年一次性奖金收入		0	填写 清除数据
内退一次性补偿金	0	0.00	填写
年金领取	0	0.00	填写
解除劳动合同一次性补偿金	0	0.00	填写
央企负责人绩效薪金延期兑现收入和任期奖励	0	0.00	填写
单位低价向职工售房	0	0.00	填写
劳务报酬(保险营销员、证券经纪人、其他连续劳务)	0	0.00	填写
劳务报酬(一般、法律援助补贴、其他非连续劳务)	0	0.00	填写

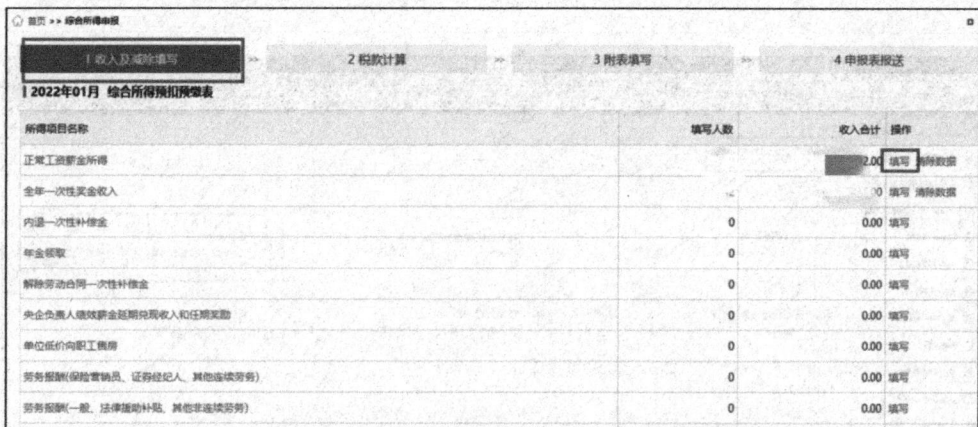

图 6-46　自然人电子税务局扣缴端——收入及减除填写

（3）税款计算。

完成申报表本期数据的更正后，单击【2 税款计算】即可重新计算更正后的应补（退）税额（见图 6-47）。

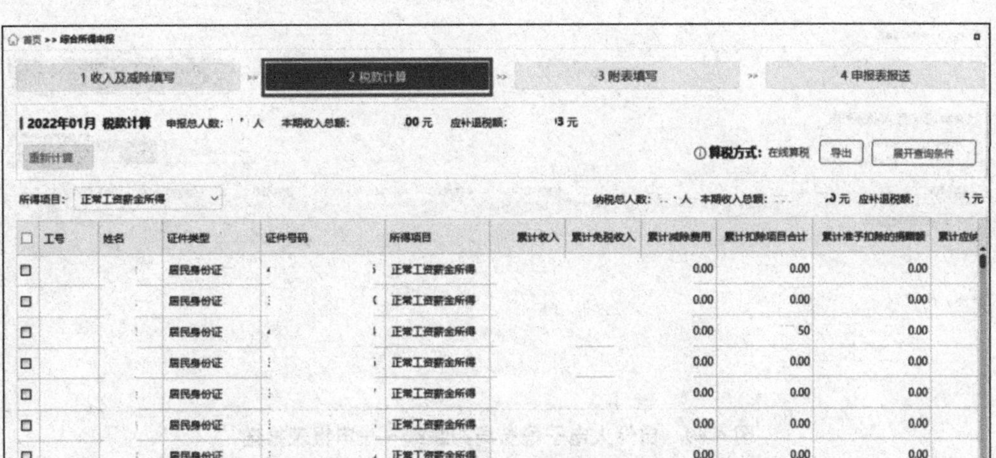

图 6-47　自然人电子税务局扣缴端——税款计算

（4）附表填写。

如果在收入及减除填写页面中填写了“减免税额”“商业健康保险”“税延养老保险”，需要单击【3 附表填写】（见图 6-48），在打开的页面中完善附表信息。

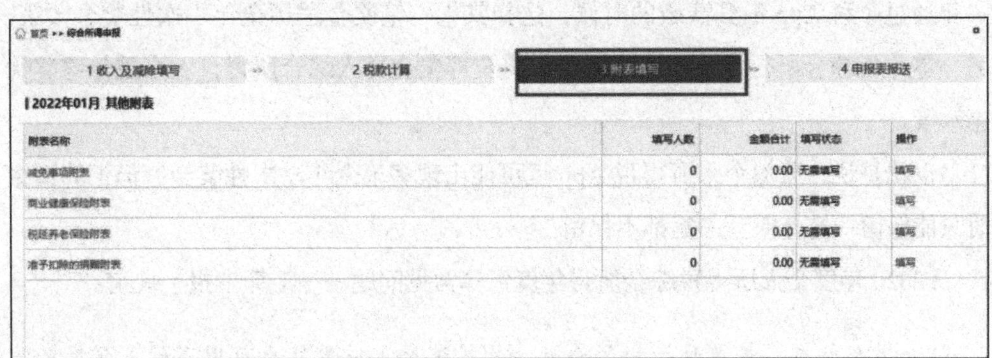

图 6-48　自然人电子税务局扣缴端——附表填写

（5）申报表报送和税款缴纳。

① 报表填写完成后，单击【4 申报表报送】即可按照正常申报流程进行报送。报送成功后，如果有新的应征信息产生，可单击【税款缴纳】完成税款缴纳。

② 如果在报送申报表之前发现原申报数据无误，可单击【撤销更正】（见图 6-49），撤销更正申报。

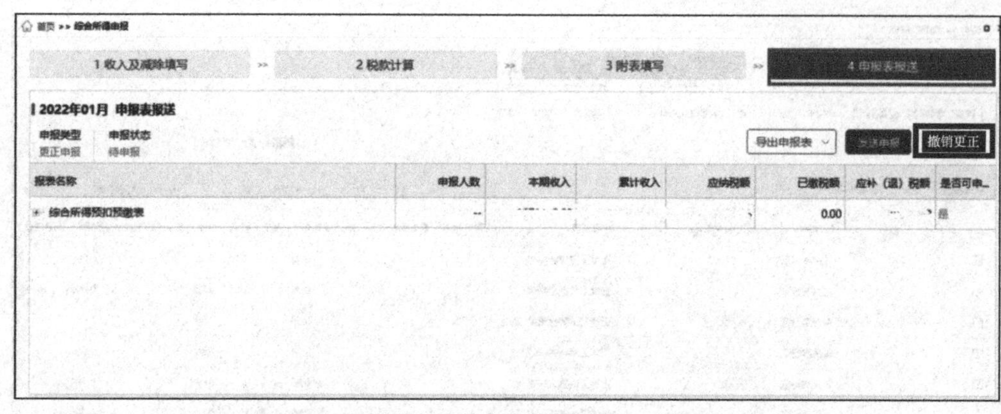

图 6-49　自然人电子税务局扣缴端——申报表报送

（六）个人有没有可能出现多笔全年一次性奖金

答：有这个可能性。在现实中，有可能员工在两家企业任职，两家企业都给这位员工发放了年终奖，并且都适用了全年一次性奖金税收优惠政策。然后员工在下一年通过个税 App 汇算清缴的时候，选择其中一笔奖金适用全年一次性奖金政策，另一笔并入综合所得计税。当然也可以将全部奖金并入综合所得，不享受年终奖优惠政策。

也就是说，虽然个人所得税 App 里可能出现多笔全年一次性奖金，但汇算清缴时只能保留一笔，或者一笔都不保留。

《2020 年度个人所得税综合所得年度汇算常见问题——汇算申报》规定：

“如果您仅有一笔单独计税的全年一次性奖金，该笔奖金可以不纳入年度汇算范围。如您有多笔单独计税的全年一次性奖金，年度汇算最多只能选择其中一笔单独计税，其他需并入综合所得合并计税。

在使用网络途径申报时，您可以在申报表“工资薪金”项下的“奖金计税方式选择”中选择将单独计税的全年一次性奖金并入综合所得。当您变更全年一次性奖金的计税方式时，您的应纳税额一般而言会发生变化，请您留意。您可根据调整前后的变化情况，选择合适的计税方式。”

（七）与非居民相关的年终奖问题

1. 非居民可以适用全年一次性奖金优惠吗？

答：非居民可以享受一个简化版的全年一次性奖金政策。

《财务部 国家税务总局关于非居民个人和无住所居民个人有关个人所得税政策的公告》规定：

“非居民个人一个月内取得数月奖金，单独按照本公告第二条规定计算当月收入额，不与当月其他工资薪金合并，按 6 个月分摊计税，不减除费用，适用月度税率表计算应纳税额，在一个公历年度内，对每一个非居民个人，该计税办法只允许适用一次。计算公式如下（公式五）：

当月数月奖金应纳税额 =［（数月奖金收入额 ÷6）× 适用税率 – 速算扣除数］×6”

2. 非居民转成居民后可以适用全年一次性奖金优惠吗？

答：可以，通过汇算清缴申报即可。无住所居民个人预缴时因预判为非居民个人，按取得数月奖金计算缴税的，汇算时可将一笔数月奖金按照全年一次性奖金单独计算。

（八）年终奖的归属年度问题

公司 1 月发去年的年终奖，能否使用去年的全年一次性奖金额度？

答：不能。工资、薪金的个人所得税，遵循的是“收付实现制”原则。也就是说，不管是哪一年的年终奖，只要在当年 1 月发放，税款所属期即为当年，占用的额度也是员工本人当年，而不是去年的全年一次性奖金的额度。而 1 月发放后，企业应在 2 月扣缴申报员工全年一次性奖金的个人所得税。

也就是说，既然是“收付实现制”，跟企业会计是否做账无关，跟是否提前计提无关，只看税款所属期。

（九）新入职员工的年终奖问题

企业已经在 2023 年年初发放并适用了优惠政策，企业今年新入职的员工，可以适用全年一次性奖金税收优惠政策吗？

答：一年一次的全年一次性奖金税收优惠政策，是面向纳税人，而不是扣缴义务人的。也就是说，如果企业每个月给不同员工发年终奖，每个月都可以适用全年一次性奖金政策申报纳税。

《国家税务总局关于调整个人取得全年一次性奖金等计算征收个人所得税方法问题的通知》(国税发〔2005〕9号)规定："三、在一个纳税年度内，对每一个纳税人，该计税办法只允许采用一次。"

十四、取得境内外股权激励个税处理有何不同

股权激励的个税处理是薪税领域中较为复杂的事项，且取得境内、境外的股权激励处理不一样，所以往往让从业者不知如何下手。本部分通过对比讲解，帮助大家梳理取得境内、境外股权激励的个税处理问题。

(一)境内外上市公司股权激励政策一致的地方

《财政部 税务总局关于个人所得税法修改后有关优惠政策衔接问题的通知》(财税〔2018〕164号，以下简称“164号文”)规定：

“二、关于上市公司股权激励的政策

(一)居民个人取得股票期权、股票增值权、限制性股票、股权奖励等股权激励(以下简称股权激励)，符合《财政部 国家税务总局关于个人股票期权所得征收个人所得税问题的通知》(财税〔2005〕35号)、《财政部国家税务总局关于股票增值权所得和限制性股票所得征收个人所得税有关问题的通知》(财税〔2009〕5号)、《财政部 国家税务总局关于将国家自主创新示范区有关税收试点政策推广到全国范围实施的通知》(财税〔2015〕116号)第四条、《财政部国家税务总局关于完善股权激励和技术入股有关所得税政策的通知》(财税〔2016〕101号)第四条第(一)项规定的相关条件的，在2021年12月31日前，不并入当年综合所得，全额单独适用综合所得税率表，计算纳税。计算公式为：

应纳税额=股权激励收入 × 适用税率—速算扣除数”

从164号文来看，居民个人取得上市公司股权激励，不分境内、境外，股权激励收入都可以不并入当年综合所得，全额单独适用综合所得税率表，计算纳税。也就是说，当我们取得股权激励收入时，最后计算税款的方式境内、境外两者是一致的。

164号文的政策后来数次得到延续，截至2023年9月底，股权激励单独计税的政策已延续到2027年年底。

（二）股权激励收入的计算

《国家税务总局关于个人股票期权所得缴纳个人所得税有关问题的补充通知》（国税函〔2006〕902号）规定："员工接受雇主（含上市公司和非上市公司）授予的股票期权，凡该股票期权指定的股票为上市公司（含境内、外上市公司）股票的，均应按照财税〔2005〕35号文件进行税务处理。"

《财政部 国家税务总局关于股票增值权所得和限制性股票所得征收个人所得税有关问题的通知》（财税〔2009〕5号）规定："于个人从上市公司（含境内、外上市公司，下同）取得的股票增值权所得和限制性股票所得，比照《财政部 国家税务总局关于个人股票期权所得征收个人所得税问题的通知》（财税〔2005〕35号）、《国家税务总局关于个人股票期权所得缴纳个人所得税有关问题的补充通知》（国税函〔2006〕902号）的有关规定，计算征收个人所得税。"

从以上的政策可以了解到，不管股票期权还是股票增值权和限制性股票，境内外股权激励的应纳税所得额的计算没有差异，都是参照《财政部 国家税务总局关于个人股票期权所得征收个人所得税问题的通知》（财税〔2005〕35号）。

二、关于股票期权所得性质的确认及其具体征税规定

（一）员工接受实施股票期权计划企业授予的股票期权时，除另有规定外，一般不作为应税所得征税。

（二）员工行权时，其从企业取得股票的实际购买价（施权价）低于购买日公平市场价（指该股票当日的收盘价，下同）的差额，是因员工在企业的表现和业绩情况而取得的与任职、受雇有关的所得，应按"工资、薪金所得"适用的规定计算缴纳个人所得税。

对因特殊情况，员工在行权日之前将股票期权转让的，以股票期权的转让净收入，作为工资薪金所得征收个人所得税。

员工行权日所在期间的工资薪金所得，应按下列公式计算工资薪金应纳税所得额：

股票期权形式的工资薪金应纳税所得额=（行权股票的每股市场价－员工取得该股票期权支付的每股施权价）× 股票数量

以股票期权为例，要点总结如下。

（1）境内外股权激励所得，均是因员工在企业的表现和业绩情况而取得的与任职、受雇有关的所得，所以应按“工资、薪金所得”适用的规定计算缴纳个人所得税。

（2）具体应按行权日的实际购买价（施权价）低于当日的股票价格的差额乘以股票数量计算应纳税所得额。

（3）得到应纳税所得额后，套用164号文的公式单独适用综合所得税率表，计算纳税。

（三）境内外上市公司股权激励政策的不同之处

1. 境内上市公司的股权激励可享受延期纳税政策，上述股权激励所得的应纳税额经备案后可以在一年内缴清，没有滞纳金和罚款。境外上市公司的股权激励不可享受此项延期纳税政策。

《财政部 国家税务总局关于完善股权激励和技术入股有关所得税政策的通知》（财税〔2016〕101号）规定：

“二、对上市公司股票期权、限制性股票和股权奖励适当延长纳税期限

（一）上市公司授予个人的股票期权、限制性股票和股权奖励，经向主管税务机关备案，个人可自股票期权行权、限制性股票解禁或取得股权奖励之日起，在不超过12个月的期限内缴纳个人所得税。《财政部 国家税务总局关于上市公司高管人员股票期权所得缴纳个人所得税有关问题的通知》（财税〔2009〕40号）自本通知施行之日起废止。”

2. 员工通过股权激励取得上市公司股票完税之后，如果未来再转让，对境内股票买卖暂不征收个人所得税。而境外市场买卖股票，如果有盈利，那么所得应按照“财产转让所得”20% 的税率计算缴纳个人所得税。

注意，通过沪港通、深港通投资香港联交所上市股票取得的转让差价所得在 2023 年年底前继续暂免征收个人所得税。

《财政部 国家税务总局关于个人股票期权所得征收个人所得税问题的通知》（财税〔2005〕35 号）规定：

“二、关于股票期权所得性质的确认及其具体征税规定

……

（三）员工将行权后的股票再转让时获得的高于购买日公平市场价的差额，是因个人在证券二级市场上转让股票等有价证券而获得的所得，应按照“财产转让所得”适用的征免规定计算缴纳个人所得税。

（四）员工因拥有股权而参与企业税后利润分配取得的所得，应按照“利息、股息、红利所得”适用的规定计算缴纳个人所得税。”

3. 员工持有股权期间，如果取得上市公司分红，应按照“利息、股息、红利所得”适用 20% 的税率计算缴纳个人所得税。但是，个人因持有境内上市公司股票而取得的股息、红利所得，是有可能减征或免征个人所得税的，而境外上市公司则不享受此项优惠政策。

《财政部 国家税务总局 证监会关于上市公司股息红利差别化个人所得税政策有关问题的通知》（财税〔2015〕101 号）规定：

“一、个人从公开发行和转让市场取得的上市公司股票，持股期限超过 1 年的，股息红利所得暂免征收个人所得税。

个人从公开发行和转让市场取得的上市公司股票，持股期限在 1 个月以内（含 1 个月）的，其股息红利所得全额计入应纳税所得额；持股期限在 1 个月以上至 1 年（含 1 年）的，暂减按 50% 计入应纳税所得额；上述所得统一适用 20% 的税率计征个人所得税。”

4. 在实操层面上，境内居民想合法持有境外上市公司股权，以及将境外资金合

法汇回国内，外汇登记备案是必需事项。

境内居民个人在行权之前申请办理相关外汇登记手续的具体要求参见《国家外汇总管理局关于境内居民通过特殊目的公司境外投融资及返程投资外汇管理有关问题的通知》（汇发〔2014〕37号）。

六、非上市特殊目的公司以本企业股权或期权等为标的，对其直接或间接控制的境内企业的董事、监事、高级管理人员及其他与公司具有雇佣或劳动关系的员工进行权益激励的，相关境内居民个人在行权前可提交以下材料到外汇局申请办理特殊目的公司外汇登记手续：

（一）书面申请与《境内居民个人境外投资外汇登记表》。

（二）已登记的特殊目的公司的境外投资外汇业务登记凭证。

（三）相关境内企业出具的个人与其雇佣或劳动关系证明材料。

（四）特殊目的公司或其实际控制人出具的能够证明所涉权益激励真实性的证明材料。

（五）在前述材料不能充分说明交易的真实性或申请材料之间的一致性时，要求提供的补充材料。

境内居民个人参与境外上市公司股权激励计划按相关外汇管理规定办理。

另外按照规定，境内个人参与境外上市公司股权激励计划的，应通过所属境内公司集中委托一家境内代理机构统一办理外汇登记、账户开立及资金划转与汇兑等有关事项。

《国家外汇管理局关于境内个人参与境外上市公司股权激励计划外汇管理有关问题的通知》（汇发〔2012〕7号）规定：

“二、参与同一项境外上市公司股权激励计划的个人，应通过所属境内公司集中委托一家境内代理机构（以下简称境内代理机构）统一办理外汇登记、账户开立及资金划转与汇兑等有关事项，并应由一家境外机构（以下简称境外受托机构）统一负责办理个人行权、购买与出售对应股票或权益以及相应资金划转等事项。

境内代理机构应是参与该股权激励计划的一家境内公司或由境内公司依法选定的可办理资产托管业务的其他境内机构。”

十五、退休人员有什么薪税合规要点需要注意

本部分帮助大家梳理与解答退休人员的薪税问题。

（一）返聘退休人员可以发工资吗

答案：可以。

逻辑其实很简单：企业聘用一名员工，其一直工作到退休，企业一直发工资薪金，退休后返聘，也可以发工资薪金。只要企业持续雇佣退休人员，按月支付薪酬，就可以发工资薪金。

（二）什么情况下应该发劳务报酬

企业返聘退休人员，并非持续雇佣、按月付酬，而是基于项目的合作，如只是聘用退休人员讲了一堂课，支付讲课费的时候就应该支付劳务报酬。

总结一下，发工资薪金还是劳务报酬跟纳税人是否退休没关系。两者主要的一个区别在于，工资薪金存在雇佣与被雇佣关系，劳务报酬则不存在这种关系，是基于按次的合作。

以下是相关规定。

《国家税务总局关于个人兼职和退休人员再任职取得收入如何计算征收个人所得税问题的批复》（国税函〔2005〕382号）规定："退休人员再任职取得的收入，在减除按个人所得税法规定的费用扣除标准后，按'资、薪金所得'应税项目缴纳个人所得税。"

（三）退休金要缴税吗

从国家统一领取的退休金、养老金等都是免税的。

从单位领取的，假借退休金名义的各种补贴，要交税。

《个人所得税法》第四条规定："下列各项个人所得，免征个人所得税：……（七）按照国家统一规定发给干部、职工的安家费、退职费、基本养老金或者退休费、离休费、离休生活补助费；"

（四）从单位领取的退休金、退休补贴如何计税

从单位领取的退休补贴收入并不属于免税的退休工资收入，应按照"工资、薪金所得"征收个人所得税。

1. 如果是从单位办理内部退养的，可以参照《国家税务总局关于个人所得税有关政策问题的通知》（国税发〔1999〕58 号）的规定。

实行内部退养的个人在其办理内部退养手续后至法定离退休年龄之间从原任职单位取得的工资、薪金，不属于离退休工资，应按"工资、薪金所得"项目计征个人所得税。

个人在办理内部退养手续后从原任职单位取得的一次性收入，应按办理内部退养手续后至法定离退休年龄之间的所属月份进行平均，并与领取当月的"工资、薪金"所得合并后减除当月费用扣除标准，以余额为基数确定适用税率，再将当月工资、薪金加上取得的一次性收入，减去费用扣除标准，按适用税率计征个人所得税。

个人在办理内部退养手续后至法定离退休年龄之间重新就业取得的"工资、薪金"所得，应与其从原任职单位取得的同一月份的"工资、薪金"所得合并，并依法自行向主管税务机关申报缴纳个人所得税。

2. 如果是提前退休而取得的一次性补贴收入，计税方法可以参照《财政部 税务总局关于个人所得税法修改后有关优惠政策衔接问题的通知》（财税〔2018〕164 号）的规定。

（二）个人办理提前退休手续而取得的一次性补贴收入，应按照办理提前退休手续至法定离退休年龄之间实际年度数平均分摊，确定适用税率和速算扣除数，单独适用综合所得税率表，计算纳税。计算公式：

应纳税额 ={［（一次性补贴收入 ÷ 办理提前退休手续至法定退休年龄的实际年度数）– 费用扣除标准］× 适用税率 – 速算扣除数 }× 办理提前退休手续至法定退休年龄的实际年度数

（五）单位可以为退休返聘人员继续缴纳住房公积金吗

答案：不可以。因为按规定，住房公积金是劳动关系之下的义务，按照前面所介绍的，劳动关系终止后，单位就不应再为员工缴纳住房公积金了。根据《住房公积金管理条例》的规定，当职工退休时，个人的住房公积金账户就应该封存了。

《住房公积金管理条例》第十五条规定："……单位与职工终止劳动关系的，单位应当自劳动关系终止之日起 30 日内向住房公积金管理中心办理变更登记，并办理职工住房公积金账户转移或者封存手续。"

十六、劳务报酬发放有何薪税合规要点

企业雇佣非正式的员工就会碰到发放劳务报酬的情形，本部分介绍劳务报酬发放中的关键合规要点，供读者参考学习。

（一）劳务关系之下企业一定要发劳务报酬吗

答案：不一定。我们以退休返聘人员为例来讲解。

《最高人民法院关于审理劳动争议案件适用法律若干问题的解释（三）》第七条规定："用人单位与其招用的已经依法享受养老保险待遇或领取退休金的人员发生用工争议，向人民法院提起诉讼的，人民法院应当按劳务关系处理。"

《国家税务总局关于离退休人员取得单位发放离退休工资以外奖金补贴征收个人所得税的批复》（国税函〔2008〕723号）规定："离退休人员除按规定领取离退休工资或养老金外，另从原任职单位取得的各类补贴、奖金、实物，不属于《中华人民共和国个人所得税法》第四条规定可以免税的退休费、离休费、离休生活补助费。根据《中华人民共和国个人所得税法》及其实施条例的有关规定，离退休人员从原任职单位取得的各类补贴、奖金、实物，应在减除费用扣除标准后，按"工资、薪金所得"应税项目缴纳个人所得税。"

《国家税务总局关于个人兼职和退休人员再任职取得收入如何计算征收个人所得税问题的批复》（国税函〔2005〕382号）规定："退休人员再任职取得的收入，在减除按个人所得税法规定的费用扣除标准后，按'工资、薪金所得'应税项目缴纳个人所得税。"

从以上规定可以得知，劳务关系之下的用工，也是有可能按“工资、薪金所得”的税目进行纳税申报的。

（二）企业发放劳务报酬要缴纳社保吗

答案：不一定。相关规定如下。

《社会保险法》第十二条规定：“用人单位应当按照国家规定的本单位职工工资总额的比例缴纳基本养老保险费，记入基本养老保险统筹基金。”

《中华人民共和国劳动和社会保障部社会保险事业管理中心关于规范社会保险缴费基数有关问题的通知》（劳社险中心函〔2006〕60号）规定：

“二、关于工资总额的计算口径

依据国家统计局有关文件规定，工资总额是指各单位在一定时期内直接支付给本单位全部职工的劳动报酬总额，由计时工资、计件工资、奖金、加班加点工资、特殊情况下支付的工资、津贴和补贴等组成。劳动报酬总额包括：在岗职工工资总额；不在岗职工生活费；聘用、留用的离退休人员的劳动报酬；外籍及港澳台方人员劳动报酬以及聘用其他从业人员的劳动报酬。”

按照以上规定，国内只要是严格执行“工资总额”作为企业社保缴费基数的区域，劳务报酬均并入工资总额口径计算社保缴费基数，如黑龙江等其他地区。

但是，自2019年以来，国内多处地方的政策发生了变化。

《国家税务总局黑龙江省税务局关于用人单位聘用退休人员和已经由原单位缴纳基本养老保险费的兼职人员的劳务报酬不计入用人单位缴费基数的通告》（国家税务总局黑龙江省税务局通告2019年第2号）规定：“依据《黑龙江省优化营商环境条例》（2019年1月18日黑龙江省第十三届人民代表大会第三次会议通过）第二十一条，经与黑龙江省人力资源和社会保障厅商定，自2019年3月（费款属期）起，用人单位聘用的退休人员和已经由原单位缴纳基本养老保险费的兼职人员的劳务报酬（包括工资薪金等各类劳动报酬）不计入用人单位缴纳基本养老保险费基数。请用人单位认真做好统筹部分缴费基数计算工作，及时准确申报缴纳费款。”

关于劳务报酬是否需要缴纳社保的问题，目前国内大多数地方是无须缴纳的。

（三）劳务报酬需要凭票入账吗

答案：需要，只要支付金额超过500元就需要。详见以下规定。

1.《发票管理办法》第十九条规定："销售商品、提供服务以及从事其他经营活动的单位和个人，对外发生经营业务收取款项，收款方应当向付款方开具发票；特殊情况下，由付款方向收款方开具发票。"

2.《减税降费过程中纳税人反映问题（第一批）答复意见》中有相关解答：

"9. 自然人向企业提供服务，是否需要到税局代开增值税普通发票，然后企业凭票入账向该自然人支付报酬？

答：1. 销售商品、提供服务以及从事其他经营活动的单位和个人，对外发生经营业务收取款项，应当向其开具发票。个人无法自行开具发票的，可以按照《国家税务总局关于纳税人申请代开增值税发票办理流程的公告》（国家税务总局公告2016年第59号）规定的流程向税务机关申请代开。

2. 关于企业所得税税前扣除凭证问题：《企业所得税税前扣除凭证管理办法》第九条规定，企业在境内发生的支出项目属于增值税应税项目（以下简称'应税项目'）的，对方为已办理税务登记的增值税纳税人，其支出以发票（包括按照规定由税务机关代开的发票）作为税前扣除凭证；对方为依法无须办理税务登记的单位或者从事小额零星经营业务的个人，其支出以税务机关代开的发票或者收款凭证及内部凭证作为税前扣除凭证，收款凭证应载明收款单位名称、个人姓名及身份证号、支出项目、收款金额等相关信息。小额零星经营业务的判断标准是个人从事应税项目经营业务的销售额不超过增值税相关政策规定的起征点。考虑到小规模增值税纳税人符合条件可以享受免征增值税优惠政策，根据《中华人民共和国增值税暂行条例》及实施细则、《财政部 税务总局关于实施小微企业普惠性税收减免政策的通知》（财税〔2019〕13号）规定，小额零星经营业务可按以下标准判断：按月纳税的，月销售额不超过10万元；按次纳税的，每次（日）销售额不超过300～500元。因此，自然人向企业提供服务，若符合上述规定，企业以税务机关代开的发票或者收款凭证及内部凭证作为税前扣除凭证。"

（四）劳务报酬可以享受月销售额不超过 10 万元免征增值税的优惠政策吗

答案：不行，因为劳务报酬按次征税，不属于按月纳税的情形。

《个人所得税法实施条例》第十四条规定："劳务报酬所得、稿酬所得、特许权使用费所得，属于一次性收入的，以取得该项收入为一次；属于同一项目连续性收入的，以一个月内取得的收入为一次。"

（五）非居民发劳务报酬需要汇算清缴吗

非居民不需要预扣预缴和年度汇算清缴，而是由扣缴义务人按月或者按次代扣代缴税款。

除非身份改变，即非居民个人在一个纳税年度内达到居民个人条件，应当在年度终了后按照居民个人有关规定办理汇算清缴。

《个人所得税扣缴申报管理办法（试行）》

（国家税务总局公告 2018 年第 61 号）

第九条　扣缴义务人向非居民个人支付工资、薪金所得，劳务报酬所得，稿酬所得和特许权使用费所得时，应当按照以下方法按月或者按次代扣代缴税款：

非居民个人的工资、薪金所得，以每月收入额减除费用五千元后的余额为应纳税所得额；劳务报酬所得、稿酬所得、特许权使用费所得，以每次收入额为应纳税所得额，适用个人所得税税率表三（见附件）计算应纳税额。劳务报酬所得、稿酬所得、特许权使用费所得以收入减除百分之二十的费用后的余额为收入额；其中，稿酬所得的收入额减按百分之七十计算。

非居民个人在一个纳税年度内税款扣缴方法保持不变，达到居民个人条件时，应当告知扣缴义务人基础信息变化情况，年度终了后按照居民个人有关规定办理汇算清缴。

十七、发放经济补偿金有何税收优惠与合规要求

在企业日常的用工管理过程中，向离职员工支付经济补偿金为常见事项。本部分将探讨企业在支付经济补偿金时的税收优惠、合规要求及操作要点。

（一）经济补偿金数额计算

《劳动合同法》

第四十七条 经济补偿按劳动者在本单位工作的年限，每满一年支付一个月工资的标准向劳动者支付。六个月以上不满一年的，按一年计算；不满六个月的，向劳动者支付半个月工资的经济补偿。

劳动者月工资高于用人单位所在直辖市、设区的市级人民政府公布的本地区上年度职工月平均工资三倍的，向其支付经济补偿的标准按职工月平均工资三倍的数额支付，向其支付经济补偿的年限最高不超过十二年。

本条所称月工资是指劳动者在劳动合同解除或者终止前十二个月的平均工资。

企业应按以上标准计算出应付员工的经济补偿金具体数额，并和员工达成一致。企业作为扣缴义务人应履行扣缴义务，预扣预缴或代扣代缴个人所得税。在扣缴申报时，可按照国家税务总局相关政策，享受税收优惠。

（二）经济补偿金个税优惠

《关于个人所得税法修改后有关优惠政策衔接问题的通知》（财税〔2018〕164

号，以下简称“164号文”）规定：

“五、关于解除劳动关系、提前退休、内部退养的一次性补偿收入的政策

（一）个人与用人单位解除劳动关系取得一次性补偿收入（包括用人单位发放的经济补偿金、生活补助费和其他补助费），在当地上年职工平均工资3倍数额以内的部分，免征个人所得税；超过3倍数额的部分，不并入当年综合所得，单独适用综合所得税率表，计算纳税。”

以上政策有几处合规要点需要注意。

1. 在164号文中，“超过3倍数额的部分，不并入当年综合所得，单独适用综合所得税率表”，此处的税率表是“个人所得税税率表一（综合所得适用）”，是一张年度税率表。

个人所得税税率表一（综合所得适用）如表6-11所示。

表6-11　个人所得税税率表一（综合所得适用）

级数	累计预扣预缴应纳税所得额	预扣率	速算扣除数
1	不超过36 000元	3%	0
2	超过36 000元至144 000元的部分	10%	2520
3	超过144 000元至300 000元的部分	20%	16 920
4	超过300 000元至420 000元的部分	25%	31 920
5	超过420 000元至660 000元的部分	30%	52 920
6	超过660 000元至960 000元的部分	35%	85 920
7	超过960 000元的部分	45%	181 920

2. 经济补偿金中的社保、住房公积金等费用可以扣除，无须缴纳个人所得税。《财政部 国家税务总局关于个人与用人单位解除劳动关系取得的一次性补偿收入征免个人所得税问题的通知》（财税〔2001〕157号）规定：“个人领取一次性补偿收入时按照国家和地方政府规定的比例实际缴纳的住房公积金、医疗保险费、基本养老保险费、失业保险费，可以在计征其一次性补偿收入的个人所得税时予以扣除。”

3. 具体的免税标准，有的地区会根据当地当年的社会平均工资公布，如深圳。《国家税务总局深圳市税务局关于调整深圳市2022年度个人所得税相关税前扣除及

免征标准的通告》(国家税务总局 深圳市税务局通告2022年第7号)规定:“我市个人与用人单位解除劳动关系而取得的一次性补偿收入的免税标准调整为466 689元(含本数),超过的部分,按照《关于个人所得税法修订后有关优惠政策衔接问题的通知》(财税〔2018〕164号)有关规定计算征收个人所得税。”

4. 国内大多数地方并没有像深圳一样,给出具体的一次性补偿收入的免税标准,需要企业自行查实。

以下为具体查询的步骤。

(1)打开自然人电子税务局(扣缴端或者网页端),进入综合所得申报页面,如图6-50所示。

图6-50 自然人电子税务局扣缴端——综合所得申报

(2)执行【综合所得申报】—【解除劳动合同一次性补偿金】命令(见图6-51)。

(3)在【一次性补偿收入】文本框中填写一个较大的数字(此处填写“500 000.00”),然后在【免税收入】文本框中就可以看到相应的经济补偿金免税标准的具体数字(此处为“466 689.00”),如图6-52所示。

图 6-51　自然人电子税务局扣缴端——解除劳动合同一次性补偿金

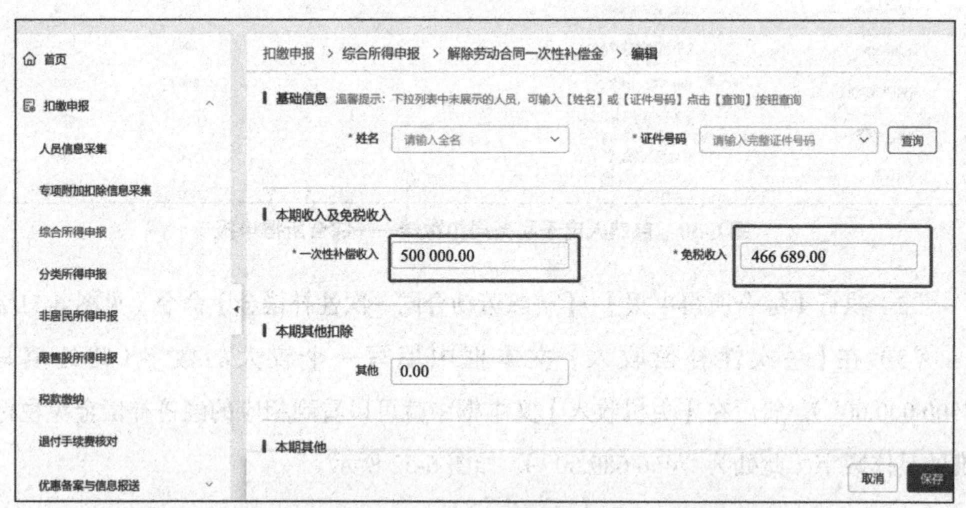

图 6-52　自然人电子税务局扣缴端——解除劳动合同一次性补偿金填报

（4）滑动页面到底端，就能看到本地区平均工资的具体数字，如图 6-53 所示。需要注意的是，这是一个年平均工资的数字，乘以 3 就可以得到当地经济补偿金的免税标准。

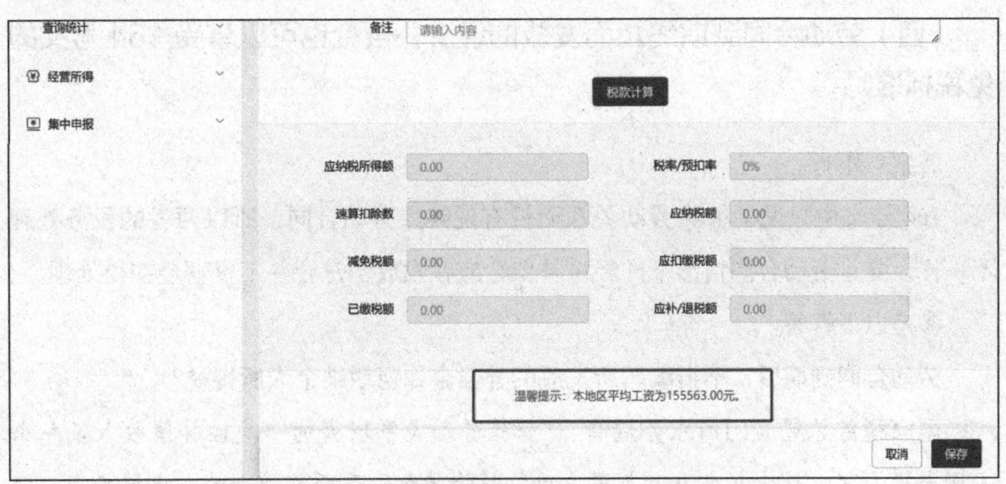

图 6-53　自然人电子税务局扣缴端——本地区平均工资

（三）对于违法解除劳动关系向劳动者支付的赔偿金是否统一按以上经济补偿金的计税方法处理

《劳动合同法》中除了提到了经济补偿金，还提到了赔偿金。

第八十七条　用人单位违反本法规定解除或者终止劳动合同的，应当依照本法第四十七条规定的经济补偿标准的二倍向劳动者支付赔偿金。

对于赔偿金是否同经济补偿金的个税处理，业内有两种不同的观点。

一种观点认为，两者逻辑不同，用人单位因违法解除劳动关系而向劳动者支付的赔偿金属于惩罚性赔偿，与经济补偿金的性质不同，不视为个人因任职受雇取得的劳动所得，不属于上述规定应当缴纳个人所得税的范畴，因此对该项收入不应征收个人所得税。

在司法裁判中，有判例支持以上观点。如果实操中，希望适用免征个人所得税的，需要咨询当地税务局，得到确定答复后方可操作。

另一种观点认为，赔偿金就是两倍的经济补偿金，应统一比照经济补偿金的征税方式处理。

目前此种观点也有相关判例支持，且更为流行，所以实操中，建议大家比照以上经济补偿金的计税方法处理。

（四）劳动合同到期终止而发放的经济补偿金也可以享受 164 号文的免税标准吗

答案：不行。

164 号文中只说了解除劳动关系而没有说终止劳动合同，所以两者的税务处理不一样。终止劳动合同情形下的经济补偿金应在发放当月合并工资薪金扣税处理。

参考以下解答。

劳动合同到期后，不再续聘所发放的补偿金如何缴纳个人所得税？

国家税务总局厦门市水务局答："解除劳动关系取得的一次性补偿收入征免个人所得税内容，是建立在个人与用人单位解除劳动关系的基础上的。也就是说，只有符合《劳动合同法》中规定的解除劳动关系情形的，才可以适用本通知规定执行。因此，劳动合同到期后，不再续聘所发放的补偿金不属于财税〔2018〕164 号文规定的解除合同的一次性补偿金，应在发放当月合并工资薪金计税。"

司法判例和以上解答保持一致，有法院直接认为终止劳动合同和解除劳动关系并非同一个概念，进而认定终止劳动关系需要缴纳个人所得税，不享受个税优惠。

参考案例：北京某医疗中心国内非涉外仲裁裁决执行裁定书

案号：（2015）朝执异字第 00037 号

法院：北京市朝阳区人民法院

判决要点：

《国家税务总局关于个人因解除劳动合同取得经济补偿金征收个人所得税问题的通知》（国税发〔1999〕178 号）的规定系针对"个人因与用人单位解除劳动关系而取得的一次性补偿收入"。在本案中，劳争委的裁决书第一项已经认定某公司支付孙某的款项性质为"终止劳动合同经济补偿金"，而非"解除劳动合同经济补偿金"。孙某主张适用《免税通知》缺乏依据。因裁决书裁决的终止劳动合同经济补偿金为税前数额，某公司作为该笔款项的支付人，代扣代缴个人所得税并无不当。

十八、竞业限制补偿金应如何扣缴个税

关于离职后竞业限制补偿金如何缴纳个税的问题有些复杂，而且各地规定有差异。本部分就竞业限制补偿金的个税问题做一个梳理。

（一）竞业限制补偿金定义

竞业限制补偿金的相关规定如下。

《劳动合同法》第二十三条规定："用人单位与劳动者可以在劳动合同中约定保守用人单位的商业秘密和与知识产权相关的保密事项。……"

对负有保密义务的劳动者，用人单位可以在劳动合同或者保密协议中与劳动者约定竞业限制条款，并约定在解除或者终止劳动合同后，在竞业限制期限内按月给予劳动者经济补偿。劳动者违反竞业限制约定的，应当按照约定向用人单位支付违约金。

（二）竞业限制补偿金计税

按月支付给劳动者的竞业限制补偿金按什么方式计税呢？

关于此问题，总结起来共有四种不同的说法。

1. 第一种，作为劳务报酬。当前业内有个趋势，凡是说不清楚的个人收入，都与劳务报酬相关联，但竞业限制补偿金和劳务报酬关系不大。

《个人所得税法实施条例》规定，劳务报酬所得，是指个人从事劳务取得的所得。

而竞业限制恰恰是不提供劳务的不作为。员工离职前与用人单位是劳动关系，离职后什么都不做，却视同与用人单位建立劳务关系，取得劳务报酬，未免太牵强了。

2. 第二种，作为偶然所得。

此种说法有政策文件支持。

《财政部 国家税务总局关于企业向个人支付不竞争款项征收个人所得税问题的批复》（财税〔2007〕102号，以下简称“102号文”）规定：

“不竞争款项是指资产购买方企业与资产出售方企业自然人股东之间在资产购买交易中，通过签订保密和不竞争协议等方式，约定资产出售方企业自然人股东在交易完成后一定期限内，承诺不从事有市场竞争的相关业务，并负有相关技术资料的保密义务，资产购买方企业则在约定期限内，按一定方式向资产出售方企业自然人股东所支付的款项。

根据《中华人民共和国个人所得税法》第二条第十一项有关规定，鉴于资产购买方企业向个人支付的不竞争款项，属于个人因偶然因素取得的一次性所得，为此，资产出售方企业自然人股东取得的所得，应按照《中华人民共和国个人所得税法》第二条第十项‘偶然所得’项目计算缴纳个人所得税，税款由资产购买方企业在向资产出售方企业自然人股东支付不竞争款项时代扣代缴。”

102号文中的“不竞争款项”是指资产购买方企业向资产出售方自然人股东支付的款项，似乎与通常意义上理解的竞业限制补偿金不是一回事。于是有专家专门致函国家税务总局，探讨这一问题，认为竞业限制补偿金按偶然所得计税不妥。

发件时间：2015-08-12 22:35:51

主题：财税〔2007〕第102号

领导好！关于财税〔2007〕第102号被普遍应用来解释单位与普通员工的竞业限制补偿金，个人认为是不妥的。

该号文说的是鉴于资产购买方企业向个人支付的不竞争款项，资产出售方企业自然人股东取得的所得。这与普通员工被限制择业范围的补偿金是完全不同的。相反后者与离职补偿金一样应参照国税发〔1999〕178号，以及财税〔2001〕157号文，对3倍年平均工资内的补偿予以免除个税。

税务机关办理情况或答复内容：如果是出于竞争限制性质的补偿，那么应参照财税〔2007〕102号的规定，按照偶然所得计征税款，如果是因为提前解除劳动合同，因非正常失业，为弥补再次就业前的生活支出而予以的补偿，则按照解除劳动合同补偿金的相关规定处理（请注意：合同到期所领取的补偿金不能按照解除劳动一次性补偿金处理，而应按月份工薪所得计征税款）。扣缴单位和纳税人可以按照上述原则，分清补偿金的性质和用途，分别计算缴纳个人所得税。

回复时间：2015-08-17 08:50:01

从回复来看，是认同了偶然所得这一逻辑。国内部分地方税务局也认同此逻辑，按偶然所得认定，如广州。

《广州市地方税务局关于印发〈个人所得税若干征税业务指引〉的通知》（穗地税发〔2009〕148号）规定："关于个人履行劳动合同保密或非竞争条款取得收入征税问题个人与任职单位解除劳动关系后继续履行原劳动合同规定的保密条款或非竞争条款而取得原任职单位支付的收入，参照《财政部 国家税务总局关于企业向个人支付不竞争款项征收个人所得税问题的批复》（财税〔2007〕102号）有关规定，按照"偶然所得"计算征收个人所得税。"

3. 第三种，作为经济补偿金。

认为竞业限制补偿金应按经济补偿金计税，也就是按照164号文所讲的规定处理。

五、关于解除劳动关系、提前退休、内部退养的一次性补偿收入的政策

（一）个人与用人单位解除劳动关系取得一次性补偿收入（包括用人单位发放的经济补偿金、生活补助费和其他补助费），在当地上年职工平均工资3倍数额以内的部分，免征个人所得税；超过3倍数额的部分，不并入当年综合所得，单独适用综合所得税率表，计算纳税。

文件中提到的"其他补助费"，成为很多学者（包括这位税务专家）认定的政策依据，大家都认为此处包括竞业限制补偿金。而且，由于可以享受一定的免税优惠，存在一个节税的口径，因此深受广大纳税人欢迎。

深圳支持这一观点。

《深圳市地方税务局关于企业向个人支付竞业限制补偿费征免个人所得税问题的批复》(深地税发〔2008〕416号)规定:“个人因与原用人单位签订竞业限制条款(或协议),在约定的竞业限制期限内,不得从事与原单位相竞争的业务,由此而取得用人单位支付的竞业限制补偿费,属于用人单位发放的经济补偿金,应按照《财政部 国家税务总局关于个人与用人单位解除劳动关系取得的一次补偿收入征免个人所得税问题的通知》(财税〔2001〕157号)的相关规定免征个人所得税。”

按此口径操作起来有难度:《劳动合同法》中提到竞业限制补偿金是在竞业限制期限内按月给予劳动者的经济补偿;而经济补偿金是一次性补偿收入,这两者并不是一回事,操作上有困难。

4. 第四种,作为工资、薪金,正常计税。

逻辑其实很清晰:不管发放时人是否还在职,这笔收入肯定是因为任职受雇而取得的所得,应该按工资、薪金申报个税。所以,这也是一条合规的操作口径,目前国内也有部分地方按此口径处理。

《个人所得税法实施条例》第六条规定:“个人所得税法规定的各项个人所得的范围:(一)工资、薪金所得,是指个人因任职或者受雇取得的工资、薪金、奖金、年终加薪、劳动分红、津贴、补贴以及与任职或者受雇有关的其他所得。”

在操作层面,按月支付工资薪金,按月扣缴个税,操作起来没难度。

对竞业限制补偿金的个税问题,如果企业很清楚当地的操作口径,按口径操作;如果不清楚,建议咨询当地税务局后再做扣缴申报。

十九、医疗补助金、员工安置费等支付给离职员工的款项，薪税应该如何处理

除经济补偿金的薪税问题之外，本部分梳理与离职人员相关的其他薪税问题，供大家参考。

（一）员工医疗期满后依然无法上班，企业予以解除劳动关系时发放的医疗补助金如何缴税

有人认为医疗补助金属于一次性补偿收入，应按照经济补偿金的计税方法来缴税，但这个逻辑是错的。医疗补助金虽然是一次性补偿收入，但其实属于工伤待遇范畴，可以按照工伤保险待遇个人所得税相关规定，做免税处理。

《财政部 国家税务总局关于工伤职工取得的工伤保险待遇有关个人所得税政策的通知》（财税〔2012〕40号）规定：

“一、对工伤职工及其近亲属按照《工伤保险条例》（国务院令第586号）规定取得的工伤保险待遇，免征个人所得税。

二、本通知第一条所称的工伤保险待遇，包括工伤职工按照《工伤保险条例》（国务院令第586号）规定取得的一次性伤残补助金、伤残津贴、一次性工伤医疗补助金、一次性伤残就业补助金、工伤医疗待遇、住院伙食补助费、外地就医交通食宿费用、工伤康复费用、辅助器具费用、生活护理费等，以及职工因工死亡，其近亲属按照《工伤保险条例》（国务院令第586号）规定取得的丧葬补助金、供养

亲属抚恤金和一次性工亡补助金等。”

只要按《工伤保险条例》法定标准支付的相关待遇，就可以按免税处理，不像经济补偿金一样有免税上限。

（二）企业破产了，遣散员工的安置费如何扣税

企业破产，员工遭遣散而取得的一次性的安置费为免税收入。

参考以下规定。

《财政部 国家税务总局关于个人与用人单位解除劳动关系取得的一次性补偿收入征免个人所得税问题的通知》（财税〔2001〕157号）规定：“三、企业依照国家有关法律规定宣告破产，企业职工从该破产企业取得的一次性安置费收入，免征个人所得税。”

（三）企业给已离职员工发工资和奖金，应该如何扣税

现实中这样的情况挺多见，比如，离职员工也应该享有的年终奖，但离职时公司还没到统一发放年终奖的时间，双方协商确定离职员工年终奖与公司年终奖统一发放。这种情况下如何扣税？

有观点认为发放时双方已经不存在劳动关系，所以应该按照劳务报酬来扣税。但这个观点对政策的理解有些僵化。

不管发放时人是否还在职，这笔收入肯定是因为任职受雇而取得的所得，都应该按工资、薪金申报个税。

《个人所得税法实施条例》第六条规定：“个人所得税法规定的各项个人所得的范围：（一）工资、薪金所得，是指个人因任职或者受雇取得的工资、薪金、奖金、年终加薪、劳动分红、津贴、补贴以及与任职或者受雇有关的其他所得。”

正确的做法是，在实际发放时计入当月工资、薪金。

可以参考以下问答。

问：您好，我想咨询下江苏省有没有补发工资的相关规定？该如何缴税？（江苏省税务局 2019-03-01）

答复：您好！不管工资会计上做在哪个月，在实际发放时计入当月工资薪金征收个人所得税。

（四）给离职人员发完钱后，如何在实操中按工资薪金申报呢

这是个实务操作问题，自然人电子税务局扣缴端的操作如图 6-54 所示。

一般情况下，单位应该在员工离职当月将人员状态改成“非正常”，填写离职日期后保存报送，之后的申报表里此人就不再出现了。

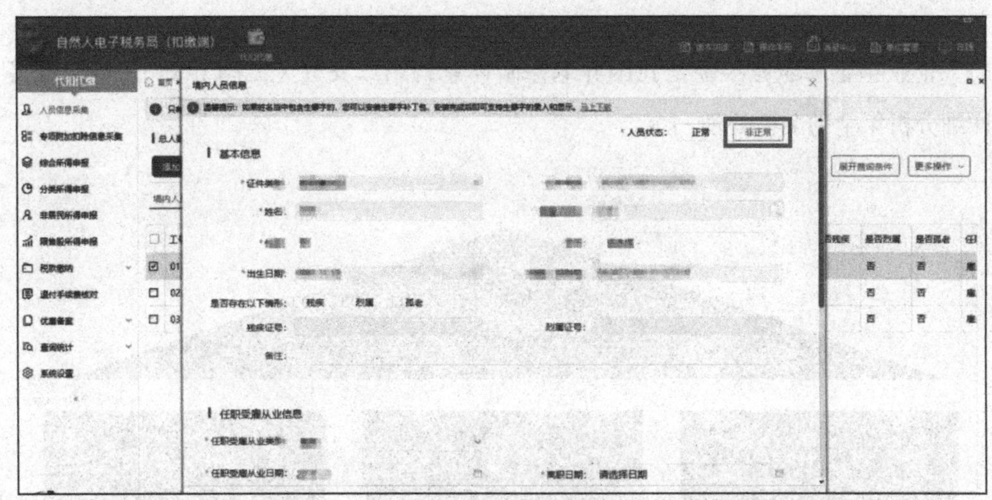

图 6-54　自然人电子税务局扣缴端——信息采集

如果要给已离职人员发工资后申报，应该打开【人员信息采集】模块，勾选非正常状态的人员信息，双击页面后将右上方的“非正常”状态改为“正常”状态，再单击【保存】。

申报完记得改回“非正常”状态。

（五）给离职人员发完钱后，可以按年终奖申报吗

这个问题的意思是：是否可以按“全年一次性奖金”的优惠计税方式申报。

答案：可以。申报工资薪金可以，申报全年一次性奖金也可以，因为全年一次性奖金是特殊形式的工资薪金，只要本人当年没有按全年一次性奖金申报过即可。

二十、企业年金、职业年金应如何缴纳个税

企业年金和职业年金是我国养老保险体系的第二支柱（见图 6-55），本部分将详细分析年金的个税处理。

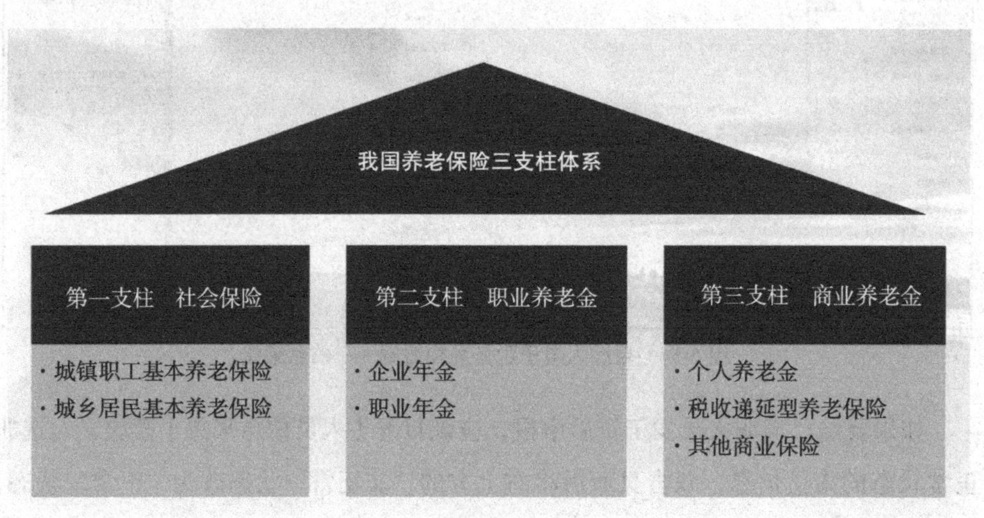

图 6-55　我国养老保险三支柱体系

（一）什么是企业年金和职业年金

企业年金的对象是企业，根据《企业年金办法》等国家相关政策规定，企业年金是企业及其职工在依法参加基本养老保险的基础上，自愿建立的补充养老保险制度。

职业年金的对象是事业单位，根据《事业单位职业年金试行办法》（国办发〔2011〕37号）等国家相关政策规定，职业年金是事业单位及其工作人员在依法参加基本养老保险的基础上，建立的补充养老保险制度。

（二）企业和个人缴纳企业年金和职业年金（以下统称年金）是否有缴费限额

答案：有。企业的缴费限额是工资总额的8%，个人是缴费工资的4%，企业和个人合计不超过12%。

《企业年金办法》第十五条规定："企业缴费每年不超过本企业职工工资总额的8%。企业和职工个人缴费合计不超过本企业职工工资总额的12%。具体所需费用，由企业和职工一方协商确定。"

企业年金个人缴费工资为本人上一年度月平均工资，月平均工资按国家统计局规定列入工资总额统计的项目计算。缴费工资也有上限，上限为职工工作地所在设区城市上一年度职工月平均工资的300%。

（三）在缴费和投资收益环节，年金的个人所得税该如何处理

企业和事业单位根据国家有关政策规定的办法和标准，在以上限额范围内为在本单位任职或者受雇的全体职工缴付的年金单位缴费部分，在记入个人账户时，个人暂不缴纳个人所得税。年金个人缴费部分，在不超过以上个人缴费限额的部分，暂从个人当期的应纳税所得额中扣除。职工个人缴费部分由企业从职工个人工资中代扣代缴。

超过以上标准缴付的单位缴费和个人缴费部分，应并入个人当期的工资、薪金所得，计征个人所得税，税款由单位代扣代缴。

《财政部 人力资源社会保障部 国家税务总局关于企业年金 职业年金个人所得税有关问题的通知》（财税〔2013〕103号）规定：

"2. 个人根据国家有关政策规定缴付的年金个人缴费部分，在不超过本人缴费工资计税基数的4%标准内的部分，暂从个人当期的应纳税所得额中扣除。

3. 超过本通知第一条第1项和第2项规定的标准缴付的年金单位缴费和个人缴费部分，应并入个人当期的工资、薪金所得，依法计征个人所得税。税款由建立年金的单位代扣代缴，并向主管税务机关申报解缴。

4. 企业年金个人缴费工资计税基数为本人上一年度月平均工资。月平均工资按国家统计局规定列入工资总额统计的项目计算。月平均工资超过职工工作地所在设区城市上一年度职工月平均工资300%以上的部分，不计入个人缴费工资计税基数。

职业年金个人缴费工资计税基数为职工岗位工资和薪级工资之和。职工岗位工资和薪级工资之和超过职工工作地所在设区城市上一年度职工月平均工资300%以上的部分，不计入个人缴费工资计税基数。”

举个例子。公司员工小王年薪20万元，个人所得税税前扣除为10万元；扣除年金前的年应纳税所得额为10万元。小王年金个人缴费200 000×4%＝8000（元），可以在税前扣除。小王应纳个人所得税＝（100 000－8000）×10%－2520＝6680（元）。

年金基金投资环节，没有个人所得税的问题。

年金基金投资运营收益分配记入个人账户时，暂不征收个人所得税。

（四）领取年金时的个人所得税该如何处理

个人根据不同的领取年金的方式，适用不同的税率表计算缴纳个人所得税，如表6-12所示。

表6-12　年金领取方式与适用税率表

领取方式	适用税率表
按月领取	个人所得税税率表三（月度税率表）
按季领取	平均分摊计入各月，按每月领取额适用月度税率表
按年领取	综合所得税率表一
因出境定居而一次性领取	综合所得税率表一
个人死亡后，指定的受益人或法定继承人一次性领取	综合所得税率表一
除上述特殊原因外一次性领取	个人所得税税率表三（月度税率表）

《财政部 税务总局关于个人所得税法修改后有关优惠政策衔接问题的通知》（财税〔2018〕164号）规定：

“个人达到国家规定的退休年龄，领取的企业年金、职业年金，符合《财政部 人力资源社会保障部 国家税务总局关于企业年金 职业年金个人所得税有关问题的通知》（财税〔2013〕103号）规定的，不并入综合所得，全额单独计算应纳税款。其中按月领取的，适用月度税率表计算纳税；按季领取的，平均分摊计入各月，按每月领取额适用月度税率表计算纳税；按年领取的，适用综合所得税率表计算纳税。

个人因出境定居而一次性领取的年金个人账户资金，或个人死亡后，其指定的受益人或法定继承人一次性领取的年金个人账户余额，适用综合所得税率表计算纳税。对个人除上述特殊原因外一次性领取年金个人账户资金或余额的，适用月度税率表计算纳税。”

举个例子。单位有年金计划，老张到了退休年纪，可以选择按月、按季或按年领取年金。

如果按月领取，假设老张每月领取2000元，适用按月换算后的综合所得税率表（以下简称“月度税率表”）计算纳税，则老张每月应纳税额 =2000×3%=60（元）。

如果按季领取，即老张每季领取6000元，那么应平均分摊计入各月，按每月领取额适用月度税率表计算纳税，则老张每季应纳税额 =（6000÷3）×3%×3=180（元）。

如果按年领取，即老张每年领取24 000元，那么老张每年应纳税额 = 24 000×3%=720（元）。

老张2025年出国（境）定居需要依法一次性提前领取年金，其个人年金账户余额20万元，适用综合所得税率表计算纳税，则老张应纳税额 =200 000×20%−16 920=23 080（元）。

老张因其他原因需要一次性领取年金个人账户资金，领取时账户资金余额20万元，则其应纳税额 =200 000×45% −15 160=74 840（元）。

二十一、为员工买保险要不要缴税

商业保险的薪税处理也是企业日常经常遇见的问题，本部分为大家梳理一下常见的三类商业保险：雇主责任险、团体意外保险和商业健康保险的薪税处理，供大家学习参考。

（一）雇主责任险

准确来说，雇主责任险不应算作企业为员工购买的保险，因为其赔付对象是企业自身。只是雇主责任险与雇员或者说跟雇佣行为深度绑定，而且现实中很常见，所以这里一并探讨。

雇主责任险的定义为：雇主责任险是指被保险人所雇佣的员工在受雇过程中从事与保险单所载明的与被保险人业务有关的工作而遭受意外或患与业务有关的国家规定的职业性疾病，所致伤、残或死亡，被保险人根据《劳动法》及劳动合同应承担的医药费用及经济赔偿责任，包括应支出的诉讼费用，由保险人在规定的赔偿限额内负责赔偿的一种保险。

简单来说，雇主责任险是保险公司赔付给企业因雇员的某些原因而承担的费用。

有人说雇主责任险就是劳动关系之下给用人单位的保险，这种说法不太精确。请注意上面的定义中用的是雇佣的员工，说明既包括劳动关系下的用工，也包括非劳动关系下的某些用工，如临时工、实习生等。

《中国保险行业协会雇主责任保险示范条款》第三十四条规定："本保险合同涉

及下列术语时，适用下列释义：

【雇员】指与被保险人存在劳动关系、事实劳动关系的年满十六周岁的劳动者及其他按国家规定和法定途径审批的劳动者。”

明确了定义和赔付对象后，再来看看雇主责任险的薪税处理。

1. 企业所得税

企业为自己投保雇主责任险，降低经营风险，属于企业自身正常的经营行为，所以支付的保险费可以全额扣除。

《国家税务总局关于责任保险费企业所得税税前扣除有关问题的公告》（国家税务总局公告 2018 年第 52 号，以下简称“52 号公告”）规定：

“根据《中华人民共和国企业所得税法》和《中华人民共和国企业所得税法实施条例》有关规定，现就雇主责任险、公众责任险等责任保险有关税务处理问题公告如下。

企业参加雇主责任险、公众责任险等责任保险，按照规定缴纳的保险费，准予在企业所得税税前扣除。”

2. 个人所得税

前面在解释定义的时候已经明确了，雇主责任险赔付的对象是雇主而非员工，所以员工并没有取得所得，无须缴纳个人所得税。

（二）团体意外保险

与雇主责任险最大的不同是，团体意外保险的赔付对象是个人。注意，这里面向的范围更广，不仅包括雇员，还包括短期工、临时工和灵活就业人员。

团体意外保险的定义为：团体意外伤害保险，即团体意外保险，是一种以团体方式投保的人身意外保险形式，而其保险责任、给付方式则与个人意外伤害保险相同。

下面讨论团体意外保险的薪税问题。

1. 企业所得税

主要原则是看投保是不是企业生产经营或者国家规定必需的，如果是，可以在企业所得税税前扣除；如果不是，要么当工资薪金发给员工，要么不得在企业所得税税前扣除。

（1）属于国家规定必需的是：企业为特殊工种职工支付的人身安全保险费。

《企业所得税法实施条例》第三十六条规定："除企业依照国家有关规定为特殊工种职工支付的人身安全保险费和国务院财政、税务主管部门规定可以扣除的其他商业保险费外，企业为投资者或者职工支付的商业保险费，不得扣除。"

哪些属于特殊工种？可以参考《高危行业企业安全生产费用财务管理暂行办法》（财企〔2006〕478号）的通知。

第十八条　企业应当为从事高空、高压、易燃、易爆、剧毒、放射性、高速运输、野外、矿井等高危作业的人员办理团体人身意外伤害保险或个人意外伤害保险。……

为以上特殊工种职工办理团体人身意外伤害保险是法定义务，既然是法定义务，相关费用就可以税前扣除。

（2）属于企业生产经营必需的是企业为因公出差人员乘坐交通工具购买人身意外保险。

《国家税务总局关于企业所得税有关问题的公告》（国家税务总局公告2016年第80号）规定：

"一、关于企业差旅费中人身意外保险费支出税前扣除问题

企业职工因公出差乘坐交通工具发生的人身意外保险费支出，准予企业在计算应纳税所得额时扣除。"

此处需要强调的是，只有企业职工因公出差的人身意外险才能扣除，其他不行。

2. 个人所得税

团体意外保险的个人所得税处理比较简单：要么符合以上列举的情形在企业所得税税前扣除，不涉及个人所得税；要么并入员工个人的工资薪金缴纳个人所得税。

（三）商业健康保险

商业健康保险的定义为：商业健康保险，简称“商业健保”，是以被保险人的身体为保险标的，保证被保险人在疾病或意外事故所致伤害时的直接费用或间接损失获得补偿的保险，包括医疗意外保险、疾病保险、医疗保险、收入保障保险和长期看护保险等。

1. 企业所得税

从定义可以看出，商业健康保险跟企业经营没什么关系，不能直接在企业所得税税前扣除，可以按个人的实际支出并入工资薪金。

2. 个人所得税

商业健康保险支出，在个人收入中有一定的免税额度——允许按每年最高2400元的限额在税前扣除。

《财政部 税务总局 保监会关于将商业健康保险个人所得税试点政策推广到全国范围实施的通知》（财税〔2017〕39号）规定：“对个人购买符合规定的商业健康保险产品的支出，允许在当年（月）计算应纳税所得额时予以税前扣除，扣除限额为2400元/年（200元/月）。单位统一为员工购买符合规定的商业健康保险产品的支出，应分别计入员工个人工资薪金，视同个人购买，按上述限额予以扣除。”

这里需要注意的是，不是所有的商业健康保险都可以在额度内扣除，只有符合条件的才行。而所谓的符合条件，指的是要有“税优识别码”。而如何获取税优识别码，一是可以看保单，二是可以问产品对应的保险公司。税优识别码一般在保单的右上角，如图6-56所示。

《国家税务总局关于推广实施商业健康保险个人所得税政策有关征管问题的公告》（国家税务总局公告2017年第17号）规定：

“保险公司销售符合规定的商业健康保险产品，及时为购买保险的个人开具发票和保单凭证，并在保单凭证上注明税优识别码。

个人购买商业健康保险未获得税优识别码的，其支出金额不得税前扣除。”

个人税优健康保险保险单

税优识别码 2

保险单号 0　　投保单号 ……7

投 保 人 ＊＊＊＊＊　　性别 男　出生日期 ＊＊＊＊＊　证件号码 3＊＊＊＊＊＊＊＊＊＊＊＊

被保险人 ＊＊＊＊＊　　性别 男　出生日期 ＊＊＊＊＊　证件号码 3＊＊＊＊＊＊＊＊＊＊＊＊

被保险人投保年龄

险种名称及款式　个人税收优惠型健康保险（万能型）A

保险期间　自20……

或本合同列明的其他终止事故发生时止　　合同生效日　20……日

交费方式　按月（12次交清）　每期保险费　　税务登记号　……574

给付日期　详见条款　给付方式　详见条款

保险金额

保险责任详见条款

保险责任与责任免除详见条款

特别约定

您的保障方案适用“方案一（首次投保时未罹患既往症的）”，续保详见投保人签署或通过电话、网络、手机、……等其他合法有效的方式确认的续保特约。根据贵单位《团体单位组织投保告知书》的相关信息，首年度您的风险……85.0%收取；后续各年度该折扣系数将随《团体单位组织投保告知书》的信息变化做相应调整。

业 务 员 ＊＊＊＊＊＊＊＊＊＊＊＊＊＊＊＊＊＊＊＊＊＊＊

公司名称　中国太平洋人寿保险股份有限公司上海分公司

公司地址　上海市吴淞路400号

公司电话　　公司网址

收到本保险单请即核对，如有误，请及时联系。

打印日期：2017-05-2…　　…/34 页

图 6-56　商业健康险保单

资料来源：知乎用户。

3. 个人通过个税 App 进行商业健康险税前扣除的步骤如下。

（1）打开个人所得税 App，单击【其他扣除项目】（见图 6-57）。

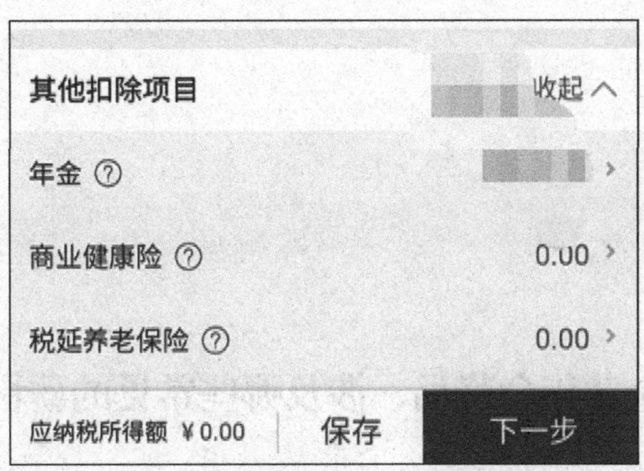

图 6-57 个人所得税 App——其他扣除项目

（2）单击【新增商业健康险】，输入税优识别码，然后单击【确定新增】，如图 6-58 所示。

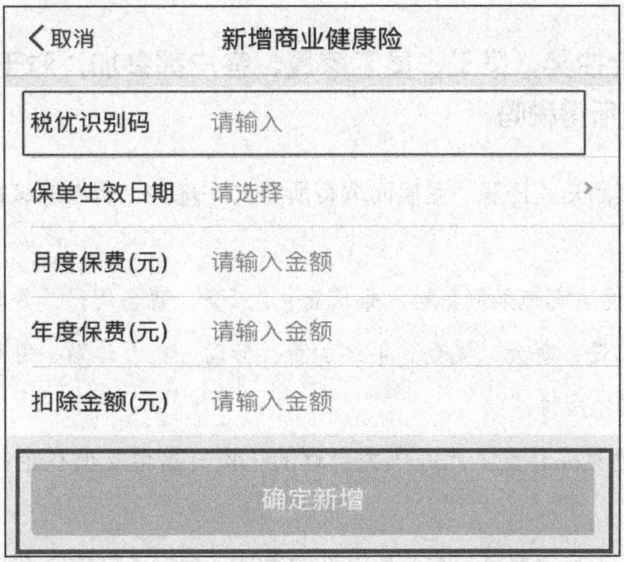

图 6-58 个人所得税 App——新增商业健康险

资料来源：知乎用户。

二十二、企业年会奖品，涉及哪些常见的薪税合规问题

企业年会通常会给大家提供奖品，大家其乐融融，但其中涉及的薪税问题，往往让管理者头疼。本部分旨在解答企业在年会过程中涉及的常见薪税问题，供企业在实操中参考。

（一）年会抽奖，员工、员工家属、客户都参加，对于抽奖的奖品，需要缴纳个人所得税吗

1. 员工的奖品是其任职、受雇而取得所得的一部分，所以应该按照工资、薪金所得缴纳个税。

《个人所得税法实施条例》第六条规定："工资、薪金所得，是指个人因任职或者受雇取得的工资、薪金、奖金、年终加薪、劳动分红、津贴、补贴以及与任职或者受雇有关的其他所得。"

企业的这笔奖品开支，允许作为合理的工资、薪金支出在企业所得税前据实扣除。

2. 客户和员工家属都属于本企业以外的人员，根据《财政部 税务总局关于个人取得有关收入适用个人所得税应税所得项目的公告》（财政部 税务总局公告 2019 年第 74 号）的规定，得到的奖品应按"偶然所得"项目 20% 的税率由企业扣缴个税。

三、企业在业务宣传、广告等活动中，随机向本单位以外的个人赠送礼品（包括网络红包，下同），以及企业在年会、座谈会、庆典以及其他活动中向本单位以外的个人赠送礼品，个人取得的礼品收入，按照"偶然所得"项目计算缴纳个人所

得税，但企业赠送的具有价格折扣或折让性质的消费券、代金券、抵用券、优惠券等礼品除外。

3. 奖品的应税所得如何确定呢？

此处应区分奖品是自产的还是外购的，按不同的价格进行处理，具体可参照《财政部 国家税务总局关于企业促销展业赠送礼品有关个人所得税问题的通知》（财税〔2011〕50号）。

三、企业赠送的礼品是自产产品（服务）的，按该产品（服务）的市场销售价格确定个人的应税所得；是外购商品（服务）的，按该商品（服务）的实际购置价格确定个人的应税所得。

（二）企业在年会中向优秀员工发放奖金要扣缴税款吗

优秀员工取得的奖金应按“工资、薪金所得”项目缴纳个人所得税，具体由企业按照实际发放金额合并入员工当月工资薪金进行扣缴。

《国家税务总局关于调整个人取得全年一次性奖金等计算征收个人所得税方法问题的通知》（国税发〔2005〕9号）规定：“雇员取得除全年一次性奖金以外的其他各种名目奖金，如半年奖、季度奖、加班奖、先进奖、考勤奖等，一律与当月工资、薪金收入合并，按税法规定缴纳个人所得税。”

（三）如果奖金是企业管理者以个人名义发给员工的要扣缴税款吗

如果该笔奖金是企业管理者以个人名义发的，不计入企业的成本费用，那么可以参考《国家税务总局关于加强网络红包个人所得税征收管理的通知》（税总函〔2015〕409号）的规定，个人之间派发的现金网络红包，不属于个人所得税法规定的应税所得，不征收个人所得税。

如果名义上是企业管理者发放的，那么要计入企业成本费用中的奖金项目，按工资、薪金所得缴纳个人所得税。

（四）年会中，企业请了外部人员进行演艺表演，相关报酬应如何缴纳个人所得税呢

外部人员的演艺收入属于劳务报酬所得，由企业进行预扣预缴个人所得税。《个人所得税法实施条例》规定："劳务报酬所得，是指个人从事劳务取得的所得，包括从事设计、装潢、安装、制图、化验、测试、医疗、法律、会计、咨询、讲学、翻译、审稿、书画、雕刻、影视、录音、录像、演出、表演、广告、展览、技术服务、介绍服务、经纪服务、代办服务以及其他劳务取得的所得。"

综上所述，年会中的相关支出应该根据不同的支付对象和情形确定纳税方法，实操中应注意其中的区别。

二十三、企业向本企业以外的个人赠送礼品、发放网络红包时个税如何处理

本部分讲解企业向本企业以外的个人赠送礼品和发放网络红包的个税处理方法。

（一）礼品计税情况

1. 偶然所得计税情况

《财政部 税务总局关于个人取得有关收入适用个人所得税所得项目的公告》（财政部 税务总局公告 2019 年第 74 号）规定：

“三、企业在业务宣传、广告等活动中，随机向本单位以外的个人赠送礼品（包括网络红包，下同），以及企业在年会、座谈会、庆典以及其他活动中向本单位以外的个人赠送礼品，个人取得的礼品收入，按照“偶然所得”项目计算缴纳个人所得税，但企业赠送的具有价格折扣或折让性质的消费券、代金券、抵用券、优惠券等礼品除外。”

2. 不征税情形

如果统一按偶然所得征收个税，就没有什么要深入探究的，但是以上规定中提到了除外情形：“企业赠送的具有价格折扣或折让性质的消费券、代金券、抵用券、优惠券等礼品”。这些除外情形如何缴纳个税呢？可以参考《财政部 国家税务总局关于企业促销展业赠送礼品有关个人所得税问题的通知》（财税〔2011〕50 号）的

规定。

一、企业在销售商品（产品）和提供服务过程中向个人赠送礼品，属于下列情形之一的，不征收个人所得税：

1. 企业通过价格折扣、折让方式向个人销售商品（产品）和提供服务；

2. 企业在向个人销售商品（产品）和提供服务的同时给予赠品，如通信企业对个人购买手机赠话费、入网费，或者购话费赠手机等；

3. 企业对累积消费达到一定额度的个人按消费积分反馈礼品。

在深入学习以上规定后可知，除按偶然所得20%扣缴个人所得税外，还有一种情况无须缴纳个人所得税。

举个例子。公司原本要赠予客户一部价值5000元的手机，现在可以要求客户1元换购，或者在客户消费公司产品的时候，满足一定条件，将手机作为消费的赠品给予客户。以上不管1元换购还是买赠，客户都无须缴纳个人所得税。

（二）网络红包计税情况

个人取得企业发放的网络红包的计税情况如下。

1. 现金红包

《国家税务总局关于加强网络红包个人所得税征收管理的通知》（税总函〔2015〕409号，以下简称“409号文”）规定：“对个人取得企业派发的现金网络红包，应按照偶然所得项目计算缴纳个人所得税，税款由派发红包的企业代扣代缴。”

如果企业随机发放现金网络红包，应按照偶然所得20%税率扣缴个税。此处值得一提的是，自2020年起，偶然所得新增“汇总申报”功能，如果企业发放现金红包涉及的人数众多，且无法获取纳税人真实的基础信息时，企业可采用汇总申报方式进行个税扣缴，具体操作步骤如下。

（1）发放企业到主管税务机关办税大厅，开通偶然所得汇总申报功能。

（2）扣缴企业进入自然人电子税务局扣缴客户端，执行【分类所得申报】—【偶然所得】命令，【所得项目】选择“随机赠送礼品”，【申报方式】选中【汇总申报】，如图6-59所示（注意，如未进行上一步申请开通汇总申报功能，则无法选中【汇总申报】，此处图中无法选中，仅进行步骤演示）。

（3）无须填写姓名、身份证号等信息，直接填入扣缴的收入总额即可。

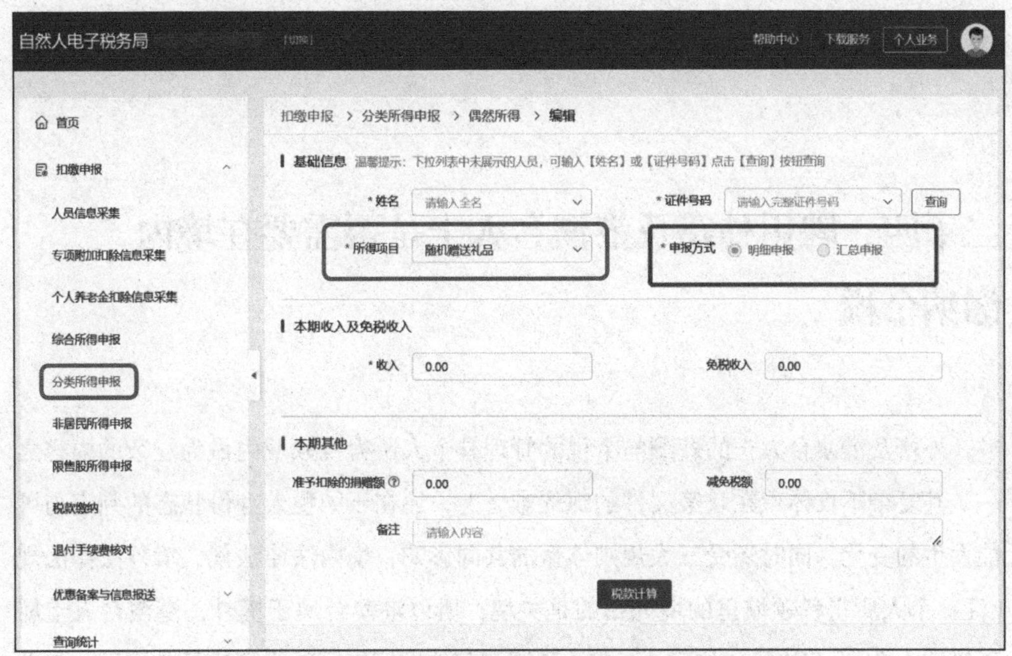

图 6-59 自然人电子税务局扣缴客户端——偶然所得申报

2. 折扣类型红包。

409 号文中也提到另外一种形式的网络红包，即将红包的使用场景限定在企业的产品和服务之内，此类红包无须缴纳个税。

二、对个人取得企业派发的且用于购买该企业商品（产品）或服务才能使用的非现金网络红包，包括各种消费券、代金券、抵用券、优惠券等，以及个人因购买该企业商品或服务达到一定额度而取得企业返还的现金网络红包，属于企业销售商品（产品）或提供服务的价格折扣、折让，不征收个人所得税。

总之，企业发放的具有中奖性质的网络红包，获奖个人应缴纳个人所得税，由发放企业按偶然所得 20% 的税率代扣代缴，但对具有销售折扣或折让性质的网络红包，不缴纳个人所得税。在实操中，企业应该注意区分两者的不同，避免涉税风险。

二十四、聘用外籍及港澳台人士是否需要在境内缴纳个税

外籍及港澳台人士的薪酬与个税的管理是个人所得税领域内最为复杂的内容之一。其复杂不仅体现在政策文件的晦涩难懂上，还在于纳税人身份状态的判定与可能发生的变化，同时还受三大规则体系的共同影响：境内法律法规、境外法律法规（注：个人所得税领域里的境外指的是关境，所以港澳台属于境外，港澳台人士属于境外人士）、双边税收协定 / 安排（我国与其他国家签订的为双边税收协定，与港澳台地区签订的为双边税收安排）。

笔者尝试用通俗易懂的语言，为读者梳理外籍及港澳台人士在境内的薪税管理，力求让大家对境外人士的薪税合规有一个全面的理解。

（一）居民个人与非居民个人

境外人士的个税管理，第一件重要的事就是要判定纳税人的身份：居民还是非居民。

《个人所得税法》第一条规定，居民个人是指在中国境内有住所，或者无住所而一个纳税年度内在中国境内居住累计满一百八十三天的个人；非居民个人是指在中国境内无住所又不居住，或者无住所而一个纳税年度内在中国境内居住累计不满一百八十三天的个人。

1. 住所

需要强调的是，居民判定更为重要的是住所标准。此处的“住所”非常规意义

上的住所，而是从国际税收中“Domicile”的概念翻译而来的。《个人所得税法实施条例》第二条规定：“个人所得税法所称在中国境内有住所，是指因户籍、家庭、经济利益关系而在中国境内习惯性居住。”

注意，很多地方将“Domicile”翻译为“居籍”，在跨境税收中，用居籍比住所更好理解，也不容易与日常的住所的概念混淆。为了与国内政策法规的说法保持一致，本部分仍采用住所的概念。

《国税总局新个税30问》特别指出，“户籍、家庭、经济利益关系”是判定有住所的原因条件，“习惯性居住”是判定有住所的结果条件。在实践中，一般根据纳税人“户籍、家庭、经济利益关系”等具体情况，综合判定是否属于“习惯性居住”这一状态。

习惯性居住，相当于定居的概念，指的是个人在较长时间内，相对稳定地在一地居住。对于因学习、工作、探亲、旅游等原因虽然在境内居住，但这些原因消除后仍然准备回境外居住的，不属于在境内习惯性居住。从这一点可以看出，“有住所”并不等于“有住处”或者“有房产”。

举个例子。美国人大卫（David）由美国总公司派来中国工作了三年，在中国和美国都买了房子，妻子和孩子都在美国。

由于David的户籍、家庭都在美国，而仅因为工作原因在国内工作，如果工作原因不存在，他应该是要回美国的，因此David的习惯性居住地应是美国，从而不构成在境内有住所。

在现实中，常进行简单化的理解：一位没有在境内办理长期居住证的外籍或港澳台人士，初步会被视为无住所。（注：此处仅进行简单化的理解，不能作为严谨的纳税人身份的判断。）

由以上的分析可以得出，判断境外人士的居民身份，只有住所与居住天数两个标准，如图6-60所示。

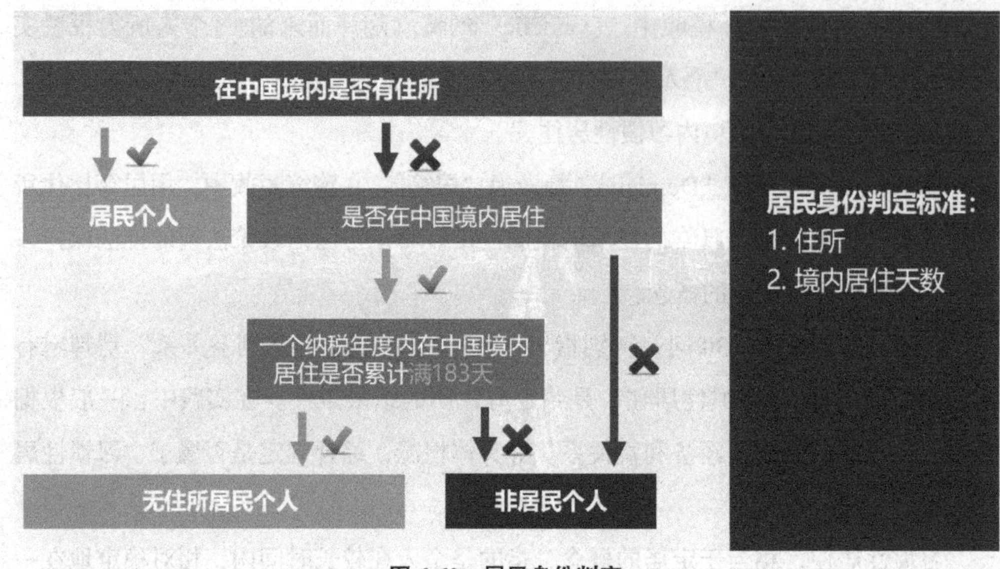

图 6-60 居民身份判定

2. 天数

在境外人士的个税管理中，境内天数的计算是其中一项必要的工作，天数有三种类型，分别有不同的用处和计算方式。

（1）居住天数。居住天数用来判断是否是境内的税收居民，如前所述，183 天的累计居住，指的就是居住天数。计算方法详见《财政部 税务总局关于在中国境内无住所的个人居住时间判定标准的公告》（财政部 税务总局公告 2019 年第 34 号，以下简称“34 号公告”）第二条。

无住所个人一个纳税年度内在中国境内累计居住天数，按照个人在中国境内累计停留的天数计算。在中国境内停留的当天满 24 小时的，计入中国境内居住天数，在中国境内停留的当天不足 24 小时的，不计入中国境内居住天数。

（2）停留天数。停留天数出自双边税收协定 / 安排，用来判断是否有境内纳税义务。以下为中国与新加坡双边税收协定中对停留天数的解释。

《〈中华人民共和国政府和新加坡共和国政府关于对所得避免双重征税和防止偷漏税的协定〉及议定书条文解释》第十五条规定：“（一）在任何十二个月中在中国停留连续或累计超过 183 天（不含）。在计算天数时，该人员中途离境包括在签证有效期内离境又入境，应准予扣除离境的天数。计算实际停留天数应包括在中国境内的所有天数，包括抵、离日当日等不足一天的任何天数及周末、节假日，以及从事该项受雇活动之前、期间及以后在中国度过的假期等……”

（3）工作天数。工作天数出自《财政部 税务总局关于非居民个人和无住所居民个人有关个人所得税政策的公告》（财政部 税务总局公告2019年第35号，以下简称“35号公告”），用来计算境内工资薪金收入额。

个人取得归属于中国境内（以下称境内）工作期间的工资薪金所得为来源于境内的工资薪金所得。境内工作期间按照个人在境内工作天数计算，包括其在境内的实际工作日以及境内工作期间在境内、境外享受的公休假、个人休假、接受培训的天数。在境内、境外单位同时担任职务或者仅在境外单位任职的个人，在境内停留的当天不足24小时的，按照半天计算境内工作天数。

无住所个人在境内、境外单位同时担任职务或者仅在境外单位任职，且当期同时在境内、境外工作的，按照工资薪金所属境内、境外工作天数占当期公历天数的比例计算确定来源于境内、境外工资薪金所得的收入额。境外工作天数按照当期公历天数减去当期境内工作天数计算。

（二）收入来源地判定

当清楚了纳税人的居民身份及天数相关的概念后，接下来就是判定收入来源地，从而确定该笔收入是否需要在境内缴纳个人所得税。

在收入来源地的判定上，通常会产生的误解：在哪里付的钱，收入就来源于哪里。例如，纳税人收到香港公司支付的收入，则认为收入来源于香港。

《个人所得税法实施条例》第三条规定：“除国务院财政、税务主管部门另有规定外，下列所得，不论支付地点是否在中国境内，均为来源于中国境内的所得：

（一）因任职、受雇、履约等在中国境内提供劳务取得的所得。”

由此能够得出：关于工资薪金、劳务报酬等劳务或劳动所得的收入来源地，不是看支付地，而是看劳务实际发生地，即任职、受雇、履约地。简单来说就是，纳税人的工作地。

举个例子。李先生为香港居民，只有一份深圳公司的工作，每周一早上来深圳上班，周五晚上回香港，每月取得工资薪金收入 5 万元人民币。按照上面的解释，李先生的工作地点在深圳，则其每月的工资薪金收入为境内所得，无论这 5 万元的支付地是在深圳还是在香港。如果深圳公司每月支付李先生 3 万元，剩下的收入（假设为 2.3 万元港元）通过香港的关联公司支付，这种做法实际并没有改变收入的来源地。

为什么说判定收入来源地很重要？因为判定是境内还是境外所得直接关系到是否需要在境内缴纳个税。为了便于读者理解，我们将问题简化为表 6-13。

表 6-13　收入来源地与纳税情况

<table>
<tr><th colspan="4">纳税人状态</th><th rowspan="2">纳税人类型</th><th colspan="2">境内收入</th><th colspan="2">境外收入</th><th rowspan="2">纳税周期</th></tr>
<tr><th>住所状态</th><th>居住天数</th><th>连续居住</th><th>单次离境记录</th><th>境内付</th><th>境外付</th><th>境内付</th><th>境外付</th></tr>
<tr><td>有住所</td><td colspan="3"></td><td rowspan="4">居民纳税人</td><td>纳税</td><td>纳税</td><td>纳税</td><td>纳税</td><td rowspan="4">按年</td></tr>
<tr><td rowspan="5">无住所</td><td rowspan="3">一个纳税年度内居住满 183 天</td><td rowspan="2">≥ 6 年</td><td>< 30 天</td><td>纳税</td><td>纳税</td><td>纳税</td><td>纳税</td></tr>
<tr><td>≥ 30 天</td><td>纳税</td><td>纳税</td><td>纳税</td><td>不纳税</td></tr>
<tr><td colspan="2">< 6 年</td><td>纳税</td><td>纳税</td><td>纳税</td><td>不纳税</td></tr>
<tr><td rowspan="2">一个纳税年度内居住未满 183 天</td><td colspan="2">居住≥ 90 天</td><td rowspan="2">非居民纳税人</td><td>纳税</td><td>纳税</td><td>不纳税</td><td>不纳税</td><td rowspan="2">按月 / 按次</td></tr>
<tr><td colspan="2">居住< 90 天</td><td>纳税</td><td>不纳税</td><td>不纳税</td><td>不纳税</td></tr>
</table>

提醒

表 6-13 中的不纳税，严格意义上应区分不征税和免税，尤其是在境内无住所，累计居住满 183 天的年度连续不满 6 年的个人，需要向主管税务机关备案，方可就其来源于中国境外且由境外单位或者个人支付的所得，免予缴纳个人所得税（免税）。

二十五、外籍及港澳台人士取得境内收入，个税该如何计算与缴纳

本部分主要通过不同案例分析外籍及港澳台人士境内工资薪金收入额及应纳税额的计算，让读者在现实中遇到类似的情形能够进行合规操作。

本部分内容基于如下一个重要的假设——由于有住所的状态会导致与中国公民同样的全球纳税义务，本部分以下提到的所有外籍及港澳台人士，除非特别说明，均为无住所的状态。

读者还需要清楚的是：如果外籍及港澳台纳税人一直是无住所的状态，那么影响其纳税状态最重要的变量就是其境内居住时间的长短（见表 6-13）；而随着日子一天天推移，在一个公历年里在境内工作的纳税人，其境内居住时间是不断变化的，或者说是不断增加的（非长期离境的状态下），其纳税状态和身份也将随之不断变化。

（一）外籍及港澳台人士普通员工的个税情况

关于境内工资薪金收入额的计算，需要套用 35 号公告中的公式。

公式一（非居民个人境内居住时间累计不超过 90 天）：

$$\text{当月工资薪金收入额} = \text{当月境内外工资薪金总额} \times \frac{\text{当月境内支付工资薪金数额}}{\text{当月境内外工资薪金总额}} \times \frac{\text{当月工资薪金所属工作期间境内工作天数}}{\text{当月工资薪金所属工作期间公历天数}}$$

公式二（非居民个人境内居住时间累计超过 90 天不满 183 天）：

$$\text{当月工资薪金收入额} = \frac{\text{当月境内外}}{\text{工资薪金总额}} \times \frac{\text{当月工资薪金所属工作期间境内工作天数}}{\text{当月工资薪金所属工作期间公历天数}}$$

公式三（无住所居民个人在境内居住累计满 183 天的年度连续不满 6 年）：

$$\text{当月工资薪金收入额} = \frac{\text{当月境内外}}{\text{工资薪金总额}} \times \left[1 - \frac{\text{当月境外支付工资薪金数额}}{\text{当月境内外工资薪金总额}} \times \frac{\text{当月工资薪金所属工作期间境外工作天数}}{\text{当月工资薪金所属工作期间公历天数}}\right]$$

适用哪一个公式主要基于无住所纳税人在境内的居住时间，而随着公历天数的增加，纳税人在一年当中不同时间所适用的公式很有可能是不一样的，这就增加了无住所居民个人境内工资薪金收入计算的复杂度。以下将通过案例为大家逐一讲解。

公式一案例。

陈先生为香港居民，由香港总公司外派至深圳做中层管理工作，每周一至周五当日来回深圳上班。陈先生的薪水全部由香港总公司支付。

首先，来看陈先生的相关天数。

（1）居住天数 = 52 × 0=0（天）（非居民）

（依据：34 号公告“无住所个人一个纳税年度内在中国境内累计居住天数，按照个人在中国境内累计停留的天数计算。在中国境内停留的当天满 24 小时的，计入中国境内居住天数，在中国境内停留的当天不足 24 小时的，不计入中国境内居住天数”。）

（2）停留天数 = 52 × 5 = 260（天）（按双边税收安排 >183 天）

（3）工作天数 = 52 × 2.5 = 130（天）（按照前面的定义，工作天数有可能出现 0.5 天的情形）

其次，根据35号公告中对陈先生的情形，计算个税。

$$\text{当月工资薪金收入额}=\text{当月境内外工资薪金总额}\times\frac{\text{当月境内支付工资薪金数额}}{\text{当月境内外工资薪金总额}}\times\frac{\text{当月工资薪金所属工作期间境内工作天数}}{\text{当月工资薪金所属工作期间公历天数}}$$

陈先生所有薪金都在香港支付，境内支付的薪金为零，那么计算的结果是零，即陈先生不用在境内纳税。

其中的薪税要点如下。

（1）像案例中陈先生这样，境外派遣至境内上班，如果频繁每日来回，那么在境内的居住天数肯定小于90天。

（2）当境内居住天数 <90 天，如果薪金由境外支付，仅就归属于境内工作期间并由境内雇主支付或者负担的工资薪金为零，那么境内免税。

（3）境内居住天数 <90 天，陈先生税收身份是无住所的非居民。

（4）此时计算停留天数和工作天数均无必要。

（5）因此，外籍及港澳台纳税人同时在境内外任职，享受境内免税要满足以下三个基本条件：

① 境内居住天数 <90 天；

② 薪金非境内雇主支付或负担；

③ 不构成非常设机构。

公式二案例。

李先生为香港居民，由香港总公司外派至深圳做中层管理工作，每周一早上来深圳上班，周五晚上回香港，每月取得工资薪金收入5万元人民币。

李先生的相关天数计算如下。

（1）居住天数 = 52 × 3 = 156（天）（非居民）

（2）停留天数 = 52 × 5 = 260（天）（按双边税收安排 >183 天）

（3）工作天数 = 52 × 4 = 208（天）

具体计算方式仍然参见35号公告。

$$当月工资薪金收入额 = \frac{当月境内外}{工资薪金总额} \times \frac{当月工资薪金所属工作期间境内工作天数}{当月工资薪金所属工作期间公历天数}$$

其中的薪税要点如下。

（1）境内居住天数大于90天小于183天，李先生税收身份是无住所的非居民。

（2）在讲解收入来源地概念时已经分析过，境内收入不是境内支付的概念，公式二中，也无须关注薪金是哪里支付的。所以，境内收入是通过境内的工作天数而不是境内支付的金额来划分的。

（3）李先生应该通过当月工作天数及境内外工资总额计算出境内的当月工资薪金收入额，然后按非居民税率表计算境内当月应缴纳的个税。

公式三案例。

对公式二案例稍做修改，由于居住天数的增加，李先生由非居民转为居民的情形：李先生为香港居民，由香港总公司外派至深圳做中层管理工作，每周日晚上来深圳上班，周五晚上回香港，工资薪金由香港公司及深圳公司共同支付。

李先生的相关天数计算如下。

（1）居住天数 = 52 × 4 = 208（天）（居民）

（2）停留天数 = 52 × 6 = 312（天）（按双边税收安排 >183天）

（3）工作天数 = 52 × 5 = 260（天）

具体计算方式仍然参见35号公告。

$$当月工资薪金收入额 = \frac{当月境内外}{工资薪金总额} \times \left[1 - \frac{当月境外支付工资薪金数额}{当月境内外工资薪金总额} \times \frac{当月工资薪金所属工作期间境外工作天数}{当月工资薪金所属工作期间公历天数}\right]$$

其中的薪税要点如下。

（1）境内居住天数大于 183 天，李先生税收身份是无住所的境内税收居民。

（2）公式三体现出的意义是，除归属于境外工作期间且由境外单位或者个人支付的工资薪金所得部分外，其余的均为境内所得，均应计算缴纳个人所得税。

（3）每月的境内工资薪金收入额，均应由深圳公司作为扣缴义务人通过累计预扣法进行预扣预缴税款。

（4）除了每月的预扣预缴外，居民个人有可能还需要进行汇算清缴，汇算清缴的方式与境内税收居民相同。

（二）外籍及港澳台高管的个税情况

外籍及港澳台人士为高管的情形下该如何纳税？

35 号公告对高管的定义为："对于担任境内居民企业的董事、监事及高层管理职务的个人（以下统称高管人员），无论是否在境内履行职务，取得由境内居民企业支付或者负担的董事费、监事费、工资薪金或者其他类似报酬（以下统称高管人员报酬，包含数月奖金和股权激励），属于来源于境内的所得。本公告所称高层管理职务包括企业正副（总）经理、各职能总师、总监及其他类似公司管理层的职务。"

以李先生作为香港公司派驻境内的高管为例展开分析。

李先生为香港居民，香港公司派驻深圳工作，任职高管，每周一早上来深圳上班，周五晚上回香港。李先生的薪金全部由香港总公司支付。

李先生的相关天数计算如下。

（1）居住天数 = 52 × 3 = 156（天）（非居民，无全球纳税义务）

（2）停留天数 = 52 × 5 = 260（天）（按双边税收安排 >183 天，应该缴纳境内的个人所得税）

（3）工作天数 = 52 × 4 = 208（天）

如果不选择适用税收安排待遇，应该参考 35 号公告的公式三。

$$当月工资薪金收入额=\frac{当月境内外}{工资薪金总额}\times\left[1-\frac{当月境外支付工资薪金数额}{当月境内外工资薪金总额}\times\frac{当月工资薪金所属工作期间境外工作天数}{当月工资薪金所属工作期间公历天数}\right]$$

但如果要选择适用双边税收安排，应参照35号公告关于无住所个人适用税收协定的规定，即对方税收居民个人为高管人员，该个人取得的高管人员报酬按照税收协定董事费条款规定可以在境内征收个人所得税的，应按照有关工资薪金所得或者劳务报酬所得规定缴纳个人所得税。

也就是说，本案例中的李先生作为香港高管，应该审查《内地和香港特别行政区关于对所得避免双重征税和防止偷漏税的安排》是否将高管人员纳入董事费条款。而该文件并无特别将高管人员纳入董事费条款，所以根据35号公告的相关规定，同普通无住所个人取得工资薪金处理，本案例适用于公式二。

$$当月工资薪金收入额=\frac{当月境内外}{工资薪金总额}\times\frac{当月工资薪金所属工作期间境内工作天数}{当月工资薪金所属工作期间公历天数}$$

其中的薪税要点如下。

（1）如果适用于35号公告中的高管条款，当高管人员在境内居住时间累计不超过90天时，并不是按非高管人员的公式一计算，而是直接用境内支付的薪金作为收入额计算其在境内缴纳的个税。当然，如果境内支付的薪金为零，结果是境内免税。

（2）如果高管条款适用在境内支付部分或全额薪金的情形（总收入不变），公式三比公式二在境内缴纳的税更多，也就是作为高管缴纳的税更多。

（3）如果薪金全额由境外支付，公式二和公式三计算结果一样，即高管与非高管分别适用公式三和公式二计算的结果一样。

（4）根据内地与香港的双边税收安排，香港人士不适用于35号公告中的高管条款。其他国家或区域的适用情况，要参照各自的双边税收协定。

（5）表 6-14 将 35 号公告中高管条款做了一个简单的总结，方便大家理解。

表 6-14　无住所居民 / 非居民高管工资薪金计算

居民类型	一个纳税年度内在中国境内累计居住时间	工资薪金收入额	计算方式
非居民高管	不超过 90 天	无境内工资薪金收入	免税
	不超过 90 天	由境内雇主支付或负担的工资薪金收入	
	超过 90 天不满 183 天	全部工资薪金收入，除归属于境外工作期间且不是由境内雇主支付或负担的工资薪金收入部分外	公式三
居民高管	满 183 天，但境内居住累计满 183 天的年度连续不满 6 年	全部工资薪金收入，除归属于境外工作期间且不是由境内雇主支付或负担的工资薪金收入部分外	公式三
	满 183 天，且境内居住累计满 183 天的年度连续满 6 年	全部工资薪金收入	公式四

二十六、外籍及港澳台人士需要在境内做汇算清缴吗

前文通过案例分析了外籍及港澳台人士在境内个税缴纳的合规要点。下面回答一个常见的问题：境外人士是否需要在境内做汇算清缴？

（一）非居民个人的汇算清缴情况

首先税法并没有针对境外人士要不要做汇算清缴的规定，但针对非居民个人确有清楚明白的表述。

《个人所得税法》第十一条规定："非居民个人取得工资、薪金所得，劳务报酬所得，稿酬所得和特许权使用费所得，有扣缴义务人的，由扣缴义务人按月或者按次代扣代缴税款，不办理汇算清缴。"

此处很明确，非居民个人不用做汇算清缴。

（二）预判与年度终了情形

前文提到，应按居住时间标准来判定居民和非居民，但问题是，因为一年开始的时候，谁也不清楚境外人士今年在境内会待多少天。从公历年的 1 月 1 日开始，直到当年的 6 月 30 日前，公历天数还没过 183 天，境外人士当年在境内的居住天数肯定也不超过 183 天。那是不是说，所有人在 6 月 30 日前都要按非居民申报？用人单位可以一开始就为其按居民进行累计预扣预缴的申报吗？

在实操中，这两个选择都可以。此处是个预判的概念，既然是预判，一年结束就会出现表 6-15 所示的四种情形。

表 6-15 预判和年度终了情形

序号	预判	年度终了
1	非居民	非居民
2	居民	居民
3	非居民	居民
4	居民	非居民

（1）第 1 种、第 2 种情形都比较简单：预判非居民，实际也是非居民，不用做汇算清缴；预判居民，实际也是居民，那么出现汇算清缴相关的情形就应该做，和境内税收居民一样。

（2）复杂的是第 3 种、第 4 种情形，先看看第 3 种情形怎么办——预判非居民变成居民的情形。

一开始就以非居民的身份申报其个税：以每月收入额减除费用 5000 元后的余额为应纳税所得额，适用个人所得税税率表三计算应纳税额，由单位代扣代缴个税。

个人所得税税率表三（非居民个人工资、薪金所得，劳务报酬所得，稿酬所得，特许权使用费所得适用）如表 6-16 所示。

表 6-16 个人所得税税率表三

级数	应纳税所得额	税率	速算扣除数
1	不超过 3000 元	3%	0
2	超过 3000 元至 12 000 元的部分	10%	210
3	超过 12 000 元至 25 000 元的部分	20%	1410
4	超过 25 000 元至 35 000 元的部分	25%	2660
5	超过 35 000 元至 55 000 元的部分	30%	4410
6	超过 55 000 元至 80 000 元的部分	35%	7160
7	超过 80 000 元的部分	45%	15 160

《个人所得税扣缴申报管理办法（试行）》（国家税务总局公告 2018 年第 61 号）规定："非居民个人在一个纳税年度内税款扣缴方法保持不变，达到居民个人条件

时，应当告知扣缴义务人基础信息变化情况，年度终了后按照居民个人有关规定办理汇算清缴。”

也就是说，一旦按非居民申报，一年内都是非居民身份；即便达到居民条件，一年内也不可调整，必须次年通过汇算清缴进行调整。

年终发现是居民，就按居民个人的相关要求办理。该享受的居民个人才有的各项扣除和税收优惠，均可以通过汇算清缴享受。

比如，非居民个人原来按数月奖金的方式计算全年一次性奖金的个税，可以按照居民个人取得全年一次性奖金的政策，即《财政部 税务总局关于个人所得税法修改后有关优惠政策衔接问题的通知》（财税〔2018〕164号）享受税收优惠。

《财政部 税务总局关于非居民个人和无住所居民个人有关个人所得税政策的公告》（财政部 税务总局公告2019年第35号）规定：“无住所个人预先判定为非居民个人，因延长居住天数达到居民个人条件的，一个纳税年度内税款扣缴方法保持不变，年度终了后按照居民个人有关规定办理汇算清缴，但该个人在当年离境且预计年度内不再入境的，可以选择在离境之前办理汇算清缴。”

如果境外人士年中出境不回来了，那么离境前应办理汇算清缴。

3. 第4种情形，预判为居民，实际为非居民，即居民个人因缩短居住天数不能达到居民个人条件的情形。

相关规定如下。

《财政部 税务总局关于非居民个人和无住所居民个人有关个人所得税政策的公告》（财政部 税务总局公告2019年第35号）规定：“无住所个人预先判定为居民个人，因缩短居住天数不能达到居民个人条件的，在不能达到居民个人条件之日起至年度终了15天内，应当向主管税务机关报告，按照非居民个人重新计算应纳税额，申报补缴税款，不加收税收滞纳金。需要退税的，按照规定办理。”

能确定的是，非居民个人不参与居民个人综合所得汇算清缴，但非居民要在不能达到居民个人条件之日起至年度终了15天内去主管税局做纳税申报。此处是指一年结束后的15天内，即次年1月15日前，超过该期限的需要交纳滞纳金。

总之，预判为居民，年度终了是非居民的，不用参加综合所得汇算清缴，但要在次年1月15日前去做纳税申报。

最后提醒一点，非居民如果取得收入，而扣缴义务人未扣缴税款的，应在次年

6月30日前（跟汇算清缴的期限一致）自行纳税申报。

《国家税务总局关于个人所得税自行纳税申报有关问题的公告》（国家税务总局公告2018年第62号）规定：

“三、取得应税所得，扣缴义务人未扣缴税款的纳税申报

纳税人取得应税所得，扣缴义务人未扣缴税款的，应当区别以下情形办理纳税申报：

……

（二）非居民个人取得工资、薪金所得，劳务报酬所得，稿酬所得，特许权使用费所得的，应当在取得所得的次年6月30日前，向扣缴义务人所在地主管税务机关办理纳税申报，并报送《个人所得税自行纳税申报表（A表）》。有两个以上扣缴义务人均未扣缴税款的，选择向其中一处扣缴义务人所在地主管税务机关办理纳税申报。”

二十七、外籍及港澳台人士有何个税优惠

相比境内税收居民，深受外籍及港澳台人士欢迎的个税优惠政策是八补贴政策。

（一）八补贴政策要点

八补贴政策，是指外籍个人取得的住房补贴、伙食补贴、搬迁费、洗衣费、境内外出差补贴、探亲费、语言训练费、子女教育费，免征个人所得税。

政策的出处是《财政部 国家税务总局关于个人所得税若干政策问题的通知》（财税字〔1994〕020号）。

二、下列所得，暂免征收个人所得税：

（一）外籍个人以非现金形式或实报实销形式取得的住房补贴、伙食补贴、搬迁费、洗衣费。

（二）外籍个人按合理标准取得的境内、外出差补贴。

（三）外籍个人取得的探亲费、语言训练费、子女教育费等，经当地税务机关审核批准为合理的部分。

……

政策的关键点有两个：①外籍个人；②非现金形式或实报实销形式的补贴。

《国家税务总局关于外籍个人取得有关补贴征免个人所得税执行问题的通知》（国税发〔1997〕54号）明确了政策的具体界定及管理问题。

一、对外籍个人以非现金形式或实报实销形式取得的合理的住房补贴、伙食补贴和洗衣费免征个人所得税，应由纳税人在初次取得上述补贴或上述补贴数额、支付方式发生变化的月份的次月进行工资薪金所得纳税申报时，向主管税务机关提供上述补贴的有效凭证，由主管税务机关核准确认免税。

二、对外籍个人因到中国任职或离职，以实报实销形式取得的搬迁收入免征个人所得税，应由纳税人提供有效凭证，由主管税务机关审核认定，就其合理的部分免税。外商投资企业和外国企业在中国境内的机构、场所，以搬迁费名义每月或定期向其外籍雇员支付的费用，应计入工资薪金所得征收个人所得税。

三、对外籍个人按合理标准取得的境内、外出差补贴免征个人所得税，应由纳税人提供出差的交通费、住宿费凭证（复印件）或企业安排出差的有关计划，由主管税务机关确认免税。

四、对外籍个人取得的探亲费免征个人所得税，应由纳税人提供探亲的交通支出凭证（复印件），由主管税务机关审核，对其实际用于本人探亲，且每年探亲的次数和支付的标准合理的部分给予免税。

五、对外籍个人取得的语言培训费和子女教育费补贴免征个人所得税，应由纳税人提供在中国境内接受上述教育的支出凭证和期限证明材料，由主管税务机关审核，对其在中国境内接受语言培训以及子女在中国境内接受教育取得的语言培训费和子女教育费补贴，且在合理数额内的部分免予纳税。

以下文件又把政策适用范围进一步扩大了，在港澳地区居住而取得的住房、伙食、洗衣等补贴，符合一定条件，也可以享受免税。

《财政部 国家税务总局关于外籍个人取得港澳地区住房等补贴免征个人所得税的通知》（财税〔2004〕29号）规定：

“一、受雇于我国境内企业的外籍个人（不包括香港澳门居民个人），因家庭、教育等原因居住在香港、澳门，每个工作日往返于内地与香港、澳门等地区，由此境内企业（包括其关联企业）给予在香港或澳门住房、伙食、洗衣、搬迁等非现金形式或实报实销形式的补贴，凡能提供有效凭证的，经主管税务机关审核确认后，可以依照《财政部、国家税务总局关于个人所得税若干政策问题的通知》（财税字〔1994〕020号）第二条以及《国家税务总局关于外籍个人取得有关补贴征免个人所得税执行问题的通知》（国税发〔1997〕54号）第一条、第二条的规定，免予征收个人所得税。

二、第一条所述外籍个人就其在香港或澳门进行语言培训、子女教育而取得的费用补贴，凡能提供有效支出凭证等材料的，经主管税务机关审核确认为合理的部分，可以依照上述财税字〔1994〕020号通知第二条以及国税发〔1997〕54号通知第五条的规定，免予征收个人所得税。”

（二）八补贴政策与专项附加扣除

2019年个税改革，全新的专项附加扣除的概念出现了。对外籍个人有关津补贴，《财政部 税务总局关于个人所得税法修改后有关优惠政策衔接问题的通知》（财税〔2018〕164号）做出了相关规定。

七、关于外籍个人有关津补贴的政策

（一）2019年1月1日至2021年12月31日期间，外籍个人符合居民个人条件的，可以选择享受个人所得税专项附加扣除，也可以选择按照《财政部 国家税务总局关于个人所得税若干政策问题的通知》（财税〔1994〕20号）、《国家税务总局关于外籍个人取得有关补贴征免个人所得税执行问题的通知》（国税发〔1997〕54号）和《财政部 国家税务总局关于外籍个人取得港澳地区住房等补贴免征个人所得税的通知》（财税〔2004〕29号）规定，享受住房补贴、语言训练费、子女教育费等津补贴免税优惠政策，但不得同时享受。外籍个人一经选择，在一个纳税年度内不得变更。

（二）自2022年1月1日起，外籍个人不再享受住房补贴、语言训练费、子女教育费津补贴免税优惠政策，应按规定享受专项附加扣除。

2023年8月，《财政部 国家税务总局关于延续实施外籍个人有关津补贴个人所得税政策的公告》（财政部 税务总局公告2023年第29号）将外籍人士八补贴政策延续至2027年12月31日。

其中要注意以下要点。

（1）八补贴政策只要是外籍人士就可以享受，并不分居民/非居民。但专项附加扣除政策，“外籍个人符合居民个人条件的”才能享受，非居民不可以。两者享受人群有差异。

（2）当前八补贴政策和专项附加扣除政策这两个体系是互斥的，不能同时享受。要么选择享受外籍个人八补贴免税政策，要么选择个人所得税专项附加扣除政策，不可以两边同时享受，也不可以这边享受其中一条，那边享受另外几条。

（3）对于外籍人士的八项开支，只要是场景实际发生的，符合规定，票据真实，就可以实报实销。也就是说，严格按照规定享受政策，八补贴不存在所谓的上限标准。

二十八、外籍及港澳台人士取得股权激励要在境内缴税吗

前文讨论了境内外股权激励的相关问题，本部分将关注点放在境外（包括港澳台，下同）人士取得股权激励的纳税实务上，探讨境外人士取得股权激励是否要在境内缴税。

（一）境外人士取得境外股权激励

境外人士取得境外的股权激励，是免税的。《个人所得税法实施条例》第四条规定："在中国境内无住所的个人，在中国境内居住累计满 183 天的年度连续不满六年的，经向主管税务机关备案，其来源于中国境外且由境外单位或者个人支付的所得，免予缴纳个人所得税；……"

以上政策明确"境内居住累计满 183 天的年度连续不满六年的"才能享受免税，如果超过六年，就应该在境内缴纳个人所得税。《财政部 税务总局关于非居民个人和无住所居民个人有关个人所得税政策的公告》（财政部 税务总局公告 2019 年第 35 号）规定：

"2. 无住所居民个人在境内居住累计满 183 天的年度连续满六年的情形。

在境内居住累计满 183 天的年度连续满六年后，不符合实施条例第四条优惠条件的无住所居民个人，其从境内、境外取得的全部工资薪金所得均应计算缴纳个人所得税。"

修订后的《个人所得税实施条例》是2019年1月1日起施行的。也就是说，要到2024年12月31日才会出现境外人士在境内居住满六年的情形，那么在此之前境外人士取得境外股权激励都不需要在境内缴纳个人所得税。

（二）境外人士取得境内股权激励

再来看境外人士取得境内股权激励的个税缴纳问题。

股权激励包括股票期权、股权期权、限制性股票、股票增值权、股权奖励，以及其他因认购股票等有价证券而从雇主取得的折扣或补贴。

境外人士的境内股权激励个税计算有两个步骤：

（1）计算境内股权激励金额；

（2）计算应纳税额。

具体分析如下。

1. 计算境内股权激励金额

当境外人士取得一笔股权激励后，需要先划分其取得的股权激励所得到底是境内所得还是境外所得，如果是境内所得，在境内缴纳税款；如果是境外所得，无须在境内缴纳个税。

这个区分方法，用的就是境内工作天数。具体计算方法为：数月奖金或者股权激励乘以数月奖金或者股权激励所属工作期间境内工作天数与所属工作期间公历天数之比。

一是无住所个人在境内履职或者执行职务时，收到的数月奖金或者股权激励所得，如果是归属于境外工作期间的所得，仍为来源于境外的工资薪金所得。

二是无住所个人停止在境内履约或执行职务离境后，收到归属于其在境内工作期间的数月奖金或股权激励所得，仍为来源于境内的所得。

三是无住所个人一个月内从境内、境外单位取得多笔数月奖金或者股权激励所得，且数月奖金或者股权激励分别归属于不同期间的，应当按照每笔数月奖金或者股权激励的归属期间，分别计算每笔数月奖金或者股权激励的收入额后，再加总计算当月境内数月奖金或股权激励收入额。

这里借用35号公告解读中讲解数月奖金的案例来分析，因为在用工作天数划分境内外所得上，数月奖金与股权激励所得的个税处理并无二致。

举个例子。A 先生为无住所个人，2020 年 1 月，A 先生同时取得 2019 年第四季度（公历天数 92 天）奖金和全年奖金。假设 A 先生取得季度奖金 20 万元，对应境内工作天数为 46 天；取得全年奖金 50 万元，对应境内工作天数为 73 天。两笔奖金分别由境内公司、境外公司各支付一半。（不考虑税收协定因素。）

2020 年度，A 先生在中国境内居住天数不超过 90 天，为非居民个人，A 先生仅就境内支付的境内所得，计算在境内应计税的收入。A 先生当月取得数月奖金在境内应计税的收入额为：

$$20 \times \frac{1}{2} \times \frac{46}{92} + 50 \times \frac{1}{2} \times \frac{73}{365} = 10\text{（万元）}$$

可以看出，此处的计算方法用的就是 35 号公告中的公式一。总结起来就是，根据境外人士在境内的居住天数选择适用 35 号公告中对应的公式，然后通过工作天数划分境内外收入后计算归属于境内的数月奖金或者股权激励收入额。

2. 计算应纳税额

在计算应纳税额之前，要根据居住天数区分是居民个人还是非居民个人，两者的计税方法不同。

（1）居民个人

根据《财政部 税务总局关于个人所得税法修改后有关优惠政策衔接问题的通知》（财税〔2018〕164 号）、《财政部 税务总局关于延续实施有关个人所得税优惠政策的公告》（财政部 税务总局公告 2023 年第 2 号）的规定，居民个人取得的符合政策条件的股权激励，在 2023 年 12 月 31 日前，不并入当年综合所得，全额单独适用综合所得税税率表。

关于居民个人取得股权激励的计税，前文已经讨论过，这里不赘述。

（2）非居民个人

如果境外人士为非居民个人，根据 35 号公告的规定，非居民个人一个月内取得股权激励所得，在单独按照相关规定计算出当月收入额后，不与当月其他工资、薪金合并，按 6 个月分摊计税，不减除费用，适用月度税率表计算应纳税额。

相比居民个人的股权激励个税政策，非居民的政策其实就是简化的单独计税政策。

35 号公告中对无住所个人税款的计算如下。

三、关于无住所个人税款计算

……

（二）关于非居民个人税款计算的规定。

……

2. 非居民个人一个月内取得数月奖金，单独按照本公告第二条规定计算当月收入额，不与当月其他工资薪金合并，按 6 个月分摊计税，不减除费用，适用月度税率表计算应纳税额，在一个公历年度内，对每一个非居民个人，该计税办法只允许适用一次。计算公式如下（公式五）：

当月数月奖金应纳税额 =［（数月奖金收入额 ÷6）× 适用税率－速算扣除数］×6

3. 非居民个人一个月内取得股权激励所得，单独按照本公告第二条规定计算当月收入额，不与当月其他工资薪金合并，按 6 个月分摊计税（一个公历年度内的股权激励所得应合并计算），不减除费用，适用月度税率表计算应纳税额，计算公式如下（公式六）：

当月股权激励所得应纳税额 =［（本公历年度内股权激励所得合计额 ÷6）× 适用税率－速算扣除数］×6－本公历年度内股权激励所得已纳税额

……

所以按照公式五，A 先生取得奖金的应纳税额 =［（100 000 ÷ 6）×20%－1410］× 6 = 11 540（元）

其中的要点如下。

（1）境外人士的数月奖金、股权激励跟工资薪金一样，都需要先通过 35 号公告中公式一、公式二、公式三来计算归属于境内的收入额。

（2）股权激励所得适用 35 号公告中的公式六来计算应纳税额。

（3）一个公历年度内的股权激励应合并计算。

（三）延期纳税

前文讨论过，对于个人取得境内上市公司的股权激励可以享受延期纳税政策：

经向主管税务机关备案，个人可自股票期权行权、限制性股票解禁或取得股权奖励之日起，在不超过12个月的期限内缴纳个人所得税。

这里提醒一下，此项延期纳税的优惠政策对境外人士同样适用。

1. 行权后再转让

境外人士在取得股权激励纳税完成之后，如果转让行权后的股票，获得的高于购买日公平市场价的差额，应按照“财产转让所得”计算缴纳个人所得税。

而根据《财政部 国家税务总局关于个人转让股票所得继续暂免征收个人所得税的通知》（财税字〔1998〕61号）的规定，对个人转让上市公司股票取得的所得继续暂免征收个人所得税。也就是说，境外员工通过股权激励获得的境内上市公司股票，在股票市场上进行自由交易时，也可以享受暂免征收个人所得税的优惠。

2. 持有收益

个人因拥有股权而参与企业税后利润分配取得的所得，应按照“利息、股息、红利所得”适用的规定计算缴纳个人所得税。

此处境内外人士有差异。

境内个人因持有境内上市公司股票而取得的股息红利所得，根据持股期限，享受股息红利差别化个人所得税政策。

而境外人士取得外商投资企业的股息红利所得，根据《财政部 国家税务总局关于个人所得税若干政策问题的通知》（财税字〔1994〕020号，以下简称“20号文”）的规定，免征个人所得税。

但是，湖北省地方税务局公告2013年第1号文件明确，自2013年2月3日起，取消外籍个人股息红利免税政策。

如果外籍个人的免税政策取消，那么其股息红利纳税方式与境内个人相同。

但湖北省地方税务局公告2013年第1号已全文废止，各地也没有出台类似的规定，20号文仍然有效。所以，外籍个人取得外商投资企业的股息红利所得，全国范围内仍然可以免征个人所得税。

另外，根据《国家税务总局关于外籍个人持有中国境内上市公司股票所取得的股息有关税收问题的函》（国税函发〔1994〕440号）的规定：“对持有B股或海外股（包括H股）的外籍个人，从发行该B股或海外股的中国境内企业所取得的股息（红利）所得，暂免征收个人所得税。”

二十九、个人取得境外所得应如何缴纳个税

财政部、国家税务总局在2020年发布的《财政部 税务总局关于境外所得有关个人所得税政策的公告》（财政部 税务总局公告2020年第3号，以下简称“3号公告”）有效地规范了个人取得境外所得的税收抵免问题。本部分通过分析3号公告（本部分条文若无特殊说明，均来自3号公告），介绍个人取得境外所得该如何缴纳个税。

（一）境外所得的定义

3号公告中的定义如下。

为贯彻落实《中华人民共和国个人所得税法》和《中华人民共和国个人所得税法实施条例》（以下称个人所得税法及其实施条例），现将境外所得有关个人所得税政策公告如下：

一、下列所得，为来源于中国境外的所得：

（一）因任职、受雇、履约等在中国境外提供劳务取得的所得；

（二）中国境外企业以及其他组织支付且负担的稿酬所得；

（三）许可各种特许权在中国境外使用而取得的所得；

（四）在中国境外从事生产、经营活动而取得的与生产、经营活动相关的所得；

（五）从中国境外企业、其他组织以及非居民个人取得的利息、股息、红利所得；

（六）将财产出租给承租人在中国境外使用而取得的所得；

（七）转让中国境外的不动产、转让对中国境外企业以及其他组织投资形成的股票、股权以及其他权益性资产（以下称权益性资产）或者在中国境外转让其他财产取得的所得。但转让对中国境外企业以及其他组织投资形成的权益性资产，该权益性资产被转让前三年（连续36个公历月份）内的任一时间，被投资企业或其他组织的资产公允价值50%以上直接或间接来自位于中国境内的不动产的，取得的所得为来源于中国境内的所得；

（八）中国境外企业、其他组织以及非居民个人支付且负担的偶然所得；

（九）财政部、税务总局另有规定的，按照相关规定执行。

首先需要明确的是，根据“来源于中国境外所得”的定义，其基本上涉及个人所得税的税目，如表6-17所示。

表6-17 所得项目与境外所得的范围

所得项目	来源于中国境外所得的范围
工资、薪金所得，劳务报酬所得	因任职、受雇、履约等在中国境外提供劳务取得的所得
稿酬所得	中国境外企业及其他组织支付且负担的稿酬所得
特许权使用费	许可各种特许权在中国境外使用而取得的所得
经营所得	在中国境外从事生产、经营活动而取得的与生产、经营活动相关的所得
利息、股息、红利所得	从中国境外企业、其他组织及非居民个人取得的利息、股息、红利所得
财产租赁所得	将财产出租给承租人在中国境外使用而取得的所得
财产转让所得	转让中国境外的不动产、转让对中国境外企业及其他组织投资形成的股票、股权，以及其他权益性资产（以下称权益性资产）或者在中国境外转让其他财产取得的所得
偶然所得	中国境外企业、其他组织及非居民个人支付且负担的偶然所得

要提醒大家的是，对于工资、薪金所得，劳务报酬所得，境外所得不是指钱在境外发的，而是“因任职、受雇、履约等在中国境外提供劳务取得的所得”。理解这一点很重要。

财产转让所得需要特别注意，先看以下规定。

《个人所得税法实施条例》第四条规定：“在中国境内无住所的个人，在中国境内居住累计满183天的年度连续不满六年的，经向主管税务机关备案，其来源于中

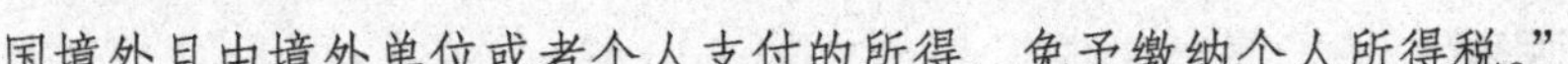

国境外且由境外单位或者个人支付的所得，免予缴纳个人所得税。”

个人转让中国境外企业及其他组织投资形成的权益性资产取得的所得为境外所得，免缴个人所得税。但3号公告给出了例外情况：如果该个人转让的境外企业的主要资产直接或间接来自中国不动产的，该所得视同于境内所得。在这种情形下，即便个人已就该笔所得在境外缴纳了个人所得税，也不能在境内抵免。

（二）综合所得与分类所得

3号公告的规定如下。

二、居民个人应当依照个人所得税法及其实施条例规定，按照以下方法计算当期境内和境外所得应纳税额：

（一）居民个人来源于中国境外的综合所得，应当与境内综合所得合并计算应纳税额；

（二）居民个人来源于中国境外的经营所得，应当与境内经营所得合并计算应纳税额。居民个人来源于境外的经营所得，按照个人所得税法及其实施条例的有关规定计算的亏损，不得抵减其境内或他国（地区）的应纳税所得额，但可以用来源于同一国家（地区）以后年度的经营所得按中国税法规定弥补；

（三）居民个人来源于中国境外的利息、股息、红利所得，财产租赁所得，财产转让所得和偶然所得（以下称其他分类所得），不与境内所得合并，应当分别单独计算应纳税额。

综合所得与经营所得，都分别需要进行境内外所得合并，然后按照个人所得税法中对应的税率表，计算个人应缴纳个人所得税总额。

鉴于经营所得有可能会出现亏损，亏损当年不计入，不得抵减其境内或他国的应纳税所得额，但可以抵减当国以后年份的应纳税所得额，且无抵减期限。

我国目前实行综合所得与分类所得相结合的个人所得税制度。3号公告除了明晰综合所得相关的计算，也提到了分类所得，包括利息、股息、红利所得，财产租赁所得，财产转让所得和偶然所得，这些所得计算有区别，不与境内所得合并，应当分别单独计算应纳税额。

（三）抵免限额

3 号公告的规定如下。

三、居民个人在一个纳税年度内来源于中国境外的所得，依照所得来源国家（地区）税收法律规定在中国境外已缴纳的所得税税额允许在抵免限额内从其该纳税年度应纳税额中抵免。

居民个人来源于一国（地区）的综合所得、经营所得以及其他分类所得项目的应纳税额为其抵免限额，按照下列公式计算：

（一）来源于一国（地区）综合所得的抵免限额＝中国境内和境外综合所得依照本公告第二条规定计算的综合所得应纳税额 × 来源于该国（地区）的综合所得收入额 ÷ 中国境内和境外综合所得收入额合计

（二）来源于一国（地区）经营所得的抵免限额＝中国境内和境外经营所得依照本公告第二条规定计算的经营所得应纳税额 × 来源于该国（地区）的经营所得应纳税所得额 ÷ 中国境内和境外经营所得应纳税所得额合计

（三）来源于一国（地区）其他分类所得的抵免限额＝该国（地区）的其他分类所得依照本公告第二条规定计算的应纳税额

（四）来源于一国（地区）所得的抵免限额＝来源于该国（地区）综合所得抵免限额＋来源于该国（地区）经营所得抵免限额＋来源于该国（地区）其他分类所得抵免限额

一个国家的抵免限额是指来源于这个国家的收入应纳税的额度。某国某项抵免限额指的是该国该项收入应交多少税，将抵免限额（A）与个人来源于该国的各项境外所得已纳税额（B）对比：A＞B 时，应按 A－B 的差额补税；A＜B 时，当年不补税，A－B 的差额在以后抵免年度中补扣。

计算抵免限额的时候，应该分国分项计算，然后把一国的各项抵免限额加总，得出来源于该国的抵免限额总额。

（四）不得抵免情形

3 号公告的规定如下。

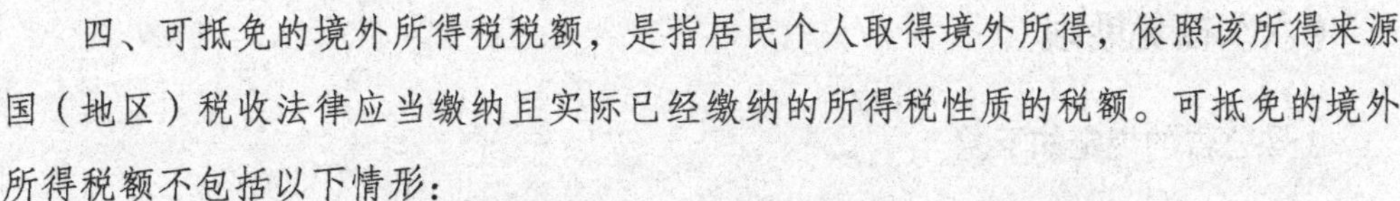

四、可抵免的境外所得税税额，是指居民个人取得境外所得，依照该所得来源国（地区）税收法律应当缴纳且实际已经缴纳的所得税性质的税额。可抵免的境外所得税税额不包括以下情形：

（一）按照境外所得税法律属于错缴或错征的境外所得税税额；

（二）按照我国政府签订的避免双重征税协定以及内地与香港、澳门签订的避免双重征税安排（以下统称税收协定）规定不应征收的境外所得税税额；

（三）因少缴或迟缴境外所得税而追加的利息、滞纳金或罚款；

（四）境外所得税纳税人或者其利害关系人从境外征税主体得到实际返还或补偿的境外所得税税款；

（五）按照我国个人所得税法及其实施条例规定，已经免税的境外所得负担的境外所得税税款。

知道抵免限额和实际已经缴纳的税额后，就可以计算出该国可抵免的境外所得税税额，但是以上列明的不得抵免的相关情形，主要是一些因个人原因导致境外多缴纳税款的情形。

（五）税收饶让

3 号公告的规定如下。

五、居民个人从与我国签订税收协定的国家（地区）取得的所得，按照该国（地区）税收法律享受免税或减税待遇，且该免税或减税的数额按照税收协定饶让条款规定应视同已缴税额在中国的应纳税额中抵免的，该免税或减税数额可作为居民个人实际缴纳的境外所得税税额按规定申报税收抵免。

“饶让条款”是一个专业税收名词，大致意思是，个人在境外得到减免税优惠的那一部分税，虽然没缴纳，但视同已经缴纳，境内同样给予税收抵免。总的来说，相当于居民个人不管在境内还是在境外，都可以实质性地享受此项税收优惠。相关的内容应该视双边税收协定，具体问题具体分析。

（六）抵免期限

3号公告的规定如下。

六、居民个人一个纳税年度内来源于一国（地区）的所得实际已经缴纳的所得税税额，低于依照本公告第三条规定计算出的来源于该国（地区）该纳税年度所得的抵免限额的，应以实际缴纳税额作为抵免额进行抵免；超过来源于该国（地区）该纳税年度所得的抵免限额的，应在限额内进行抵免，超过部分可以在以后五个纳税年度内结转抵免。

提醒一点：多纳了税，可以在以后年度抵免，期限是五年。

（七）申报时间

3号公告的规定如下。

七、居民个人从中国境外取得所得的，应当在取得所得的次年3月1日至6月30日内申报纳税。

注意两点：①居民个人才可享受；②抵免申报的期限与个税综合所得汇算清缴同步，都是在次年的3月1日至6月30日。

（八）汇算清缴地

3号公告的规定如下。

八、居民个人取得境外所得，应当向中国境内任职、受雇单位所在地主管税务机关办理纳税申报；在中国境内没有任职、受雇单位的，向户籍所在地或中国境内经常居住地主管税务机关办理纳税申报；户籍所在地与中国境内经常居住地不一致的，选择其中一地主管税务机关办理纳税申报；在中国境内没有户籍的，向中国境内经常居住地主管税务机关办理纳税申报。

这一规定与综合所得汇算清缴一致。

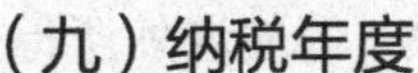

（九）纳税年度

3 号公告的规定如下。

九、居民个人取得境外所得的境外纳税年度与公历年度不一致的，取得境外所得的境外纳税年度最后一日所在的公历年度，为境外所得对应的我国纳税年度。

举个例子。香港薪俸税是按课税年度就实际收入征收的，课税年度是指每年 4 月 1 日至次年 3 月 31 日。

那么会出现这样的情形：2019 年的香港薪俸税，课税时间到 2020 年 3 月 31 日截止，对应内地 2020 年的纳税年度，则在 2021 年的 3 月 1 日至 6 月 30 日进行境外所得纳税申报和税收抵免。

（十）抵免凭证

3 号公告的规定如下。

十、居民个人申报境外所得税收抵免时，除另有规定外，应当提供境外征税主体出具的税款所属年度的完税证明、税收缴款书或者纳税记录等纳税凭证，未提供符合要求的纳税凭证，不予抵免。

居民个人已申报境外所得、未进行税收抵免，在以后纳税年度取得纳税凭证并申报境外所得税收抵免的，可以追溯至该境外所得所属纳税年度进行抵免，但追溯年度不得超过五年。自取得该项境外所得的五个年度内，境外征税主体出具的税款所属纳税年度纳税凭证载明的实际缴纳税额发生变化的，按实际缴纳税额重新计算并办理补退税，不加收税收滞纳金，不退还利息。

纳税人确实无法提供纳税凭证的，可同时凭境外所得纳税申报表（或者境外征税主体确认的缴税通知书）以及对应的银行缴款凭证办理境外所得抵免事宜。

这里有一个追溯抵免的概念，居民个人在次年 6 月 30 日前，已申报境外所得、未进行税收抵免的，可以在以后纳税年度，追溯至该境外所得所属纳税年度进行抵免，追溯期为五年。

请注意，追溯抵免必须是“已申报境外所得”。也就是说，即便境外所得未结清税款，当期无法取得纳税凭证，居民个人仍应在次年 6 月 30 日前完成境外所得的申报，方能在五年内进行追溯抵免。

当无法提供纳税凭证时，可凭借纳税申报表（或缴税通知书）和对应的银行缴款凭证办理境外所得抵免事宜，这一规定大大提高了抵免的便捷性。

（十一）外派情形

3 号公告的规定如下。

十一、居民个人被境内企业、单位、其他组织（以下称派出单位）派往境外工作，取得的工资薪金所得或者劳务报酬所得，由派出单位或者其他境内单位支付或负担的，派出单位或者其他境内单位应按照个人所得税法及其实施条例规定预扣预缴税款。

居民个人被派出单位派往境外工作，取得的工资薪金所得或者劳务报酬所得，由境外单位支付或负担的，如果境外单位为境外任职、受雇的中方机构（以下称中方机构）的，可以由境外任职、受雇的中方机构预扣税款，并委托派出单位向主管税务机关申报纳税。中方机构未预扣税款的或者境外单位不是中方机构的，派出单位应当于次年 2 月 28 日前向其主管税务机关报送外派人员情况，包括：外派人员的姓名、身份证件类型及身份证件号码、职务、派往国家和地区、境外工作单位名称和地址、派遣期限、境内外收入及缴税情况等。

中方机构包括中国境内企业、事业单位、其他经济组织以及国家机关所属的境外分支机构、子公司、使（领）馆、代表处等。

这里讲的是中国居民个人被外派的情形，分几种不同的情形讲解。

（1）境内机构外派员工，工资薪金所得或者劳务报酬所得由派出单位或者其他境内单位支付或负担的，境内单位应按照个人所得税法预扣预缴个税。

（2）同样是外派，但工资薪金所得或者劳务报酬所得由境外单位支付或负担的，且境外单位为中方机构的，可以由中方机构预扣税款，并委托派出单位向主管税务机关申报纳税。请注意，这里是可以，而非必须。

（3）仍是外派，但中方机构未预扣税款，或者境外单位不是中方机构的，派出单位则须履行外派人员的信息报送义务，期限为次年2月28日前。

另外需注意，中方机构指的是境外机构，包括中国境内企事业单位、其他经济组织以及国家机关所属的境外分支机构、子公司、使（领）馆、代表处等。

（十二）汇率折算

3号公告的规定如下。

十二、居民个人取得来源于境外的所得或者实际已经在境外缴纳的所得税税额为人民币以外货币，应当按照《中华人民共和国个人所得税法实施条例》第三十二条折合计算。

《个人所得税法实施条例》第三十二条　所得为人民币以外货币的，按照办理纳税申报或者扣缴申报的上一月最后一日人民币汇率中间价，折合成人民币计算应纳税所得额。年度终了后办理汇算清缴的，对已经按月、按季或者按次预缴税款的人民币以外货币所得，不再重新折算；对应当补缴税款的所得部分，按照上一纳税年度最后一日人民币汇率中间价，折合成人民币计算应纳税所得额。

（十三）合规要点

3号公告的合规要点如下。

（1）当居民个人取得境外收入并已在境外纳税后，就有可能涉及3号公告中的税收抵免的概念。税收抵免实际上是把境外所得与境内有关所得合并计税后，统一核算应补退税额，多退少补，是更大范围的汇算清缴。

（2）不仅是境外的综合所得，经营所得、其他各项分类所得都需要在境内申报，申报的时间是取得所得的次年3月1日至6月30日，和综合所得汇算清缴的时限保持一致。特别提醒一点，如果个人在境内取得经营所得需要汇算清缴，是在取得所得的次年3月31日前；而如果取得境外经营所得，那么应在次年的3月1日至6月30日。表6-18为个人所得税税率表（经营所得适用）。

表 6-18　个人所得税税率表（经营所得适用）

级数	应纳税所得额（含税）	税率（%）	速算扣除数
1	不超过 30 000 元的	5	0
2	超过 30 000 元至 90 000 元的部分	10	1500
3	超过 90 000 元至 300 000 元的部分	20	10 500
4	超过 300 000 元至 500 000 元的部分	30	40 500
5	超过 500 000 元的部分	35	65 500

（3）国内核定征收的经营所得目前不参与税收抵免运算。境外经营所得的亏损，不影响境内或他国的应纳税所得额，但可以无限期抵减当国以后年度的应纳税所得额。

（4）计算抵免限额的时候，按照“分国分项”的原则分别计算，然后应按“分国不分项”的原则加总得出一国的可抵免总额。

案例：张三系中国公民，2019 年境内综合收入 100 万元，境内已纳税额 26 万元；经营所得应纳税所得额 200 万元，已纳税 70 万元；另有核定征收经营所得 30 万元，已正常缴税 4 万元；境内房租收入 40 万元，已缴税 2 万元。假定张三全年享受“三险一金”9.2 万元，专项附加扣除 4.1 万元。其境外收入如下。

（1）在 S 国取得劳务报酬所得 80 万元，缴税 18 万元；经营所得应纳税所得额 60 万元，缴税 20 万元。

（2）在 M 国取得稿酬所得 60 万元，缴税 8 万元；经营所得 –50 万元，被核定征税 3 万元；房租收入 30 万元，已缴税款 5 万元。

根据以上情况，请计算张三 2019 年汇算清缴应补退税情况。

解答：

1. 计算抵免限额。

（1）张三全球综合所得应纳税额 =（100+80×80%+60×56%–6–9.2–4.1）× 税率 – 速算扣除数 = 178.3×45%–18.192=62.043（万元）

S 国综合所得的抵免限额 = 62.043×［64÷（100+64+33.6）］= 62.043×32.39%=20.10（万元）

M 国综合所得的抵免限额 = 62.043×［33.6÷（100+64+33.6）］= 62.043×17%=10.55（万元）

中国境内综合所得汇算清缴应纳税额 = 62.043 ×［100 ÷（100+64+33.6）］= 62.043 × 50.61% = 31.40（万元）

（2）经营所得抵免限额，由于张三有综合所得，其经营所得不再减除 6 万元、专项附加扣除等。

境内核定征收的经营所得不参与抵免运算，境外 M 国经营所得亏损不参与抵免运算。

全球经营所得应纳税额 =（200+60）× 税率 – 速算扣除数 = 260 × 35%–6.55 = 84.45（万元）

S 国抵免限额 = 84.45 ×［60 ÷（200+60）］= 84.45 × 23.08% = 19.49（万元）

经营所得在中国汇算清缴应纳税额= 84.45 ×［200 ÷（200+60）］= 84.45 × 76.92% = 64.96（万元）

（3）M 国分类所得抵免限额 = 30 ×（1–20%）× 20% = 4.8（万元）

2. 计算税收抵免。

（1）计算 S 国税收抵免。

抵免限额 = 20.10 + 19.49 = 39.59（万元）

S 国已纳税额为 18 + 20 = 38（万元），全部能够抵免，还需在境内补税 39.59–38 = 1.59（万元）。

（2）计算 M 国税收抵免。

抵免限额 = 10.55+4.8 = 15.35（万元）

M 国已纳税额为 8+3+5 = 16（万元），当年不需补税，有 0.65 万元需在以后年度内补扣。

（3）计算张三在国内的汇算清缴。

综合所得需补税 = 31.40–26 = 5.40（万元）

经营所得需退税 = 64.96–70 = –5.04（万元）

第七章 企业其他用工薪税合规实务

本章查缺补漏，探讨企业薪税合规管理中的一些关键事项，包括住房公积金、代通知金等，解答企业在日常管理中的常见问题。

一、企业支付代通知金的合规要点有哪些

代通知金对熟悉劳动法律和员工关系的人来说，一点也不陌生，但要把个中细节搞清楚，也没那么容易。本部分重点梳理代通知金的几个认知误区与关键问题。

（一）代通知金的定义

很多人以为代通知金是法律规定的，其实不然。首先需要明白，代通知金并非法律术语。

代通知金是一种约定俗成的说法，指的是用人单位本该提前一个月通知员工解除劳动合同而没有提前通知的情况下支付的一个月的工资。相当于用人单位在提前通知和支付一个月的工资间做了一个选择，而这个选择就是我们经常谈到的“*N*+1”中的那个“1”。

（二）支付代通知金的情形

是不是只要解除劳动合同，企业就要支付代通知金呢？是不是所有的“*N*”后面都要带个“1”呢？

并非如此。

其实要想搞清楚什么情形下需要支付代通知金，只需要知道法律规定什么情形下企业解除劳动必须提前一个月通知员工。

法律规定的提前一个月通知的情形并不多，只有三种。

《劳动合同法》第四十条规定：“有下列情形之一的，用人单位提前三十日以书

面形式通知劳动者本人或者额外支付劳动者一个月工资后，可以解除劳动合同：

（一）劳动者患病或者非因工负伤，在规定的医疗期满后不能从事原工作，也不能从事由用人单位另行安排的工作的；

（二）劳动者不能胜任工作，经过培训或者调整工作岗位，仍不能胜任工作的；

（三）劳动合同订立时所依据的客观情况发生重大变化，致使劳动合同无法履行，经用人单位与劳动者协商，未能就变更劳动合同内容达成协议的。”

《上海市高级人民法院关于适用〈劳动合同法〉若干问题的意见》（沪高法〔2009〕73号）规定：“用人单位是否需要支付‘代通金’，应当根据法律的规定来判断，法律没有规定的，不能要求用人单位支付。”

（三）无须支付代通知金的情形

常见的很多员工离职的情形，企业都不需要支付代通知金。

1. 员工主动辞职。

这个很容易理解，“N”可以没有，“1”也可以没有。

2. 员工严重违纪，企业解除劳动合同。

首先，员工违纪不是需要支付代通知金的三种情形之一；其次，法律没有要求企业解除违纪员工要提前通知；最后，员工有过错达到解雇条件，企业解除劳动合同无须支付经济补偿金，仍然是“N”可以没有，“1”也可以没有。

3. 协商一致解除劳动合同。

这个是现实中存在较多误解的情形——大家默认协商一致解除劳动合同是要给“N+1”的。笔者认为主要原因是，现实中以法律规定支付代通知金的三种情形来解除合同，风险都较高，而“协商一致”变成了低风险、可操作的替代方案。相当于采用“协商一致”的形式，实质仍然是需要支付代通知金的情形，所以约定俗成地沿用“N+1”。

但是，这里需要提醒的是，法律并没有规定用人单位与员工协商一致解除劳动合同需要提前通知，所以不给代通知金是没有问题的。

4. 企业违法解除合同。

许多人对这种情形仍然存在较深误解。上海人社局曾经公布过一个案例的解析，很好地做出了诠释。

案情简介

张某于2018年11月10日入职北京某公司担任销售总监，双方签订了3年期限的劳动合同，张某正常提供劳动至2019年3月29日。2019年3月29日，公司以张某被证明不能胜任工作为由单方解除劳动合同，争议由此产生。

张某到仲裁委员会申请仲裁，认为公司解除劳动合同没有事实依据，构成违法解除，要求公司支付赔偿金，同时要求公司支付未提前一个月通知解除劳动合同的代通知金。

案件审理中，公司未就张某不能胜任工作提供充分证据，解除行为构成违法解除。

争议焦点

公司违法解除劳动合同成立，是否还需要支付未提前一个月通知的代通知金?

处理结果

仲裁委员会裁决公司支付张某违法解除劳动合同的赔偿金，驳回张某关于支付未提前一个月通知解除劳动合同的代通知金的请求。

案例评析

除《劳动合同法》第四十条规定的情形外，用人单位以其他理由依法解除劳动合同，如协商解除、以劳动者严重违纪解除，均不需支付代通知金。

赔偿金的法律依据是《劳动合同法》第四十八条规定……可见主张赔偿金的事实依据是用人单位违法解除劳动合同，且依据《劳动合同法》第八十七条规定，赔偿金的支付标准是经济补偿的二倍。

代通知金和赔偿金的法律依据不同，只有当用人单位依据《劳动合同法》第四十条规定情形与劳动者合法解除劳动合同时，劳动者才可以要求支付解除劳动合同的经济补偿金及代通知金。如果劳动者认为用人单位构成违法解除，应当直接要求支付违法解除劳动合同的赔偿金。

案例解析说得清楚明白，也就是企业违法解除劳动合同需要支付赔偿金，不用支付代通知金。

5. 劳动合同到期终止。

此种情况既有误解又有争议。

误解是很多人认为劳动合同到期终止，用人单位需要提前通知，所以也有可能产生代通知金。

争议是除极少数地方外，目前国内绝大多数地方的司法实践都不认为劳动合同到期终止用人单位需要提前通知，或者需要支付 30 日的代通知金。也就是说，绝大多数地方劳动合同到期终止，只有“*N*”，没有“1”。

极少数地方指的是北京。

《北京市劳动合同规定》规定，劳动合同到期前 30 日，用人单位应履行书面的提前通知义务，否则将支付赔偿。相当于北京用赔偿金的形式支持了劳动合同到期终止的代通知金。

第四十条　劳动合同期限届满前，用人单位应当提前 30 日将终止或者续订劳动合同意向以书面形式通知劳动者，经协商办理终止或者续订劳动合同手续。

第四十七条　用人单位违反本规定第四十条规定，终止劳动合同未提前 30 日通知劳动者的，以劳动者上月日平均工资为标准，每延迟 1 日支付劳动者 1 日工资的赔偿金。

黑龙江和北京持相同观点。

《黑龙江省关于妥善处理劳动关系若干问题》规定：

“四、关于劳动关系处理的有关程序问题

……

（二）劳动合同期限届满前，用人单位应当提前 30 日将《续订劳动合同通知书》（附件 1）的书面形式征求职工意见。7 日内职工未做出答复的，按终止劳动合同办理；职工同意续订的，应于劳动合同期满之日起 15 日内办理续订手续。

……

（四）用人单位与职工解除（由用人单位单方解除）或者终止劳动合同的，用人单位应当提前30日开具《解除（终止）劳动合同通知书》（见附件2），明确告知依据《劳动法》相应条款规定，职工与本单位所签订的劳动合同即将解除或者终止等事项……”

6. 其他劳动合同终止的情形。

主流观点对其他的《劳动合同法》规定的劳动合同终止的情形，用人单位也无须支付代通知金。

《劳动合同法》

第四十四条　有下列情形之一的，劳动合同终止：

（一）劳动合同期满的；

（二）劳动者开始依法享受基本养老保险待遇的；

（三）劳动者死亡，或者被人民法院宣告死亡或者宣告失踪的；

（四）用人单位被依法宣告破产的；

（五）用人单位被吊销营业执照、责令关闭、撤销或者用人单位决定提前解散的；

（六）法律、行政法规规定的其他情形。

搞清楚了什么情形下企业要或者不要支付代通知金，还要弄清楚具体的薪税问题：企业支付代通知金，具体的标准是什么？需要缴纳个税吗？按什么方式缴纳个税？

（四）代通知金支付标准

代通知金的一个月的工资，是哪个月的工资？

一般情况下，应该是解除劳动合同时上一个月的工资。

《劳动合同实施条例》第二十条规定：“用人单位依照劳动合同法第四十条的规定，选择额外支付劳动者一个月工资解除劳动合同的，其额外支付的工资应当按照该劳动者上一个月的工资标准确定。”

但如果由于各种原因导致上一个月的工资无法反映劳动者的真实收入水平，法院有可能会进行相应的调整。

《上海市高级人民法院关于适用〈劳动合同法〉若干问题的意见》(沪高法〔2009〕73号)规定:"《实施条例》规定'代通金'的支付标准,应当以上个月的工资标准确定,但只以单月的工资为准,可能过高或过低,既有可能对用人单位不利,也有可能对劳动者不利,从整体上看不利于促进和形成和谐稳定的劳动关系。所以,结合劳动法和劳动合同法的立法精神,上个月的工资标准,应当是劳动者的正常工资标准。如其上月工资不能反映正常工资水平的,可按解除劳动合同之前劳动者十二个月的平均工资确认。"

(五)代通知金个税问题

代通知金按什么方式缴纳个税?

目前,关于代通知金的个税缴纳有两种说法。

一种观点认为:代通知金也是一种对劳动者非正常失业的补偿,属于经济补偿金性质,应按照解除劳动合同补偿金的相关规定处理,对3倍年平均工资内的部分予以免除个税。

《关于个人所得税法修改后有关优惠政策衔接问题的通知》(财税〔2018〕164号)规定:

"五、关于解除劳动关系、提前退休、内部退养的一次性补偿收入的政策

(一)个人与用人单位解除劳动关系取得一次性补偿收入(包括用人单位发放的经济补偿金、生活补助费和其他补助费),在当地上年职工平均工资3倍数额以内的部分,免征个人所得税;超过3倍数额的部分,不并入当年综合所得,单独适用综合所得税率表,计算纳税。"

浙江省税务局公布的热点问题解答中,也支持了这一观点。

我单位与员工解除劳动合同,因没有提前30日通知员工,需要支付给员工代通知金,支付的代通知金是否需要缴纳个人所得税,应当按照哪个税目缴纳?

代通知金可以作为其他补助费,与其他一次性补偿收入合并按照财税〔2018〕164号的个人与用人单位解除劳动关系取得一次性补偿收入政策计算缴纳个

人所得税。

另一种观点认为：因为代通知金的性质是代替一个月的工资，所以应作为员工的工资薪金纳税。

现实中也有案例，法院支持了这一观点，将应付未付的员工薪酬及代通知金并入发放当月的工资薪金，由用人单位代扣代缴个人所得税。

这么一来，税务上“N+1”中的两部分的性质就不同了，“N”是经济补偿金免税，而“1”并入支付当月的工资薪金缴纳个税。

在这个问题上笔者的建议是，用人单位将代通知金并入经济补偿金享受免税优惠。

二、企业缴纳住房公积金有哪些合规要点

作为“五险一金”中的“金”，住房公积金缴纳是企业薪税管理中的常见事项，本部分对相关的合规问题做一个梳理和总结。

（一）为员工缴纳住房公积金是企业的法定义务吗

答案：当然是。

《住房公积金管理条例》

第二条　本条例适用于中华人民共和国境内住房公积金的缴存、提取、使用、管理和监督。

本条例所称住房公积金，是指国家机关、国有企业、城镇集体企业、外商投资企业、城镇私营企业及其他城镇企业、事业单位、民办非企业单位、社会团体（以下统称单位）及其在职职工缴存的长期住房储金。

第十五条第一款　单位录用职工的，应当自录用之日起30日内到住房公积金管理中心办理缴存登记，并持住房公积金管理中心的审核文件，到受委托银行办理职工住房公积金账户的设立或者转移手续。

参考以上规定，企业必须为其职工缴纳住房公积金。《住房公积金管理条例》属于行政法规，具有法律文件的性质，在实施过程中与法律的效力一致，法院在审理案件中将其同法律一样列为法律依据。所以，缴纳住房公积金为企业法定义务，确凿无疑。

（二）为什么现实中很少听到员工和企业关于住房公积金的劳动争议

因为劳动者与用人单位因住房公积金发生的争议，不属于劳动争议。也就是说，员工与企业发生相关争议，不能去劳动仲裁，也不能去法院提起诉讼，而应该去住房公积金管理中心投诉。

《北京市高级人民法院、北京市劳动争议仲裁委员会关于劳动争议案件法律适用问题研讨会会议纪要（2009年）》规定："劳动者与用人单位因住房公积金的缴纳、办理退休手续发生的争议，不属于劳动争议案件的受理范围。"《广东省高级人民法院、广东省劳动争议仲裁委员会关于适用〈劳动争议调解仲裁法〉〈劳动合同法〉若干问题的指导意见》规定："劳动者与用人单位因住房公积金产生的争议，不作劳动争议处理。"

（三）如果企业不缴或少缴住房公积金被员工投诉，住房公积金管理中心可以强制企业缴纳吗

住房公积金管理中心可以责令企业限期缴存或办理，其本身并不可以强制执行，但可以申请法院强制执行。不办理缴存登记或者账户设立手续的，住房公积金管理中心还可以对企业进行罚款，所以对企业来说仍然是有强制力的。

《住房公积金管理条例》

第三十七条　违反本条例的规定，单位不办理住房公积金缴存登记或者不为本单位职工办理住房公积金账户设立手续的，由住房公积金管理中心责令限期办理；逾期不办理的，处1万元以上5万元以下的罚款。

第三十八条　违反本条例的规定，单位逾期不缴或少缴住房公积金的，由住房公积金管理中心责令限期缴存；逾期仍不缴存的，可以申请人民法院强制执行。

（四）员工已离职，可以投诉要求企业补缴住房公积金吗，有时效限制吗

员工离职可以投诉要求企业补缴在职期间的住房公积金，而《住房公积金管理条例》并没有关于追缴时效的规定。也就是说，已离职员工，不管离职多久，都可

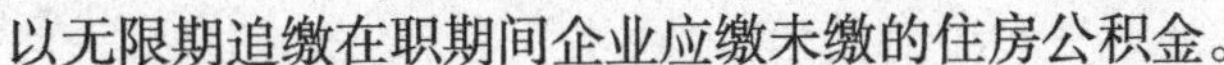

以无限期追缴在职期间企业应缴未缴的住房公积金。

参考案例：广州市BZ环保有限公司与广州住房公积金管理中心争议案

案号：（2017）粤7101行初1854号

法院：广州铁路运输第一法院

判决要点：

原告关于被告责令其补缴住房公积金已超过追缴时效的意见。经查，《住房公积金管理条例》对住房公积金补缴追缴的时效没有限制规定，而追溯时效必须有法律的明确规定。因此，被告责令原告补缴住房公积金，符合《住房公积金管理条例》的有关规定。原告的该项主张没有法律依据，本院不予采纳。

（五）不管员工在职多长时间，都可以要求企业补缴住房公积金吗

答案：基本如此，但有最长的时间限制。

因为《住房公积金管理条例》是1999年4月3日正式发布的，而在此之前并没有法律强制规定缴纳住房公积金，所以即便是补缴，也只能从有法律规定之后补缴，即1999年4月3日。

《关于住房公积金管理若干具体问题的指导意见》规定："单位补缴住房公积金（包括单位自行补缴和人民法院强制补缴）的数额，可根据实际采取不同方式确定：单位从未缴存住房公积金的，原则上应当补缴自《条例》（国务院令第262号）发布之月起欠缴职工的住房公积金。"

（六）进城务工人员进城工作，企业是不是也要为其缴纳住房公积金

这个问题看上去似乎没什么特别，既然企业应该为其员工缴纳住房公积金，那么员工是农村户口还是城镇户口有区别吗？

但目前司法实践中，此问题有争议，各地的裁判口径也并不一样，主要原因在于规则本身并不清晰。

《住房公积金管理条例》第一条规定："为了加强对住房公积金的管理，维护住房公积金所有者的合法权益，促进城镇住房建设，提高城镇居民的居住水平，制定

本条例。”

从《住房公积金管理条例》的立法目的看来，似乎就是为城镇居民服务的，所以形成了不同观点。

《关于住房公积金管理若干具体问题的指导意见》（建金管〔2005〕5号）规定：“国家机关、国有企业、城镇集体企业、外商投资企业、城镇私营企业及其他城镇企业、事业单位、民办非企业单位、社会团体（以下统称单位）及其在职职工，应当按《住房公积金管理条例》（国务院令第350号，以下简称《条例》）的规定缴存住房公积金。有条件的地方，城镇单位聘用进城务工人员，单位和职工可缴存住房公积金；……”

参照以上的政策解释，城镇单位聘用进城务工人员，单位和职工可缴存住房公积金，这表明是可以选择的权利而非强制的义务，那单位也可以不为聘用的进城务工人员缴纳住房公积金。

从判例角度来看，国内目前多数地方都认定企业应为员工强制缴纳住房公积金，而不论员工是否为城镇户口。

但有部分地方的法院认为，对于进城务工人员，缴纳住房公积金并非强制义务。

《关于住房公积金管理若干具体问题的指导意见》（建金管〔2005〕5号）规定，有条件的地方，城镇单位聘用进城务工人员，单位和职工可缴存住房公积金。由此可见，法律法规对进城务工人员缴存住房公积金未进行强制规定。

参考案例：袁××与青岛市住房公积金管理中心不履行法定职责案

案号：（2013）青行终字第401号

法院：山东省青岛市中级人民法院

判决要点：

本案上诉人作为进城务工人员，其原用人单位不为其缴存住房公积金并不违法，被上诉人目前亦没有强制该单位为其缴存住房公积金的条件。因此，上诉人请求被上诉人履行责令其原用人单位为其缴存住房公积金的职责没有法律依据。

从企业角度来看，是否为进城务工人员缴纳住房公积金，要看企业身处何地及当地的裁判口径。

（七）企业补缴住房公积金有滞纳金吗

答案：没有。《住房公积金管理条例》第三十八条中没有提到滞纳金。各地的规定也都基本明确，补缴住房公积金无罚款及滞纳金。

1. 北京

需要单位为员工补缴住房公积金，无罚款及滞纳金。

2. 上海

需要单位为员工补缴住房公积金，单位配合的无罚款及滞纳金，单位不配合且性质恶劣的，会根据情况对单位进行处罚。《上海市住房公积金管理若干规定》第十七条规定，单位逾期不依法缴存住房公积金，或者少缴住房公积金的，依照国务院《住房公积金管理条例》的规定予以处理。

3. 杭州

杭州公积金中心稽核监督处的答复为：单位需为员工补缴住房公积金，无罚款及滞纳金。《浙江省住房公积金行政执法规定（试行）》第十条规定："单位逾期不缴或者少缴住房公积金的，由管理中心责令限期缴存；逾期仍不缴存的，由管理中心依法申请人民法院强制执行。"

（八）个体工商户聘用劳动者要不要为其缴纳住房公积金

这个问题的答案基本没什么争议，法律并不强制个体工商户为其聘用的劳动者缴纳住房公积金。

《住房公积金管理条例》第二条规定："本条例所称住房公积金，是指国家机关、国有企业、城镇集体企业、外商投资企业、城镇私营企业及其他城镇企业、事业单位、民办非企业单位、社会团体（以下统称单位）及其在职职工缴存的长期住房储金。"

以上规定中未涉及个体经济组织或者个体工商户，所以法律并不强制个体工商户为其聘用的劳动者缴纳住房公积金。

以下为相关的案例判罚，供读者参考。

参考案例：杜 ×× 与东莞市住房公积金管理中心二审案

案号：（2016）粤 19 行终 25 号

法院：广东省东莞市中级人民法院

判决要点：

本案为不履行法定职责纠纷。各方当事人对杜某某入职的 QX 机械厂为胡某某经营的个体工商户不持异议，本院予以确认。根据《住房公积金管理条例》第二条第二款并参照《关于住房公积金管理若干具体问题的指导意见》（建金管〔2005〕5 号）第一条的规定，应当按前述规定缴存住房公积金的单位范围系指国家机关、国有企业、城镇集体企业、外商投资企业、城镇私营企业及其他城镇企业、事业单位、民办非企业单位、社会团体，并不包括个体工商户，个体工商户仅属可申请缴存住房公积金的范畴。易言之，个体工商户缴存与否享有自主权，不能强制其缴存住房公积金。故杜某某诉请东莞市住房公积金管理中心责令和协助为其缴存相关住房公积金并要求赔偿损失缺乏依据，原审法院驳回其前述请求，并无不当。

三、员工在医疗期的工资该如何发

医疗期是指企业职工因患病或非因工负伤停止工作治病休息，企业不得解除劳动合同的时限。也就是说，医疗期不是病假期，而是法律给予患病或非因工负伤劳动者的解雇保护期。

本部分主要探讨在医疗期内的员工，企业应该按照什么标准发放工资。

（一）全国性规定

《关于贯彻执行〈中华人民共和国劳动法〉若干问题的意见》（劳部发〔1995〕309号）规定："职工患病或非因工负伤治疗期间，在规定的医疗期内由企业按有关规定支付其病假工资或疾病救济费，病假工资或疾病救济费可以低于当地最低工资标准支付，但不能低于最低工资标准的80%。"

可见，对医疗期内的工资，全国的规定是不低于当地最低工资标准的80%，在此基础上各地有一些具体的规定也需要企业相应遵守。

（二）地区性规定

以深圳市为例，企业应当按照本人正常工作时间工资的百分之六十支付员工病假期工资，但是不得低于最低工资的百分之八十。也就是说，就高不就低。

《深圳市员工工资支付条例》（2019年修正）第二十三条规定："员工患病或者非因工负伤停止工作进行医疗，在国家规定的医疗期内的，用人单位应当按照不低于本人正常工作时间工资的百分之六十支付员工病伤假期工资，但是不得低于最低工资的百分之八十。”

参考案例：林某、深圳市HYH公司劳动争议二审案

案号：（2021）粤03民终26775号

法院：广东省深圳市中级人民法院

判决要点：

关于病产假期间工资差额问题。本院认为，林某在孕期休病假，HYH公司应按照法定标准支付林某病假工资，即按照林某正常工作时间工资的百分之六十即21 000元支付病假工资，HYH公司应按照原工资标准支付林某产假工资，HYH公司均按照17 500元支付病假工资属于未足额支付，应支付病产假期间工资差额。原审计算病假期间工资并无不当，本院依法予以确认。

部分省市的相关规定参考如下。

（1）《广东省工资支付条例》（2016年修正）第二十四条规定：“劳动者因病或者非因工负伤停止工作进行治疗，在国家规定医疗期内，用人单位应当依照劳动合同、集体合同的约定或者国家有关规定支付病伤假期工资。用人单位支付的病伤假期工资不得低于当地最低工资标准的百分之八十。法律、法规另有规定的，从其规定。”

（2）《北京市工资支付规定》（2007年修订）第二十一条规定：“劳动者患病或者非因工负伤的，在病休期间，用人单位应当根据劳动合同或集体合同的约定支付病假工资。用人单位支付病假工资不得低于本市最低工资标准的80%。”

（3）《上海市劳动保障局关于病假工资计算的公告》规定：

“疾病休假工资标准：

职工疾病或非因工负伤连续休假在6个月以内的，企业应按下列标准支付疾病休假工资：

1. 连续工龄不满2年的，按本人工资的60%计发；

2. 连续工龄满2年不满4年的，按本人工资70%计发；

3. 连续工龄满4年不满6年的，按本人工资的80%计发；

4. 连续工龄满6年不满8年的，按本人工资的90%计发；

5. 连续工龄满 8 年及以上的，按本人工资的 100% 计发。”

（4）《江苏省工资支付条例》（2021 年修正）第二十七条规定：“劳动者患病或者非因工负伤停止劳动，且在国家规定医疗期内的，用人单位应当按照工资分配制度的规定以及劳动合同、集体合同的约定或者国家有关规定，向劳动者支付病假工资或者疾病救济费。

病假工资、疾病救济费不得低于当地最低工资标准的百分之八十。国家另有规定的，从其规定。”

（5）《浙江省企业工资支付管理办法》（2017）第十七条规定：“劳动者因患病或者非因工负伤，未付出劳动的，企业应当支付国家规定的医疗期内的病伤假工资。病伤假工资不得低于当地人民政府确定的最低工资标准的 80%。”

（6）山东省劳动厅转发劳动部《关于发布〈企业职工患病或非因工负伤医疗期规定〉的通知》的通知：“一、企业职工因病或非因工负伤，在医疗期内，停工医疗累计不超过 180 天的，由企业发给本人工资 70% 的病假工资；累计超过 180 天的，发给本人工资 60% 的疾病救济费。医疗期内的医疗待遇仍按现行规定执行。”

（7）《重庆市企业职工病假待遇暂行规定》第四条规定：“职工患病，医疗期内停工治疗在 6 个月以内的，其病假工资按以下办法计发：（一）连续工龄不满 10 年的，按本人工资的 70% 发给；（二）连续工龄满 10 年不满 20 年的，按本人工资的 80% 发给；（三）连续工龄满 20 年不满 30 年的，按本人工资的 90% 发给；（四）连续工龄满 30 年及其以上的，按本人工资的 95% 发给。经济效益好的企业，可在上述标准的基础上上浮 5%。经济效益差，难以达到上述标准的企业，经本企业职工大会或职工代表大会审议通过，可以适当下浮。下浮的比例一般不超过各个档次标准的 5%。如果情况特殊超过 5% 的，应报所在区县（自治县、市）劳动和社会保障行政部门批准。”

第五条规定：“职工患病，医疗期内停工治疗在 6 个月以上的，其病假工资按以下办法计发：（一）连续工龄不满 10 年的，按本人工资的 60% 发给；（二）连续工龄满 10 年不满 20 年的，按本人工资的 65% 发给；（三）连续工龄满 20 年及其以上的，按本人工资的 70% 发给。”

第七条规定：“职工患病，在医疗期内停工治疗期间，每月领取的病假工资不得低于当地最低工资标准的80%。”

（三）医疗期满后的病假工资

如果员工医疗期满后继续请病假，而单位并未以“医疗期满后，不能从事原工作，也不能从事另行安排的工作”为由解除与员工的劳动合同，那么用人单位还需要支付病假工资吗？

1. 对于此问题，各地的司法实践有不同观点。目前，国内大多数的地区对医疗期满后，员工继续休病假的，认定用人单位无须再支付病假工资。依据是上文引用的全国规定劳部发〔1995〕309号文件，病假工资的支付前提是在“规定的医疗期内”。

参考案例：肖某、深圳市HMK公司劳动争议二审案

案号：（2014）深中法劳终字第5467号

法院：广东省深圳市中级人民法院

判决要点：

根据《深圳市员工工资支付条例》第二十三条的规定，在法定医疗期内，用人单位应当按照不低于员工正常工作时间工资的60%支付病假工资；第二十九条规定，因员工本人过错造成停工的，用人单位可以不支付停工期间的工资。肖某在法定医疗期满后未提供劳动，HMK公司可以不支付医疗期满后的工资。

2. 部分地区持不同观点。医疗期满后，员工继续休病假的，用人单位仍需要支付病假工资或疾病救济费。依据是，医疗期是指劳动者因患病或非因工负伤停止工作治病休息，企业不得解除劳动合同的时限，并非代表医疗期满后用人单位就可以不支付劳动者的病假待遇。

《北京市工资支付规定》（2007年修订）第二十一条规定：“劳动者患病或者非因工负伤的，在病休期间，用人单位应当根据劳动合同或集体合同的约定支付病假工资。用人单位支付病假工资不得低于本市最低工资标准的80%。”

参考案例：北京BYHS公司与周某劳动争议案

案号：（2021）京0105民初21733号

法院：北京市朝阳区人民法院

判决要点：

医疗期是指企业职工因患病或非因工负伤停止工作治病休息不得解除劳动合同的时限。企业职工因患病或非因工负伤，需要停止工作医疗时，根据本人实际参加工作年限和在本单位工作年限，给予三个月到二十四个月的医疗期，实际工作年限十年以下的，在本单位工作年限五年以下的为三个月。劳动者在规定的医疗期满后继续休病假，用人单位未据此解除劳动合同的，因双方劳动关系仍然存续，故BYHS公司仍应按照不低于北京市最低工资标准的80%向周某支付医疗期满后的病假工资。

（1）《上海市劳动保障局关于病假工资计算的公告》（2004年）规定：

"一、病假待遇

疾病休假工资标准：

职工疾病或非因工负伤连续休假在6个月以内的，企业应按下列标准支付疾病休假工资：

1. 连续工龄不满2年的，按本人工资的60%计发；
2. 连续工龄满2年不满4年的，按本人工资70%计发；
3. 连续工龄满4年不满6年的，按本人工资的80%计发；
4. 连续工龄满6年不满8年的，按本人工资的90%计发；
5. 连续工龄满8年及以上的，按本人工资的100%计发。

疾病救济费标准：

职工疾病或非因工负伤连续休假超过6个月的，由企业支付疾病救济费：

1. 连续工龄不满1年的，按本人工资的40%计发；
2. 连续工龄满1年不满3年的，按本人工资的50%计发；
3. 连续工龄满3年及以上的，按本人工资的60%计发。"

（2）《青岛市企业工资支付规定》（2004年）第二十条规定："劳动者因病或者

非因工负伤停止工作，用人单位应当按照以下标准支付病假工资或疾病救济费：

（一）在规定的医疗期内，停工医疗累计不超过6个月的，由用人单位发给本人工资70%的病假工资；

（二）在规定的医疗期内，停工医疗累计超过6个月的，发给本人工资60%的疾病救济费；

（三）超过医疗期，用人单位未按规定组织劳动能力鉴定的，按不低于当地最低工资标准的80%支付疾病救济费。

病假工资和疾病救济费最低不得低于当地最低工资标准的80%，最高不超过企业上年度职工月平均工资。”

综上所述，企业在支付医疗期内员工的病假工资时，除了应遵守国家规定外，还应参照当地的司法实践执行。对于医疗期满后的病假工资支付，企业也应结合当地司法实践情况进行判断。

四、员工在工伤停工留薪期的待遇该如何发

停工留薪期，指的是劳动者因工作遭受事故伤害或者患职业病后，需要暂停工作接受工伤医疗，继续享受原工资福利待遇的期限。

（一）对原工资待遇的理解

法规要求劳动者在停工留薪期继续享受原工资福利待遇，但各地对此条的理解不一，实践中执行有差距。本部分分析各地规定与案例，力求给予企业支付员工停工留薪期工资的合规指引。

《工伤保险条例》第三十三条第一项规定："职工因工作遭受事故伤害或者患职业病需要暂停工作接受工伤医疗的，在停工留薪期内，原工资福利待遇不变，由所在单位按月支付。"

对于"原工资"的理解，各地规定中大致有两种理解：

（1）指加班费之外的工资；

（2）受伤前12个月的平均工资。

河南省目前采用的是第一种理解。

《河南省人力资源和社会保障厅关于工伤保险若干问题的意见》（2012年）规定："十四、《工伤保险条例》第三十三条中'原工资福利待遇'应理解为'职工在因工作遭受事故伤害或者患职业病前正常出勤情况下，应享受的工资福利待遇（延长工作时间的工资报酬除外）'。"

参考案例：李某与河南DY能源公司劳动争议二审案

案号：（2021）豫12民终563号

法院：河南省三门峡市中级人民法院

判决要点：

根据《河南省人力资源和社会保障厅关于工伤保险若干问题的意见》的规定，《工伤保险条例》第三十三条中“原工资福利待遇”应理解为“职工在因工作遭受事故伤害或者患职业病前正常出勤情况下，应享受的工资福利待遇（延长工作时间的工资报酬除外）”，因原告在发生工伤前在被告处仅有2017年12月正常出勤，原告停工留薪期工资，应按2017年12月实发工资6914.5元计算。

目前，国内大多数地方采用的是第二种理解。但是对于此理解中12个月平均工资是否包含加班费，各地仍旧存在分歧，主要包括两种观点：

（1）受伤前12个月平均工资包含加班费；

（2）受伤前12个月除加班费之外的平均工资。

广东省、江苏省持第一种观点。

《广东省工伤保险条例》（2019）第六十四条规定：“本条例中下列用语的含义：

……

（二）原工资福利待遇，是指工伤职工在本单位受工伤前十二个月的平均工资福利待遇。工伤职工在本单位工作不足十二个月的，以实际月数计算平均工资福利待遇。”

《广东省高级人民法院广东省劳动人事争议仲裁委员会关于劳动人事争议仲裁与诉讼衔接若干意见》（2018）规定：“七、在工伤停工留薪期内，劳动者的原工资福利待遇不变，由所在单位按月支付。工伤停工留薪期工资应按劳动者工伤前十二个月的平均工资（包括加班工资）支付。”

《深圳市中级人民法院关于审理工伤保险待遇案件的裁判指引》规定：

“2. 第十四条第二款是关于停工留薪期工资计算标准的问题。

我院原指导意见是规定停工留薪期工资标准中不包括加班工资。但2012年1月

1日施行的《广东省工伤保险条例》第六十六条第一款第（二）项明确，原工资福利待遇是指工伤职工受伤前十二个月的‘平均工资福利待遇’。而从字面含义理解，‘平均工资福利待遇’应包括加班工资在内。同时，根据上述规定，平均工资福利待遇的计算周期从受伤前三个月变更为受伤前十二个月。因此，本裁判指引对停工留薪期工资的计算标准进行了修改，明确规定停工留薪期工资的计算基数应当为工伤职工受伤前十二个月包含加班工资在内的平均工资福利待遇。”

《江苏省高级人民法院 江苏省劳动人事争议仲裁委员会 关于审理劳动人事争议案件的指导意见（二）》（苏高法审委〔2011〕14号）第十七条规定：“工伤职工在停工留薪期内的，原工资福利待遇不变，其中的‘原工资’按照工伤职工因工作遭受事故伤害或者患职业病前12个月的平均月工资计算。工资的计算按照《江苏省工资支付条例》第六十二条的规定执行。”

《江苏省工资支付条例》（2021年修正）第六十一条（未修正前是第六十二条）规定：“本条例所称工资是指用人单位根据国家规定或者劳动合同的约定，依法以货币形式支付给劳动者的劳动报酬，包括计时工资、计件工资、奖金、津贴和补贴、加班加点工资以及特殊情况下支付的工资等，不包括用人单位承担的社会保险费、住房公积金、劳动保护、职工福利和职工教育费用。”

参考案例：昆山BN公司、胡某工伤保险待遇二审案

案号：（2022）苏05民终5756号

法院：江苏省苏州市中级人民法院

判决要点：

本院认为，《江苏省工资支付条例》规定，本条例所称工资是指用人单位根据国家规定或者劳动合同的约定，依法以货币形式支付给劳动者的劳动报酬，包括计时工资、计件工资、奖金、津贴和补贴、加班加点工资以及特殊情况下支付的工资等。一审按胡某受伤前平均工资核算停工留薪期工资并扣除已发工资后，认定BN公司应向胡某支付的停工留薪期工资差额，并无不当。

目前，上海市、浙江省、江西省等省市持第二种观点。理由是加班费并非劳动者正常提供劳动的情况下所得的，故在计算停工留薪期工资时，应予以剔除。

《上海高院民一庭关于审理劳动争议案件调研与参考综述意见》(〔2014〕15号)规定:

"关于停工留薪期内原工资福利是否包括加班费的问题

……倾向认为,停工留薪期工资待遇性质上属于劳动者提供正常劳动所获得的报酬,而加班费是劳动者提供额外劳动获得的收入,不属于正常工作时间工资的范畴,且在停工留薪期内也不可能发生加班的事实,故停工留薪期内原工资不应包含加班工资。如有证据证明用人单位恶意将本应计入正常工作时间工资的项目计入加班工资,以达到减少正常工作时间工资计算标准的,则应将该部分"加班工资"计入正常工作时间工资的计算范围。"

参考案例:张某与上海YY公司工伤保险待遇纠纷二审案

案号:(2023)沪01民终1162号

法院:上海市第一中级人民法院

判决要点:

本院认为,停工留薪期工资待遇性质上属于劳动者提供正常劳动所获得的报酬,而加班费是劳动者提供额外劳动获得的收入,不属于正常工作时间工资的范畴,故停工留薪期内原工资不应包含加班工资。在本案中,双方均确认张某的日工资为320元(每天工作12小时)。因该工资包含加班工资在内,故应剔除相应加班工资后按张某正常月工资标准计算其停工留薪期工资。

《浙江省高级人民法院民一庭关于审理劳动争议纠纷案件若干疑难问题的解答(2012)》中有相关释疑:

"十六、《工伤保险条例》第三十三条规定的工伤职工在停工留薪期内"原工资福利待遇不变"的计算标准是什么?

工伤职工在停工留薪期内,原工资福利待遇不变,其中"原工资"按照工伤职工因工作遭受事故伤害或者患职业病前12个月的平均月工资计算,包括计时工资或者计件工资、奖金、津贴和补贴等,但不包括加班工资。"

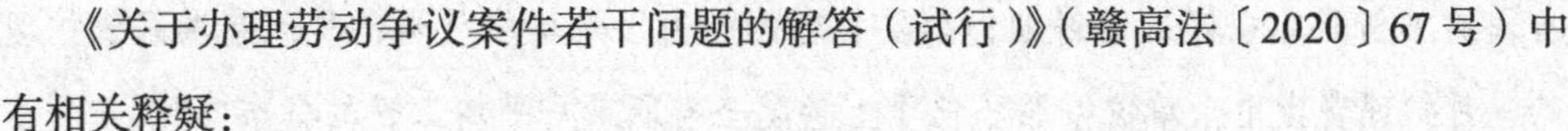

《关于办理劳动争议案件若干问题的解答（试行）》（赣高法〔2020〕67号）中有相关释疑：

“13. 工伤职工在停工留薪期内的工资如何确定？

根据《工伤保险条例》第三十三条的规定，工伤职工在停工留薪期内“原工资福利待遇不变”，其中“原工资”按照工伤职工因工作遭受事故伤害或者患职业病前12个月的平均月工资计算，但不包括加班工资。”

（二）生活护理费支付标准

按照法律规定，员工在停工留薪期内，企业还有可能需要支付生活护理费，那么应按什么标准支付呢？《工伤保险条例》第三十三条规定：“……生活不能自理的工伤职工在停工留薪期需要护理的，由所在单位负责。”

单位如果没有派人护理而是以支付护理费的方式代替的，护理费的支付标准，国家并没有统一的法律规定，具体应参照各省市的相关规定。

《广东省工伤保险条例》（2019）第二十五条第四项规定：“工伤职工在停工留薪期间生活不能自理需要护理的，由所在单位负责。所在单位未派人护理的，应当参照当地护工从事同等级别护理的劳务报酬标准向工伤职工支付护理费。”

《江苏省劳动仲裁案件研讨会纪要》（苏劳仲委〔2007〕1号）规定：

“九、工伤争议案件中的护理费、伙食补助费标准如何确定

根据《工伤保险条例》第三十一条第三款规定，工伤职工在停工留薪期间生活不能自理需要护理的，由用人单位负责。如用人单位未提供护理或同意职工自己安排护理的，护理费标准按以下情形处理：住院期间有专门护工护理的，按护理费单据载明的金额确定；安排有固定收入来源的亲属护理的，按其亲属收入证明载明的金额确定，但不得超过当地上一年度职工社会平均工资；安排无固定收入来源的亲属护理的，可按当地一般护工市场价格水平确定。护理人员原则上为一人，但医疗机构或者鉴定机构有明确意见的除外。工伤职工出院后，如需护理的，应凭医疗机构证明，按上述标准执行。”

《浙江省工伤保险条例实施办法》（2020年修正）第二十五条规定：“生活不能

自理的工伤职工在停工留薪期内需要护理的，由用人单位负责；其近亲属同意护理的，月护理费由用人单位按照不低于上年度全省职工月平均工资的标准支付。”

《安徽省实施〈工伤保险条例〉办法》第二十九条规定：“工伤职工在停工留薪期或者工伤复发治疗期需要护理的，凭医疗机构证明，由用人单位负责护理或者按月支付护理费。护理费标准为统筹地区上年度职工月平均工资的80%。其中，已享受生活护理费的，由用人单位支付工伤复发治疗期间护理费与生活护理费的差额部分。

对需要护理有争议的，可以在停工留薪期内或者工伤复发治疗期间向设区的市劳动能力鉴定委员会提出确认申请。”

《厦门市工伤保险待遇管理办法》第十六条规定：“生活不能自理的工伤职工在停工留薪期内需要护理的，由用人单位负责。用人单位以支付护理费方式代替护理的，护理人数及护理期限由就诊医疗机构确认，护理人员每人每日护理费不得低于本市上年度职工月平均工资除以21后的60%。”

《江西省实施〈工伤保险条例〉办法》第二十条规定：“生活不能自理的工伤职工在停工留薪期内需要护理的，经收治的医疗机构出具证明，由所在单位负责派人护理。所在单位未派人护理的，由所在单位按照统筹地区上年度职工月平均工资的70%的标准向工伤职工支付护理费。”

《河北省工伤保险实施办法》（2022年修正）第二十七条规定：“……在工伤职工停工留薪期内，用人单位不得与其解除或者终止劳动、人事关系。生活不能自理的工伤职工在停工留薪期内需要护理的，由用人单位指派专人护理。经工伤职工或者其近亲属同意，用人单位也可以按本单位上一年度职工月平均工资一人的标准支付护理费。”

《新疆维吾尔自治区实施〈工伤保险条例〉办法》第二十二条规定：“生活不能自理的工伤职工在停工留薪期间住院治疗需要护理的，由所在单位负责派员护理或者按月发给本人本单位上年度在岗职工月平均工资标准的护理费，住院治疗期不足1个月的，按1个月计发护理费。”

合规建议

1. 对于停工留薪期的待遇标准，各地规定差别较大，建议企业参照当地的规定执行。

2. 当地如果没有相关规定，可以查找具体的判例参照执行。

3. 企业如果安排人员负责工伤人员的护理，不存在再支付护理费的问题。

4. 如企业未安排人员对工伤人员进行护理，可以参照当地医院护工的费用标准、护理人员的收入证明或者当地的社会平均工资等标准支付护理费。

五、企业可以对违纪员工进行罚款吗

企业对迟到、早退、旷工员工进行罚款是管理实践中非常普遍的现象，但在司法实践中，企业对员工罚款是否具有合法性一直存在较大争议。本部分将结合各地政策及司法实践对这一问题进行分析，为企业提供合规指引。

对于企业是否可以对员工罚款，司法实践中总结起来主要有三种观点。

（1）用人单位有一定的经济处罚权，可以制定规章制度对劳动者进行罚款。

（2）不论用人单位的罚款是否有规章制度依据，用人单位无权对员工进行罚款。

（3）基于罚款的合理性及劳动者本人在受到处罚时是否认可进行判断。

（一）有经济处罚权

第一种观点，部分地区通过当地的规定支持企业通过规章制度进行罚款，如江苏省、深圳市。

《江苏省工资支付条例》（2021 年修订）第十二条规定：“劳动者提供了正常劳动，用人单位应当按照劳动合同约定的工资标准支付劳动者工资。劳动合同约定的工资标准不得低于当地最低工资标准。

劳动者有下列特殊情形之一，但提供了正常劳动的，用人单位支付给劳动者的工资不得低于当地最低工资标准，其中非全日制劳动者的工资不得低于当地小时最低工资标准：

……

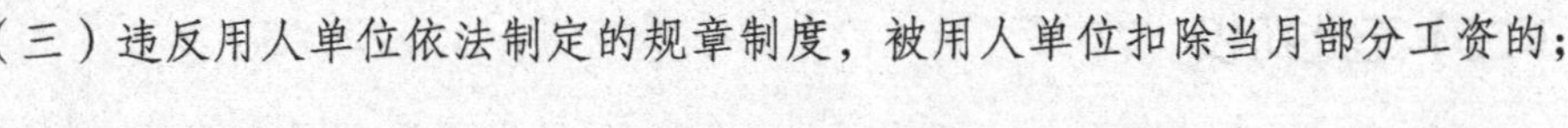

（三）违反用人单位依法制定的规章制度，被用人单位扣除当月部分工资的；

……

前款第三项规定的情形，用人单位扣除劳动者当月工资的部分不得超过劳动者当月应发工资的百分之二十……”

参考案例：于某与南京 KH 酒店劳动合同纠纷二审案

案号：（2016）苏 01 民终 9911 号

法院：江苏省南京市中级人民法院

判决要点：

本院认为，于某不服从 KH 酒店用工管理，拒绝完成 KH 酒店分配的工作，违反规章制度，KH 酒店当月扣发于某 100 元工资，并无不当。故于某要求 KH 酒店退还 100 元罚款，本院不予支持。

《深圳经济特区和谐劳动关系促进条例》第十六条规定：“用人单位依照规章制度对劳动者实施经济处分的，单项和当月累计处分金额不得超过该劳动者当月工资的百分之三十，且对同一违纪行为不得重复处分。

实施处分后的月工资不低于市人民政府公布的特区最低工资标准。”

参考案例：王某某与深圳市 XXZJ 公司追索劳动报酬及经济补偿纠纷案

案号：（2013）深中法劳终字第 1890 号

法院：广东省深圳市中级人民法院

判决要点：

本院认为，为了确保行车和公众安全，XXZJ 公司作为用人单位可以依据规章制度对违纪的员工做出处罚，但处罚的形式及力度应公平、合情合理。根据《深圳经济特区和谐劳动关系促进条例》第十六条的规定，王某某于 2011 年 8 月 1 日发生交通事故并造成一人受伤，且承担该次交通事故的同等责任，存在过错。XXZJ 公司以此为由对王某某做出扣款处罚的行为，并无不当。

（二）无处罚权

第二种观点，依照《行政处罚法》的规定，只有依照法律规定有权实施罚款、拘留等行政处罚措施的机关，才能对违法者采取罚款措施。用人单位不是法律授权的行政机关和司法机关，不具备法律授权的主体资格。

目前，多数地区持该观点，如北京、上海、广东省（除深圳市）、山东省等。

参考案例：李某与北京 WM 公司劳动争议二审案

案号：（2022）京 02 民终 5403 号

法院：北京市第二中级人民法院

判决要点：

本院认为，现行劳动法律并未规定企业罚款权。罚款属于财产罚的范畴。企业作为以营利为目的的经济组织，无权制定罚款内容的内部规章，除非有相关法律法规的明确授权。现 WM 公司未举证证明李某存在符合我国《劳动合同法》第十九条规定的应当承担赔偿责任的情形，李某持 WM 公司做出的两张《员工奖罚记录单》要求 WM 公司返还罚款 700 元，理由正当，法院予以支持。

在下面的案例中，企业罚款导致未足额支付劳动报酬从而员工被迫解除劳动合同，用人单位应支付经济补偿金。

参考案例：北京 ANK 公司与郑某某劳动争议二审案

案号：（2015）一中民终字第 4723 号

法院：北京市第一中级人民法院

判决要点：

根据双方当事人提交的证据，郑某某虽然确实存在工作期间浏览与工作无关网页的行为，但双方确实就郑某某的工作岗位安排存在分歧。在此种情形下，ANK 公司以罚款的方式处罚郑某某，超出了用人单位用工自主管理权的合法合理范围，构成对郑某某工资收入的克扣行为，应当向郑某某支付工资差额 600 元；郑某某以此为由提出解除劳动合同，ANK 公司应当向郑某某支付解除劳动合同经济补偿金。

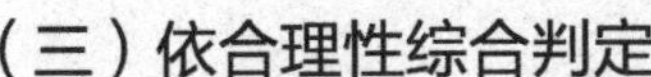

（三）依合理性综合判定

第三种观点，法院并不对用人单位是否有权罚款一事进行论述或判断，而是关注罚款的合理性。

参考案例：余某与北京ZJ公司劳动争议二审案

案号：（2020）京01民终8384号

法院：北京市第一中级人民法院

判决要点：

余某虽在8月12日和8月16日无上班打卡记录，但其出勤时间为10点之前，故记为旷工不妥，迟到超过1小时的情况，应按缺勤时间核定扣减工资数额。按照法院查明的余某未到岗天数为3天，应扣发全天工资。ZJ公司在扣发工资后，另行罚款200元，考虑到ZJ公司并未设置出勤奖，在扣发当天工资后，另行处罚不妥，故不应再行罚款200元。关于ZJ公司实行因迟到扣罚工资分别为20元和50元的制度，结合余某的工资标准及扣罚标准考量，并无不当。

合规建议

1. 除非当地对企业的罚款权有明确规定，否则不建议企业采用罚款形式，避免劳动争议风险及额外损失。

2. 即便当地规定允许企业行使罚款权，也必须确保相关条款在规章制度中进行约定，且规章制度合法有效并进行了公示。罚款应合情合理并应取得员工的签字确认。

3. 建议企业通过以奖代罚的方式进行管理，对员工的违纪行为采取减少浮动工资或奖金的方式进行，避免罚款带来的违规风险。